기氣발한
풍수

기氣발한 풍수

초판 1쇄 인쇄	2023년 5월 20일
초판 1쇄 발행	2023년 5월 31일
신고번호	제313-2010-376호
등록번호	105-91-58839
지은이	이본기
발행처	보민출판사
발행인	김국환
기획	김선희
편집	이상문
디자인	김민정
ISBN	979-11-6957-048-0 03180
주소	경기도 파주시 해올로 11, 우미린더퍼스트@ 상가 2동 109호
전화	070-8615-7449
사이트	www.bominbook.com

- 가격은 뒤표지에 있으며, 파본은 구입하신 서점에서 교환해드립니다.
- 이 책은 저작권법에 의하여 보호를 받는 저작물이므로 무단 전재와 복사를 금합니다.

기를 통한 일상의 재발견

기氣발한 풍수

머리말

우주여행이 현실화되고 있는 시대에 살고 있지만 현대의학은 신종 바이러스의 출몰에 허둥대기 일쑤고, 현대과학도 의식이나 영혼의 문제와 같은 본질적인 질문에는 명쾌하게 답하지 못한다. 그럼에도 과학적으로 입증되지 않으면 오랫동안 사람들과 같이해 온 사상이라 하더라도 미신으로 폄훼한다. 우리는 과학만능의 시대에 살고 있다.

풍수가 이 땅에 뿌리내린 지 1,000년 이상 흘렀지만 풍수를 과학이라고 생각하는 사람은 별로 없다. 요사한 술법으로 사람을 현혹하는 잡술雜術 정도로 생각한다면 과하다고 할까? 그런데도 오늘날까지 풍수는 면면히 명맥을 이어오고 있다. 어찌된 일일까?

합리적으로 이해는 안 되지만 결과적으로 발생하는 현상에 대한 실낱같은 믿음 때문이 아닐까?

하나의 사상이나 개념이 보편적으로 받아들여지는 데는 많은 시간이 걸린다. 때로는 몇 십 년이 걸리기도 하고, 경우에 따라서는 몇 백 년이 걸리기도 한다. 그런 점에서 풍수지리의 경우는 이례적이라 할 만하다.

'풍수지리는 미신'이라는 편견 속에 갇혀 풍수지리가 오랜 기간 올바르게 평가받지 못한 데에는 여러 가지 이유가 있을 것이다. 무엇보다도 풍수의 결과를 만들어내는 기에 대해 정확히 이해하지 못해 풍수를 설득력 있게 전파하지 못한 데 큰 원인이 있다고 본다. 풍수전문가조차 기를 명쾌하게 설명하지 못한다. 일반인들의 기에 대한 생각은 회의적이며, 냉소적이기까지 하다. 그들에게 기는 피부에 와닿지도 않고, 현실과 동떨어진 사람들의 이야기일 뿐이다.

풍수전문가들이 풍수지리를 신비주의로 포장하고, 풍수를 자의적으로 해석함으로써 풍수를 신뢰할 수 없게 만든 것도 큰 이유라고 할 수 있다. 그 결과 풍수지리는 미신 취급을 받고 있고, '이현령비현령' 풍수가 되었다.

풍수를 논함에 있어 결코 기氣를 배제할 수는 없다. 기를 곡해曲解해서도 안 된다. 땅의 기운地氣은 풍수의 핵심이자 본질이기 때문이다. 기의 본질이 명확하게 규명되고, 관련된 구체적 사례들이 적절하게 제시된다면 풍수는 자연스럽게 받아들여지게 될 것이다.

세상에는 현상은 존재하지만 원인을 알 수 없는 일들이 많이 있다. 허공에 흔들리는 나뭇잎을 보면 바람이 불고 있음을 알 수 있듯이 지기地氣 전문가는 식물의 상태나 동물의 행동을 보면 기운의 존재를 알 수 있다. 땅의 기운, 즉 지기는 추상적인 관념이 아니고 예민한 감각으로 느낄 수 있는 물리적 실체이기 때문이다.

　풍수는 동양의 자연철학이자, 예로부터 우리 민족이 활용해 온 삶의 지혜이다. 허무맹랑하기만 했다면 이처럼 오랜 세월을 지속해 오지 못했으리라 여겨진다.
　객관적·합리적이지 못한 어떠한 사상이나 학문도 발전할 수 없다. 과학이 모든 진실을 밝힐 수는 없지만 '진실을 밝히는 객관적이고 합리적인 힘'인 것은 분명하다. 비록 현대과학의 한계가 있을지라도 과학의 틀에 맞춰 입증하려는 노력을 지속하는 이유다.
　본문에 언급한 수많은 사례들을 보면 기나 풍수는 우리의 일상에 직접적으로 영향을 미치는 실증적 과학이라는 것을 알 수 있다.

　이 책은 자연과학적 시각에서 바라보는 풍수지리의 경이로움을 알려주고, 지구와 달, 그리고 태양계가 만들어내는 풍수지리의 신세계를 보여주고자 했다. 무엇보다도 필자의 경험과 체험을 통해 우리의 일상에서 겪는 많은 일들이 풍수지리의 핵심인 땅의 기운과 관련되는 현상임을 밝혔다.
　반려견이나 반려묘 또는 주변 동식물들을 통해 좋은 기운이 있는 위치를 확인하고, 좋은 기운을 발산하는 것들을 일상에서 쉽게 찾아 활용할 수 있도록 하였다.
　풍수가 수천 년을 이어온 삶의 지혜이고, 우리가 아직 이해하지 못한 것이 있을지도 모른다는 기대를 하는 사람이라면 이 책은 충분히 읽을 가치가 있다고 생각한다.

아무쪼록 대자연으로부터 무한하게 제공되는 유익한 기운과 해로운 기운들을 잘 판별하고, 잘 활용하여 인간을 포함한 모든 생명체가 건강하고 행복한 삶을 영위할 수 있기를 바란다. 또한 이 책이 제시하는 농업, 건축, 의학의 패러다임을 바꿀 만한 혁명적 화두들도 머지않은 시기에 과학적으로 규명되고 실용화될 것으로 확신한다. 진리에 대한 호기심과 열정을 가진 세상의 많은 청년학도의 관심과 도전을 기대한다.

끝으로 집필하는 오랜 기간 묵묵히 응원해 준 아내 금아와 딸 유경, 그리고 아들 종화에게 고마움을 전한다. 식물에 대한 해박한 지식으로 매 순간 궁금증을 해소시켜 주고, 사소하게 보이는 모든 삶이 소중함을 일깨워 준 친구 철호에게도 고마움을 전하고 싶다. 초고에서 표현상 부적합한 내용들을 수정해 주었을 뿐만 아니라 집필을 마무리하기까지 진심어린 격려를 해 준 남돈우 형과 이 책이 출간되기까지 정성을 다해 준 보민출판사 김국환 대표님께도 깊이 감사드린다.

- 2023년 5월

清昊 **이본기**

뜻밖의 선물

페루 중북부에 있는 람바예께Lambayeque 주의 까얄띠Cayalti에서 지하수 개발을 할 때였다. 현장은 키가 3m는 족히 됨직한 사탕수수로 사방이 둘러싸여 있고, 낮에도 이구아나 같은 파충류가 어슬렁거리며, 사막여우들이 먹다 남은 도시락을 뒤지곤 하는 그런 곳이었다. 현장 옆에 20피트 컨테이너를 놓고 임시 숙소로 사용하였는데, 하루 일을 마치고 컨테이너로 들어가면 문틈으로 들어온 모래가 뿌옇게 쌓여 있었고, 빗자루로 먼지를 쓸다 보면 어디서 나왔는지 새끼손가락만 한 전갈이 두 집게발과 꼬리를 치켜들고 달려들 기세를 보여 깜짝 놀라곤 했다. 밤이 되면 밤새들이 처음 들어보는 기이한 울음을 울어대 작은 컨테이너 안에서 쉽게 잠들지 못하곤 했었다. 유일하게 의지가 되었던 배터리 전구의 불빛이 약해지기라도 하면 두려움이 더했다. 외로움은 또 다른 공포였다.

그런데도 사막에서의 지하수 개발은 정말 신나는 일이었다. 황량한 사막에서 첨단장비로 지하의 물줄기를 찾아 천공작업을 하고, 마침내 솟구치는 물줄기를 보는 것은 환희 그 자체였다. 유량 테스트를 하는 과정에서 하루 24시간, 일주일 내내 쉼 없이 쏟아져 나오는 지하수는 자연의 경이로움이었다. 사막은 그렇게 겉과 속이 달랐다.

전기비저항 측정방식의 탐사장비는 대부분의 지역에서 탐사결과와 부합하게 지하수가 잘 나왔다. 그런데 페루의 고대 유적지가 있는 까얄띠Cayalti에서는 탐사 예측과 전혀 다른 결과가 나오곤 했다. 양호한 탐사결과를 보고 시추를 하지만 매번 기대와 다르게 유량이 시원찮았다. 경제성이 없는 경우 애써 뚫은 시추공의 파이프와 필터는 다시 뽑아내고 공은 오염되지 않게 완벽하게 봉인해야 했다. 비용도 많이 들어갔지만 좌절감이 이루 말할 수 없었고, 불안감은 점점 커져만 갔다.

실패의 원인을 찾던 중 '염분을 많이 함유한 토양이나 전기전도도가 높은 광물질을 많이 함유한 점토 토양이 물로 포화되어 있을 경우, 지하수가 많이 있는 것으로 오인될 수 있다.'는 자료를 접하게 되었다. 하필이면 그 지역이 태평양 인접지역으로 원래 바다였는데, 솟아올라 육지가 된 곳으로 토양에 염분이 많고, 그 일대가 광물질을 포함한 점토가 많은 지역이었다.

발주처가 공사를 재촉했지만 탐사장비만 믿고 시추할 수는 없었다. 탐사에 대한 불안감이 극도로 커질 무렵, 고대 이집트 벽화나 남아프리카 동굴화 및 잉카유적에 나뭇가지로 수맥을 찾는 모습이 있다는 인터넷 기사를 보았다. 인디오들이 많이 거주하는 그 지역에선 지금도 엘로드로 수맥을 찾아 지하수를 개발한다는 사실도 확인했다. 어쩌면 엘로드는 염분에 영향받지 않고 좋은 수맥을 찾아줄지도 모른다고 생각하게 되었다. 나의 인생에 새로운 전기를 마련해준 엘로드는 그렇게 만나게 되었다.

부랴부랴 제원을 확인하고 현장에서 쓰는 구리 용접봉으로 엘로드를 만들었다. 어린아이 장난감 같은 느낌이었지만 해결사를 얻은 듯 마음은 설렜다. 하지만 마음과는 달리 엘로드와의 소통은 쉽지 않았다. 하릴없이 철사를 들고 서성대는 일이 많아졌다. 도무지 반응이 없는 엘로드를 계속 만지작거리는 것이 부질없는 행동으로 생각되었고, 하루에도 몇 번씩 포기하고 싶은 생각이 들었다. 그렇게 몇 주가 지난 어느 월요일 아침, 그날도 여느 때처럼 치클라요Chiclayo에서 주말을 보내고, 아침 일찍 현장 근처까지 가는 버스를 탔다. 버스에서 내리자마자 엘로드를 챙겨 들었다. 현장까지는 3km쯤 되는 거리여서 한참을 걸어가야 했다. 20분쯤 지났을까? 어느 순간 손바닥에 엘로드가 움직이는 느낌이 왔다. 몇 걸음을 뒷걸음치자 손에 다시 엘로드의 움직임이 느껴졌다. 처음 느껴보는 미묘한 경험이었다. 너무 신기하여 그 자리를 몇 번을 더 왔다 갔다 했는지 모른다. 매 순간 손바닥에 전해오는 느낌이 낙인처럼 새겨졌다. 오랜 기다림 끝에 맛본 짜릿함에 감격의 눈물이 핑돌았다.

그날 이후 엘로드는 매 순간 살아 움직이듯 가는 곳마다 반응을 하였다. 수맥에서의 엘로드 반응에 익숙해졌을 무렵, 수맥에서와는 다른 반응이 감지되었다. 수시로 수맥 반응이 있던 곳을 오가며 차이를 느끼기 위해 노력하다 보니 어느 순간 미세한 차이들이 느껴지기 시작했다.

지하수를 개발하면서 알게 된 땅의 기운과의 소통은 내겐 뜻밖의 선물이었으며, 엘로드는 새로운 세계로 통하는 문이었다.

이제 땅의 기운을 자유롭게 느낄 수가 있다. 각 기운들을 분별할 수 있고, 각 기운들의 특성을 이해할 수 있으며, 이 기운들이 지구상의 생명체에 미치는 영향들도 알 수 있다. 오랜 기간의 관산觀山과 답사를 통해 풍수 또한 각 기운들이 발현된 결과임을 알게 되었다.

그동안 편견에 의해 오해를 받아온 풍수를 올바르게 이해시킴은 물론, 풍수를 농업, 의학, 건축 등 미래 국가 발전 전략의 도구로 활용할 가치가 있다고 확신하게 되었다.

절박한 환경에서 간절함과 절실함으로 생각지 못한 특별한 기술을 터득하였다. 이제는 그 진실을 세상에 알리고, 그 유익함을 세상 사람들과 나누고 싶다.

<풍수해례>

풍수 원리가 분명하지 않아
전문가마다 서로 해석이 다르고,
옳고 그름 또한 분별하기 어려우며,
사람들이 풍수를 활용코자 하여도
방법을 몰라 적용에 어려움이 많다.

이에
동식물의 상태나 행동으로 알 수 있고,
간단한 도구로도 쉽게 확인할 수 있는
새로운 풍수 원리를 제시하니
사람마다 쉽게 익히고, 또 연마하여
자신과 가족과 이웃뿐만 아니라
삼라만상이 건강하고 행복한 삶을
영위할 수 있도록 하고자 할 따름이다.

목차

머리말 · 4
뜻밖의 선물 · 8

제1부. 풍수론

제1장. 자연계에 존재하는 힘 · 24
제1절. 자연계의 4대 힘 · 25
    1) 중력(重力, Gravitational Force) · 25
    2) 전자기력(電磁氣力, Electromagnetic Force) · 25
    3) 강력(强力, Strong Force) · 26
    4) 약력(弱力, Weak Force) · 26

제2절. 제5의 힘, 기(氣) · 27
기(氣)에 대한 생각들 · 27
기의 다양한 특성들 · 30
기의 종류 · 34
    1) 좋은 기(氣) · 34
    2) 나쁜 기(氣) · 39
    3) 특이한 기(氣) · 42

제3절. 기의 원천은 무엇인가? · 46
기는 지구 내부에서 생성된 힘이다 · 46
지구 내·외부의 에너지 균형을 맞추는 과정에서 생성된다 · 47
지구자기와 기(氣) · 48

제4절. 무엇이 기에 영향을 미치는가? · 50
달의 위상이 변하면 기가 변한다 · 50
지구에 특별한 존재, 달 · 50
달의 위상 변화에 따른 기의 변화 · 52
태양과 태양계 행성들의 운행이 기에 영향을 준다 · 53

제5절. 좋은 기가 나오는 것들 · 56
좋은 기운이 있는 동식물 · 56
좋은 기운이 있는 광물 · 58

제2장. 풍수와 명당 · 60
제1절. 풍수란 무엇인가? · 61
전통적 개념의 풍수 · 62
현대적 의미의 풍수 · 63
풍수는 미시세계를 작동하는 기운인 미세에너지를 활용하는 기술이다 · 65
풍수는 과학이다 · 66
공간이 의식을 지배한다 · 69
전통풍수의 문제점과 풍수의 미래 · 72

제2절. 명당이란 무엇인가? · 76
명당이란 세포를 건강하게 하는 환경이다 · 79
명당은 마음속에 있지 않고 현실 속에 있다 · 80
페루에서 처음 경험한 명당의 느낌, 쎄로 코르바쵸(Cerro Corbacho)와 산 아구스틴 (San Agustin) 성당 · 82

(1) 인간과 명당 · 85
명당에 있는 선사시대 거석기념물들 · 85
고인돌이 알려주는 진실 · 87
고인돌은 지구의 우회전 에너지인 양기 위에 구축되어 있다 · 88
다른 듯 닮은 선돌과 망주석 · 92

(2) 조선 왕릉과 명당 · 96
궁궐과 풍수 · 98
황희와 진시황의 출생 비화 · 101
쌍둥이 마을의 특별한 기운 · 104
신비한 기운이 있는 곳에 피라미드가 있을까? 피라미드가 있어 신비한 기운이 생긴 것일까? · 109
인디오 무덤(Huaca)은 양기 위에 조성되어 있다 · 110

(3) 동물과 명당 · 111
한여름을 호령하는 매미는 양기의 화신이다 · 111
명당에 땅굴을 파고 사는 페루 올빼미 · 113
까치와의 전쟁을 끝내라 · 115
까마귀의 잠자리 다툼 · 119
백로와의 불편한 동거 · 120
명당에서 노래하는 직박구리 · 122
유적지의 비둘기 · 123
부엉이바위 · 125
꿩 먹고 알 먹고 명당까지 얻다 · 127
건강하고 싶거든 고양이와 자리다툼하라 · 128
수맥 위의 벌통이 꿀 수확량이 많다고? · 132
개미는 결코 수맥을 좋아하지 않는다 · 134
거미도 기운을 가려 거미줄을 친다 · 135

(4) 식물과 명당 · 137
식물과 기(氣) · 137
자생 영지버섯 포자는 양기 위에서 발아한다 · 138
양기를 좋아하는 노루궁댕이 버섯 · 140
정이품송 · 142
조복산삼 : 산새가 심으면 산삼, 사람이 심으면 산양삼 · 144
버릴 것이 없는 두릅나무과의 나무들 · 146
명당 위에서 기생식물로 사는 신비한 겨우살이 · 148

한반도의 명당나무, 생강나무 예찬 • 150
명당 기운이 만든 작품, 연리지 · 연리목 • 152

(5) 보석(寶石)과 기(氣) • 154
질병 치료석으로서의 보석 • 154
보석의 치료 메카니즘 • 155

(6) 건강과 명당 • 158
풍수명당과 불로장생 • 158
건강의 조건 : 깨끗한 공기와 물, 균형 잡힌 영양소 그리고 음양기(陰陽氣) • 160
음양기는 3쾌를 가능하게 하는 기운 • 162
명당은 최고의 휴식처다 • 164
침대보다 침대 놓는 자리가 더 중요하다 • 165

제3절. 흉지(凶地)란 무엇인가? • 168
흉지는 세포를 병들게 하는 기운인 음기(陰氣)가 성한 땅이다 • 168
수맥에 대한 오해 • 169
건강을 원한다면 음기로부터 멀어져라 • 172
건축과 질병의 상관관계 • 174
멘델레예프의 빈칸 • 175
세포에 대하여 • 178
자율신경에 대하여 • 179
유전병이라 둘러대는 질병들 • 181

(1) 원인불명의 질병 • 184
치매의 발생원인 • 184
암의 발생원인 • 186

(2) 음기의 영향 • 188
동물은 본능적으로 음기를 피한다 • 188
음기 위에 있는 식물은 괴롭다 • 189

음기 위의 건축물은 바닥과 벽에 균열이 가고 타일이 들뜬다 • 192
미세 좌회전 에너지에 안전한 정밀기기는 없다 • 195
싱크홀과 액상화는 음기에 기인한 현상들이다 • 195
수맥에서 솟아오르는 샘물은 건강에 괜찮을까? • 197
엘로드 수맥탐사의 유용성 • 198
엘로드는 지하 교차수맥도 찾을 수 있다 • 199
염분이 많은 땅에서도 오류를 일으키지 않는다 • 200
엘로드 수맥 찾기에 실패하는 이유 • 201
탐사도구의 한계, 수량이나 수맥 폭을 정확히 알 수는 없다 • 202

제4절. 풍수 처방 • 203
비보풍수의 허와 실 • 203
흉지는 피하는 것이 상책이다 • 206
풍수 처방은 해로운 기운을 좋은 기운으로 바꾸는 것이다 • 207
풍수 처방은 효과가 있을까? • 208

제2부. 다우징과 실용풍수

제1장. 기(氣)와 교감하는 기술, 다우징 • 212
제1절. 다우징은 대자연과의 교감이다 • 213
다우징이란 기를 탐지하는 행위이다 • 213
다우징이란 초자연적 능력이다 • 214
다우징은 교감(交感)이고, 공명(共鳴)이다 • 215
다우징이란 직관의 힘이다 • 216
다우징이란 미시세계(微視世界)를 읽는 기술이다 • 217

제2절. 다우징은 삶을 풍요롭게 하는 유용한 도구이다 • 220
직관을 믿어라 • 220
다우징을 하면 기도의 자동 메카니즘을 알 수 있다 • 221

명당은 '끌어당김의 법칙'이 작용하는 공간이다 · 222
다우징은 수행자를 진화시킨다 · 224
생각이 에너지다 · 225
세상에서 가장 쓸모 있는 취미생활, 다우징 · 226
우리 집 명당 찾기 · 228

제2장. 기(氣)를 통한 일상의 재발견
제1절. 기에 반응하는 우리 몸의 신호들 · 233
아는 만큼 보인다 · 233
변의(便意)의 변덕 · 234
참을 수 없는 마려움. 긴박뇨(尿), 절박뇨(尿) · 235
음양기는 신체와 교감하여 하품을 부른다 · 238
기지개를 부르는 기운, 세포를 깨우는 기운 · 240
우리 몸은 물의 흐름에 반응한다 · 242
음기는 발목을 접질리게 한다 · 243

제2절. 기에 반응하는 동식물들 · 245
기지개를 켜는 동물 · 245
새들의 은밀한 휴식처 · 246
개와 고양이는 명당에서 용변을 본다 · 247
송전탑을 두려워하지 않는 까치 · 247
명당에서 겨울잠을 자는 동물들 · 249
고양이는 아프면 명당으로 간다 · 250
야생동물 아지트 · 252
뱀이 땅 기운을 알까? · 253
새똥의 추억 · 255

(1) 지렁이와 지기(地氣) · 256
지렁이를 사랑한 찰스 다윈 · 256
지렁이 때문에 작물이 잘 자라는가? 작물이 잘 자라는 땅이어서 지렁이가 사는가? · 257
지렁이의 밤나들이 · 258

코끼리 무덤과 지렁이의 죽음 · 260
두더지 미로의 비밀 · 261
길이 아니면 가지를 말라 · 262
까치 빌라, 까치 아파트 · 263
처마 밑의 명당, 제비집 · 265
강한 생명력이란 강력하게 버텨내는 힘이다 · 266
양기는 쌍둥이 가지를 만든다 · 268
같은 날 심은 가로수도 땅 기운에 따라 성장속도가 다르다 · 269
좋은 기운과 나쁜 기운이 교차할 때 나타나는 현상 · 271
쌍둥이 토마토 · 272
죽어가는 금전수를 살리는 기운 · 273
천자암의 감나무 · 274
추억 속의 억새 · 276
결초보은의 풀 수크령 · 277
명당 백일홍 일기 · 279
좋은 기운을 찾아가는 두릅나무 · 283

제3절. 기와 관련된 일상들 · 284

고양이 곁으로 다가가라 · 284
반려동물에게 선택권을 주자 · 285
돌부처의 코를 갈아 마시고 자식을 얻었다는 속설 · 286
왜 사람들은 반시계 방향으로 돌까? · 288
자연산의 진정한 의미 · 289
국물 속에 기운이 담겨 있다 · 291
생명 태동 순간의 중요함에 대하여 · 293
야생동물과의 동거 · 295
링곤베리와 코리언 블루베리, 정금나무 · 296
붕어즙 에피소드 · 298
물에 대한 특별한 실험 · 299
굴에 얽힌 사연 · 301
기는 선택적 감지가 가능하다 · 303

제3장. 풍수의 현대적 활용 · 304
제1절. 건강과 풍수 · 305
일상의 대전환 · 305
명당에서 휴식하기, Well-Relaxing · 308
산후조리원과 명당 · 310
거미를 활용한 명당 찾기 · 312

제2절. 신산업과 풍수 · 314
고인돌에 생명력을 부여하라 · 314
농업혁명, 생기농법 · 316
풍수, 건축에 가치를 더하다 · 320
음양 라인 위의 발아, 접목 그리고 삽목 · 323
장례문화의 신세계, 명당 수목장 · 324
풍수를 적용한 조경 · 328
동굴의 재발견 · 329

제3절. 기타 풍수 활용 · 333
기념식수 · 333
희귀나무의 대잇기 · 336
고인돌 판별법 · 338
기념물과 풍수 · 340
생태통로 · 342

제3부. 풍수기행

제1절. 유적 및 묘 · 346
강화 고인돌 · 346
양수리 두물머리 고인돌 · 348
화순 운주사 와불 · 350
기울어진 팔공산 갓바위 · 354
삼성산 삼막사(三幕寺) 원효굴 · 356
정약용 묘 · 359
오리(梧里)와 택당(澤堂)의 묘 · 360
신숭겸 장군묘 · 362

제2절. 장수목과 연리지 · 366
이천 반룡송(蟠龍松) · 366
당진 시곡동 다박솔 · 369
용문사 은행나무 · 371
인천 장수동 은행나무 · 374
강화 장수 탱자나무 · 376
천자암 쌍향수 · 380

(1) 연리지의 고향 · 383
태백산 전나무 연리지 · 383
삼성산 상수리나무 연리지 · 385
한음골 연리지 · 387

제3절. 정자, 산 등 · 389
창덕궁의 정자들 · 389
담양 소쇄원 · 391
화순 영벽정 그리고 일산 호수공원 팔각정 · 392
춘천 박사마을 · 394
전상산 · 397
관악산 · 399

제1부

풍수론

제1장
자연계에 존재하는 힘

많은 사람들이 자연계에 존재하는 4가지 힘 외에 새로운 힘이 존재한다고 믿고 있으며, 그 존재를 증명하려고 노력해왔다. 아직 과학적으로 정확히 측정을 하거나 명쾌하게 설명하지는 못하지만 우주에는 생명력을 가진 에너지 현상이 존재하고 있고, 물질이나 정신세계에 영향을 미치고 있다.

제1절
자연계의 4대 힘

우주에는 수많은 힘들이 존재한다. 이 힘들은 자연계의 기본 4가지 힘과 그 힘들의 상호작용에 의해 발생한다. 중력, 전자기력, 강력, 약력이 그것이며, 과학자들은 이 4가지 힘으로 우주의 기원과 변화를 설명한다.

1) 중력(重力, Gravitational Force)

뉴턴의 만유인력으로 잘 알려져 있는데, 우리가 일상생활 속에서 가장 쉽게 느낄 수 있는 힘이다. 질량을 가진 모든 물체 사이에 작용하는 중력은 물체를 서로 잡아당겨 인력으로 작용할 뿐만 아니라 시공간을 변형시킬 수도 있다. 우주에서 항성과 행성 간에 작용하여 천체 궤도를 형성하고, 은하계 운동을 관장하기도 한다. 중력은 거대한 힘이지만 전자나 양성자로 구성된 미시세계에서는 매우 약해 거의 작용하지 않는다.

2) 전자기력(電磁氣力, Electromagnetic Force)

전기와 자기에 바탕을 둔 힘이다. 중력을 제외하면, 우리 주변에서 느낄 수 있는 힘의 대부분은 전자기력이며, 전하電荷나 자기모멘트를 가진 모든 개체 사이에 작용한다. 중력과는 달리 인력과 척력이 모두 존재하고, 중력과 마찬가지로 작용 범위가 매우 넓다. 전자기력은 전자들을 원자에 결합시키는 데 기여하며, 원자나 분자들을 결합시켜 물체를 이루게 하는 역할을 한다.

3) 강력(强力, Strong Force)

극미세계를 구성하는 힘으로 원자핵의 양성자와 중성자를 강하게 결합하게 한다. 양성자와 중성자는 쿼크로 이루어져 있는데, 강력은 쿼크와 쿼크 사이에 작용하는 힘으로 전하를 띤 입자들보다 훨씬 강력하다. 이 힘은 모든 무거운 원소들을 만드는 근본적인 힘으로 이 힘을 이용하면 핵융합이 가능하고 수소폭탄을 만들 수도 있다. 태양이 수많은 열에너지와 빛에너지를 내뿜는 것은 바로 이 힘 때문이다.

4) 약력(弱力, Weak Force)

강력과 같이 극미세계를 구성하며, 방사성 붕괴를 일으키는 약한 핵력을 말한다. 약력은 방사성 물질의 원자핵 붕괴 시 에너지를 생성해 지구 중심에 열에너지를 공급하는 힘으로 지구에서의 삶을 가능하게 하며, 지구 대류 이동을 일으키는 에너지의 근원이 되기도 한다. 지구자기나 기氣와 같이 지구 내부로부터 생성되는 기운의 근본원인 중의 하나일 수도 있다. 이 힘을 이용한 것이 원자력 발전소이며, 원자폭탄을 만들 수도 있다.

제2절

제5의 힘, 기(氣)

기(氣)에 대한 생각들

많은 사람들이 자연계에 존재하는 4가지 힘 외에 새로운 힘이 존재한다고 믿고 있으며, 그 존재를 증명하려고 노력해왔다. 아직 과학적으로 정확히 측정을 하거나 명쾌하게 설명하지는 못하지만 우주에는 생명력을 가진 에너지 현상이 존재하고 있고, 물질이나 정신세계에 영향을 미치고 있다.

중국 철학에서 '기'는 만물 또는 우주를 구성하는 기본요소이다. '물질의 근원 혹은 본질'로서 기가 모이고 흩어짐에 따라 만물이 생성하고, 성장하며, 소멸한다. '기'를 '생명의 근원' 또는 '생명 그 자체'로 보기도 한다. 도가道家인 노자·장자는 우주의 생성 변화를 기의 현상이라고 하였다.

인도 철학에 등장하는 '프라나Prana'는 산스크리트어로 '모든 생명체를 존재하게 하는 힘'을 뜻한다. 공기 속에 있어 호흡을 통해 몸 안으로 들어오는 생명의 근원으로서 우주에 가득 차 있고, 정精과 신身 사이의 매개체와 같은 역할을 한다. 자연계의 여러 가지 현상을 모두 프라나의 드러남으로 보았다.

고대 그리스 스토아 철학의 '프네우마Pneuma'는 호흡하다pneo에서 유래한 것으로 '우주와 신체 안에 존재하는 생기를 주는 따뜻한 숨'을 의미한다. 그 숨은 피와 함께 혈관을 돌면서 생명활동의 근원이 된다.

러시아 과학자들이 제5의 힘으로 주장한 '토션필드Torsion Field'는 모든 물질에 존재하는 회전에서 발생되며, 정보를 가진 에너지라고 한다. 토션장은 좌선형과 우선형 2개의 극성을 가지며, 좌선형은 해롭고, 우선형은 이롭다고 알려져 있다.

서유럽에서 수맥전문가와 의사들이 연구한 '지구에너지Earth Energies'도 있다. 지구로부터 나와 지구를 둘러싸고 있는 에너지로 인간을 포함한 동식물의 건강에 유익함을 주기도 하고 해를 끼치기도 한다. 지구에너지에는 몇 가지 종류가 있으며, 각기 다른 방식으로 드러나고 다양한 영향을 끼친다.

자연계에 존재하는 기본 4가지 힘과의 관련성을 살펴보자. 강력이나 약력은 원자와 같은 미시세계에서 작용하는 힘으로 거시세계에서는 느낄 수 없으므로 기氣와는 관련이 없고, 중력 또한 인력만 작용하는 힘이므로 기와는 명확하게 다르다. 그렇다면 위에 언급한 기, 프라나, 프네우마, 토션필드, 지구에너지는 전자기력과 관련이 있는 것일까?

원자는 양성자, 중성자, 전자 등으로 이루어져 있는데, 양성자와 전자 사이에 전자기력이 작용하고 있다. 전자기력은 원자나 분자들을 결합시켜 물체를 이루게 하는 역할을 한다. 동양철학에서 기가 모이고 흩어짐에 따라 만물이 생성하고 소멸한다고 하였으니 일견 기와 전자기력은 동일한 것처럼 보인다. 또한 전자기력은 파동의 형태로 에너지를 전달하는데, 기 또한 상당 부분 파동의 특성을 보인다.

그러나 기는 전자기력으로 설명이 안 되는 부분이 많다. 기는 물리적 측면과 정신적 측면의 양면을 지니고 있다. 개개인의 능력에 따라 기를 감지할 수 있는 사람도 있고, 감지할 수 없는 사람도 있다. 감지할 수 있는 사람도 자신의 의지에 따라 느낄 수도 있고, 느끼지 않을 수도 있다. 전자기력은 발생원인이나 특성이 명확하지만 기의 발생원인에 대해서는 아직 명확하게 밝혀진 바가 없고 객관화하기도 어렵다. 그렇지만 기감이 뛰어난 사람들은 기를 느낄 수 있고, 기의 특성들을 구분할 수도 있다.

기에는 3가지 유형이 있다. 일반적으로 음(-)의 성질을 가지고 있는 음기와 양(+)의 성질을 가지고 있는 양기, 음양이 공존(±)하는 음양기가 있다. 이 세 가지 기운은 지구상에서 동시에 작동한다. 음기 라인에서는 음기가 발산되고, 양기 라인에서는 양기가, 음양기 라인에서는 음양기가 발산된다. 이 사실은 이 세 기운의 작동원인이 동일하다는 의미이다. 그리고 그 기들은 주기적으로 변한다. 기의 이러한 특성 때문에 재현하는 데 어려움이 있다. 전자기력으로는 설명이 안 되는 부분이다.

기는 회오리 혹은 소용돌이 같은 물리적 특성을 보인다. 기는 또한 각 유형별로 각기 다른 특성을 가지고 있다. '일을 할 수 있는 능력'을 에너지로 정의할 때, 기는 상기 3가지의 기운이 갖는 특성에 따라 각기 다른 성격의 일을 하는 특별한 에너지다. 이 또한 전자기력으로는 설명할 수 없는 부분이다. 지구 내부로부터 나오는 기가 전자기력이라면 강력한 영구자석의 영향을 받을 것이다. 그러나 강력한 영구자석도 기가 발산되는 곳에서 엘로드의 방향성에 전혀 영향을 미치지 않는다.

전자기력에 기가 가지고 있는 특성들이 확인되고, 기에 전자기력이 갖는 특성들이 발견될 수도 있다. 하지만 현재까지의 결과로 볼 때, 기는 전자기력과 별개의 힘으로 제5의 힘으로 보는 것이 타당하다.

기의 다양한 특성들

대기 중에는 다양한 종류의 기들이 확산되어 보편적으로 존재하고 있고, 물에는 물이 흡수하고 물에 전이된 다양한 기들이 응축되어 있으며, 지표의 기 라인에서는 각각의 집적된 기들이 고농도로 발산된다. 따라서 대기 중의 기는 호흡을 하는 모든 생명체에 보편적인 영향을 미치며, 물에 응축되어 있는 기 또한 물을 접촉하는 생명체에 영향을 미친다.

풍수지리에서 관심을 갖는 기는 지구상의 특정 위치에서 강하게 발산되어 그 위에 있는 생명체에 직접적인 영향을 미치는 기이다.

1) 기는 장소성을 가진다.

자연계의 4대 힘이 보편성을 가지는 힘인 데 반해, 기는 특정 장소에서 발산되어 그 힘이 미치는 기장 내에서만 영향력을 발휘한다.

지구상에는 남북 방향, 동서 방향으로 바둑판처럼 기가 흐르는 선Line이 있다. 대각선 방향으로도 다양한 각도로 기가 흐르는 선이 있다. 그 선 중에 음기가 흐르는 곳, 양기가 흐르는 곳, 음양기가 흐르는 곳이 정해져 있다. 3,000여 년 전에 세워진 고인돌을 가로질러 흐르는 양기는 지금도 같은 자리에 흐르고 있다.

2) 기는 영속적이다.

기가 처음 발현되었을 때의 환경이 바뀌지 않는 한 영원히 그 힘이 지속된다. 지구가 탄생되었을 때의 내·외부 환경이 지속된다면 현재 존재하는 곳에 기가 앞으로도 계속 존재할 것이다. 즉, 지구 내부의 외핵이 고온의 유체 상태를 유지하고, 맨틀의 마그마가 펄펄 끓고, 지구는 자전과 공전을 계속하며, 태양계의 행성들은 지금과 마찬가지로 태양 주위를 일정한 운행 주기를 가지고 돌며, 달이 지구를 현재와 같이 위상을 바꿔가며 주기적으로 공전할 때, 기는 변함없이 존재하면서 그 특성들을 발휘할 것이다.

3) 기는 회오리(Vortex) 에너지다.

기는 단순한 진동이나 회전에너지가 아니고, 좌회선, 우회선을 하는 회오리 에너지다. 음기는 좌회선을 하고, 양기는 우회선을 하며, 음양기는 좌회선을 하는 음기와 우회선을 하는 양기가 공존한다.

4) 기는 자화(磁化)처럼 기화(氣化) 현상이 있다.

자기장 안의 물체가 자기를 띠는 것처럼 기가 작동되는 기장氣場 안에 다른 물질을 놓으면 그 물질도 그 기가 가지고 있는 특성을 띠게 된다.

5) 기는 방향성이 있다.

지구상에 뻗어 있는 기운이 흐르는 선들은 일직선으로 진행하며, 어느 것이든 그 힘이 오는 방향과 나가는 방향이 있다. 나무 아래로 음기가 흐를 경우, 음기가 오는 방향에 먼저 괴사가 진행된다. 풍수 처방을 하는 경우에도 기운이 오는 방향에 처방을 하여야 효과를 볼 수 있다.

6) 기는 지구 내부에서 올라오는 힘이다.

기는 발산되는 지점의 하부로부터 상부로 솟아오르는 힘이다. 강물을 가로지르는 다리 위에서도 느낄 수 있으며, 고층 아파트에서도 느낄 수 있다.

7) 기는 교감해야 반응하는 에너지다.

기는 느끼고자 할 때 느껴지며, 느끼고 싶지 않으면 느껴지지 않는다. 존재를 확신하면 더 확실하게 감지된다. 기의 가장 특별한 성질이라고 할 수 있다.

8) 기는 일정한 리듬으로 변화한다.

기는 대체적으로 일주일을 주기로 변화한다. 반달을 전후하여 일주일은 음기와 양기, 음양기가 각각 선명하게 감지되며, 보름달과 삭을 전후하여 일주일은 기가 미약해지거나 전혀 느껴지지 않는다. 기의 특성이 바뀔 때는 변동성이 심해진다. 이것은 기의 생성원인이나 기에 영향을 미치는 외부요인에 주기적 변동성이 있다는 의미이다.

9) 동적(Dynamic)인 기와 정적(Static)인 기가 있다.

지구상에 거미줄처럼 뻗어 있는 라인에 흐르는 기운은 동적인 기운으로 마치 전선에 전기가 흐르는 것처럼 강력한 흐름을 가지는 기운이다. 반면에 기운을 띠고 있는 물체에서 나오는 기운은 그 물체 주변에서만 느껴지는 정적인 기운이다. 물체가 가지고 있는 기운의 세기에 따라 주변에 미치는 거리가 달라진다. 특이한 사실은 정적인 기운도 동적인 기가 흐르는 라인 위에서는 강력한 힘을 갖는다.

10) 기는 화수분이다.

그 안에 물건을 담아두면 끝없이 새끼를 쳐 그 내용물이 줄어들지 않는다는 화수분처럼 기는 아무리 나누어도 계속적으로 기의 특성을 띠며, 나눠진 기 또한 계속 본래 가지고 있던 기의 특성을 유지한다.

11) 기는 선택적 감지가 가능하다.

기의 가장 특별한 성질 중의 하나로 동일한 기장氣場 안에 다양한 기가 존재하는 경우, 선택적으로 기의 감지가 가능하다. 음양기는 음기와 양기가 서로 상쇄되지 않고 각각 감지된다. 양기를 느끼고자 하면 양기가 반응하며, 음기를 느끼고자 하면 음기가 반응한다. 측정하고자 하는 대상이 구체화되면 원격감지도 가능하다.

기의 종류

기에는 생명체에 유익함을 주는 좋은 기인 음양기가 있고, 해를 끼치는 나쁜 기인 음기가 있으며, 특별한 현상들을 일으키는 특이한 기인 양기가 있다.

1) 좋은 기(氣)

= **음양기** 조화와 균형의 기운, 생명의 기운

우회오리 에너지와 좌회오리 에너지가 공존하는 기운으로 조화로운 생명의 기운이다. 지금까지 누구도 명확하게 인식하거나 감지하지 못한 기운이며, 본서에서 최초로 밝히는 음양 공존 기운이다. 수맥전문가들은 이 기운을 음기로 생각하고, 고양이가 음기를 좋아한다고 오해하였으며, 풍수전문가들은 이 기운과 양기를 구분하지 못하고 음택명당과 양택명당을 같은 기운으로 착각하여 혈의 규모가 작으면 음택명당, 규모가 크면 양택명당으로 보았다.

일반적인 파동이라면 음과 양이 서로 간섭에 의해 상쇄 혹은 소멸되어야 하나 각각의 기운이 소멸되지 않고, 각 기운의 특성을 드러내지도 않으며 생명에 최적화된 환경을 부여한다. 고도로 숙련된 다우저High Quality Dowser라면 좌회오리 기운과 우회오리 기운을 각각 감지할 수 있다. 모든 생명체에 항상성을 부여하는 기운으로 생명체를 구성하는 세포의 환경을 최적화함으로써 모든 생명체에 활력을 주는 기운이다.

음양기는 살아있는 모든 생명체가 본능적으로 선호하는 기운이다. 음양기가 흐르는 곳은 치유의 공간이고, 휴식의 공간이며, 재충전의 공간이다. 이곳이야말로 살아있는 모든 것들의 안식처, 곧 명당이다. 명당을 찾는 근본이유이며, 풍수를 정확하게 이해해야 하는 이유이다.

① 정(情)을 만들어내는 기운

많은 사람들이 공감하는 한민족韓民族의 정서 세 가지는 정情과 흥興 그리고 한恨이다. 그 중에서도 정은 우리 민족의 대표적인 정서라고 할 수 있다. 한국을 여행해본 적이 있는 많은 외국인들은 한결같이 한국 사람들의 끈끈한 정에 대해 이야기한다.

왜 한국 사람들은 정이 많은 것일까? 유전적 요인도 있겠으나 기질적 측면이 강한 것 같다. 여수 돌산 갓김치나 강화 순무에 그것만의 독특한 향과 맛이 있는 것처럼, 한반도 방방곡곡에 서려 있는 조화로운 음양의 기운이 이 땅에 살아온 한민족을 정이 많은 민족으로 만들었다.

정이란 서로 주고받는 것이며, 나누는 것이다. 지방마다 흔하게 있는 연리지나 연리목은 정의 소산이다. 뿌리가 다른 나무들이 조화로운 기운을 같이 누리면서 다투지 않고 한 몸처럼 살아간다. 깊은 산중에 사는 겨우살이도 정의 산물이다. 스스로 광합성도 하지만 부족한 물과 양분을 숙주나무에 의존하는 반기생식물인 겨우살이도 숙주나무와 음양기를 공유하면서 살고 있다.

한반도 전역에 조화로운 기운을 내보내는 음양기 덕분에 한민족은 유달리 정이 많다.

② 건강과 장수를 가져오는 기운

속리산 가는 길목의 정이품송이나 용문사 은행나무를 보면 상상을 초월하는 크기와 위풍당당한 자태에 압도된다. 우리나라의 대표적인 장수나무들이다. 나무가 음양기 위에 자라는 경우, 주변에 있는 것보다 빨리 자라고, 크게 자라며, 곧게 자라면서 장수한다. 수려한 외관을 지니고 있거나 수령이 오래된 나무들이 자라는 곳의 땅 기운을 측정해보면 대부분 음양기가 지나간다. 특히 수백 년 장수하고 있는 나무들은 예외 없이 음양기가 교차하는 곳, 즉 혈 위에 자라고 있다. 새들은 반드시 음양기가 지나가는 곳에 뻗어 있는 나뭇가지 위에 집을 지어 알을 낳고, 새끼를 키운다. 개나 고양이도 이 기운을 좋아해 서로 자리다툼을 하거나 서로 공유한다. 음양기는 건강과 장수를 가져오는 특별한 기운이기 때문이다.

③ 연리지(連理枝)를 만드는 공존동생(共存同生)의 기운

뿌리가 서로 다른 두 나무의 가지나 줄기가 맞닿아서 한 나무처럼 된 경우가 있다. 가지가 이어져 붙은 것을 연리지, 줄기가 붙은 것을 연리목이라고 한다. 때로는 뿌리가 서로 이어진 것도 있다. 매우 희귀한 현상으로 화목한 부부나 남녀 사이를 비유하기도 한다.

같은 종류의 나무들 사이에서 일어나는 현상이지만 서로 다른 수종에서 이와 유사한 모습이 관찰되기도 한다. 뿌리가 서로 다른 나무가 비좁은 공간에서 마치 하나의 나무처럼 자라는 경우도 있다. 대자연의 오묘한 섭리가 깃들어 있는 특정 공간 즉, 조화와 상생의 기운인 음양기가 흐르는 곳에서만 일어나는 현상이다. 그곳에서는 생명체를 구성하는 세포를 건강하게 하는 기운인 음양기가 화수분처럼 발산되므로 각 생명들이 생존을 위해 다투지 않는다. 음양기는 함께 생존하고 같이 살아나가는 공존동생共存同生의 기운이기 때문이다.

④ 휴식을 주고 숙면을 가져오는 기운

이른 아침 먹이활동이 끝난 새들은 저마다 좋아하는 나뭇가지나 전봇줄에 앉아 휴식을 취한다. 개나 고양이도 한바탕 신나게 뛰어논 후엔 방 어딘가에 누워 잠을 자거나 휴식을 취한다. 그들이 휴식을 취하거나 잠을 자는 곳은 심신을 편안하게 하는 음양기가 흐르는 곳이다.

음양기는 세포의 휴식과 치유 및 재생의 기운이다. 모든 동물들은 반드시 이 기운 위에서 휴식을 취하고 잠을 잔다. 음양기는 소진된 원기를 재충전시켜 주는 기운이기 때문이다.

⑤ 생리현상을 촉발시키는 기운

개를 데리고 산책을 하다 보면 개가 전봇대나 나무 또는 바위의 냄새를 맡고는 용변을 본다. 학자들은 야생성을 유지하고 있는 개들의 영역표시 행동이라고 한다. 그런데 다른 개들도 그 자리에 용변을 보며, 때로는 고양이도 같은 자리에서 용변을 본다. 커다란 개가 자기 영역이라고 표시한 곳에 조그만 강아지가 제 자리라고 영역표시를 하는 것이 가능할까?

개와 고양이가 대소변을 보는 장소는 음양기가 흐르는 곳이다. 그들은 음양기를 본능적으로 느끼고 있으며, 그 기운 위에서 강한 요의尿意나 변의便意를 느낀다. 무의식중에 나오는 하품이나 기지개도 음양기 위에 있을 때이다. 음양기는 자율신경계에 작용하여 생리현상을 촉발시키는 기운이기 때문이다.

⑥ 공감의 기운

2007년 12월, 서해안에서 해상 크레인과 유조선이 충돌하여 최악의 기름유출 사고가 발생했다. 검은 기름이 덮쳐 태안 앞바다는 순식간에 생태계가 무너진 죽음의 바다가 되었다. 전문가들은 생태계가 회복하려면 30년에서 100년이 걸릴 거라고 했다. 그러나 우리는 타인의 고통을 보면 마음 아파하고, 도움이 필요한 사람을 보면

서로 돕는 상부상조의 전통을 가진 민족이다. 200만 명 가까운 이름 모를 자원봉사자들의 헌신적인 노력으로 태안 앞바다는 점차 원래의 모습을 되찾아갔고, 10년이 지나지 않아 태안 앞바다는 세계적으로도 유례를 찾기 어려운 빠른 생태계 복원을 이루었다.

남의 아픔을 나의 아픔으로 느끼며, 어려움에 처한 이웃을 자발적으로 돕는 우리의 이 특별한 품성이 공감의 기운이며, 이 땅의 보편적 기운인 음양기가 가지고 있는 중요한 특성 중의 하나다.

코로나19가 창궐한 이후 대한민국은 대표적인 코로나 방역 모범국가로 세계의 부러움을 받았다. 세계 최고 수준의 IT 기술에 기반한 확진자 동선 추적 시스템도 놀랍지만 전 국민 마스크 쓰기나 최단기간 백신 접종률 등 공공선을 위한 압도적 참여는 세계인들의 주목을 받기에 충분했다.

이 같은 현상에 대하여 내외신 언론의 다양한 분석기사가 쏟아졌다. 순종적인 국민성 때문이라는 기사도 있었고, 유교문화의 영향이라는 분석도 있었다. 그러나 그들이 잘 모르는 것이 있다. 우리에게는 탁월한 공감능력이 있고, 국가적 어려움에 직면하면 온 국민이 솔선수범하는 고난극복의 DNA가 있다는 점이다.

2) 나쁜 기(氣)

= **음기**불화와 갈등의 기운, 파괴의 기운

생물과 무생물을 막론하고 미세에너지에 의해 발생되는 부정적인 현상들의 원인으로 생각되는 기운이다. 물질과 정신 모두에 니쁜 영향을 미치는 좌회오리Left Vortex 에너지다. 풍수지리에서 이야기하는 음기이며, 우리가 수맥으로 알고 있는 곳에서 나오는 기운이다. 조직이 크게 괴사하거나 뒤틀리고 기이한 형상을 한 나무 아래에서 감지된다. 특히 세포에 치명적 손상을 가져오는 파괴적 특성Destructive Nature을 가진 기운으로 현대과학이 원인을 규명하지 못하고 있는 세포 관련 온갖 질병들의 원인으로 생각되는 기운이다.

① 한(恨)을 만들어내는 기운

한민족은 티 없이 맑고 깨끗함을 좋아하여 흰옷을 즐겨 입는다. 천성이 착하여 남의 나라를 침략하거나 남에게 해를 끼치지 못하는 민족이다. 강대국들에 둘러싸여 역사적으로 힘들고 괴로운 일을 많이 겪었던 우리 민족은 한이 많다. 때로는 불의에 봉기도 하고, 외세의 침략에 과감한 응징도 불사하지만 고통을 내부적으로 삭이는 성품이기에 한이 많을 수밖에 없다. 음기는 몸과 마음에 스트레스를 주고, 정신을 황폐하게 하며, 원망과 슬픔으로 응어리진 한을 만드는 기운이다.

② 물질을 물리적으로 파괴하는 기운

음기는 아스팔트나 건축물 등에 음기 라인의 수직 방향으로 물리적 균열을 일으킨다. 음기 라인 위에 지어진 건축물은 2~3년이 지나면 음기 라인이 지나는 곳에 미세한 균열이 시작된다. 균열 부분을 시멘트 등으로 보수해도 시간이 지나면 다시 균열이 생긴다. 또한 음기는 건축물 바닥이나 벽면의 타일을 음기 라인 방향으로 들뜨게도 한다.

　음기는 그 기가 흐르는 방향으로 지각에 균열을 일으키는데, 그 균열에 오랜 기간 빗물이 스며들면 수맥이 형성된다. 지각 내부의 압력변화 등으로 지하수의 이동이 생기거나 과다한 지하수 유출로 지하 공동이 생길 경우, 음기 라인 주변에 싱크홀이 생길 수도 있다. 지진이 발생할 경우, 음기 라인을 따라 액상화 현상이 생기기도 하며, 지반을 취약하게 하여 지진의 직접적인 피해를 유발할 수도 있다.

③ 세포를 변형시키는 기운

　음기는 생명체의 구성요소인 세포에 작용하여 세포에 치명적인 결함을 가져온다. 식물의 세포 분열 과정에 작용하여 식물에 혹을 만들거나 기형으로 자라게 하며, 조직을 괴사시킨다. 음기 라인 위에 나무가 자라는 경우, 음기 라인 방향으로 나무가 수직으로 균열이 생기고, 반시계 방향으로 나무가 뒤틀려 자라며, 균열 부분의 조직이 괴사한다.

　동물의 경우, 정자와 난자가 수정 후 기관이나 조직이 생성되는 세포 분열 과정에 작용하여 세포이상으로 인한 선천성 기형을 초래할 수 있다. 또한 성체의 각 기관에 작용하여 세포변이로 인한 난치성 질환이나 암 등을 유발한다. 자유롭게 이동할 수 있는 동물은 본능적으로 이 음기를 피하지만 묶여 있거나 갇혀 지내는 동물의 경우, 이 기운으로 인해 질병을 얻거나 고통받을 수 있다.

　현대의학에서 유전질환으로 분류하고 있는 질병 중 일부와 원인을 알 수 없는 질병 중 세포이상으로 인해 발생하는 질병은 그 원인으로 파괴적 기운인 음기를 의심해볼 필요가 있다.

④ 스트레스를 일으키고 정신을 황폐화시키는 기운

음기는 스트레스를 일으키는 기운으로 이로 인해 발생할 수 있는 각종 질환의 원인이 된다. 수면활동을 유도하고 조절하는 뇌의 중추에 있는 세포의 기능을 비정상화하여 수면 관련 각종 질환을 일으킨다. 즉, 가위에 눌리거나 악몽을 꿀 수 있고, 장기간에 걸쳐 반복적으로 음기에 노출될 경우, 만성피로나 불면증, 우울증으로 고생할 수 있으며, 심한 경우 치명적인 정신질환을 얻을 수 있다.

3) 특이한 기(氣)

= **양기** 다산과 풍요의 기운, 신성의 기운

풍수지리에서 이야기하는 양기로 다산과 풍요 및 신성을 상징한다. 조선시대 왕릉이나 권문세가의 묘지에서 감지되는 기운이다. 선사시대 고인돌, 선돌과 같은 거석기념물에서 감지되며, 악귀나 질병의 침입을 막고 신성한 곳임을 알리는 표지석 등에서 감지되는 우회오리Right Vortex 기운이다.

영지버섯, 노루궁뎅이 버섯은 양기 위에서만 자생하고, 매미 또한 양기를 선호한다. 전 세계적으로 분포하고 있는 고대 거석기념물 주변에서 초자연적 현상들이 발생한다는 가십성 기사들이 가끔 나온다. 진실 여부는 알 수 없지만 양기는 신성한 기운 혹은 특별한 에너지가 흐르는 라인일지도 모른다. 양기는 향후 지속적으로 연구해볼 필요가 있는 미지의 기운이다.

① 흥(興)을 만들어내는 기운

한민족은 고대로부터 춤과 노래를 좋아하는 민족이다. 이러한 민족적 특성은 우리 문화예술을 발전시킨 원동력이며, 오늘날 세계적인 K-POP 돌풍을 일으킨 중요한 요인이라 해도 과언이 아니다.

계획적이거나 의도적인 행동이 아닌 자기도 모르게 일어나는 감정이나 행동은 땅의 기운에 영향을 받았을 가능성이 있다. 땅의 기운 중 번영을 상징하며, 촉매적 특질을 가진 양기는 잠재된 끼를 드러내는 기운이며, 외부로 발산시키는 기운이다. 양기는 덩실덩실 어깨춤을 추게 하는 흥을 만들어내는 기운이다.

② 인류가 가장 먼저 활용한 땅의 기운

한반도엔 고인돌이 유난히 많다. 남북한 합해서 4만 기가 넘으며, 세계 고인돌의 절반 이상이 우리나라에 있다고 한다. 가히 고인돌 왕국이라 할 만하다. 고인돌의 형태를 확실하게 알아볼 수 있는 탁자식 고인돌이나 바둑판식 고인돌은 예외 없이 양기 라인 위에 세워져 있다. 발견되는 고인돌들이 양기 라인을 따라 일렬로 줄지어 서 있기도 하다. 선사시대 우리 조상들은 양기 라인에 고인돌을 세워 부족들의 다산과 풍요를 기원했다.

마을 어귀에 세워져 있는 선돌立石 또한 양기 라인 위에 있다. 예로부터 선돌은 영험한 기운이 있다 하여 함부로 옮기거나 훼손하지 못하게 했다. 양기 라인 위의 선돌은 사아한 기운이 마을로 들어오지 못하게 함으로써 마을의 안녕과 풍요를 기원했다.

흥미롭게도 지금으로부터 수천 년 전, 아시아와 유럽은 물론, 세계 전역에 걸쳐 우리나라의 고인돌과 유사한 거석문화가 존재했다. 외계문화가 전 지구적으로 전개되었든, 아니면 지구상의 어느 한 곳에 뿌리내린 문화가 전 세계로 이동했든 놀라운 일이 아닐 수 없다. 세계 각지의 서로 다른 민족들이 지구의 우회전 에너지가 흐르는 양기 위에 각자 자기들만의 거석문화를 꽃피웠다. 양기는 인류가 가장 먼저 활용한 지구의 기운임에 분명하다.

③ 생명력이 용솟음치는 풍요와 번영의 기운

양기는 촉매적 특성 Catalytic Nature과 건설적 특성 Constructive Nature을 가지고 있다. 양기는 모든 생물의 세포분열 과정에서 강력한 촉매 역할을 한다. 이 기운 위에서 나무의 종자가 발아하는 경우, 세포분열이 왕성해진다. 발아 시점에 강한 양기가 흐르면 양기 라인 좌우로 한 쌍의 줄기가 생긴다. 발아 시점에 양기가 약하면 줄기가 하나로 성장하다가 어느 시점에 양기가 강해지면 비슷한 크기의 두 개의 줄기로 갈라진다.

양기 라인이 교차하는 곳일 경우, 나무 위치에 따라 3가지 혹은 4가지의 비슷한 크기의 줄기가 생긴다. 이 경우에는 줄기뿐만 아니라 가지도 기하급수적으로 늘어난다. 어떤 경우이든 줄기는 반드시 양기 라인을 중심으로 양쪽으로 갈라진다. 식물에서 수많은 쌍둥이 가지를 만들어내는 양기가 왕성한 세포분열을 통해 인간을 포함한 동물들의 쌍둥이 출산과 직접적인 관련이 있을 것으로 보인다.

④ 음택명당이 추구하는 기운

풍수지리의 본류처럼 인식되고 있는 음택명당 또한 양기가 핵심이다. 고려 왕릉과 조선 왕릉은 물론, 당대 권문세가의 이름난 묘는 거의 대부분 양기 라인이 교차하는 곳에 있다. 조상이 후손에게 해 줄 수 있는 최고의 축복은 자손의 번창이다. 후손들이 조상에게 바라는 것 또한 풍요와 번창일 것이다.

음택풍수의 존립 기반인 동기감응同氣感應론이 객관적으로 입증하기 어려운 한계성을 가지고 있으나 현존하는 음택명당들은 대부분 양기가 교차하는 곳에 조성되어 있다. 동기감응론의 입장에서 다산과 풍요의 기운인 양기 위에 묘를 쓰는 것은 너무나 당연한 일이다.

음택명당과 양기 그리고 후손 발복과의 상관관계는 전통풍수의 존립 자체를 좌우할 정도로 중요한 문제이다. 아직까지 명쾌하게 입증되지는 않았지만 풍수지리의 발전을 위해 향후 반드시 진위가 규명되어야 할 과제이다.

제3절

기의 원천은 무엇인가?

기는 대기 중에 보편적으로 존재하고 있다. 기가 우주에서 지구로 조사照射될 수도 있고, 지구 내부에서 발산될 수도 있다. 어떤 경우라도 지구의 자전과 공전에 의해 기는 흩어질 것이고, 물과 대기의 순환현상에 의해 전 지구적으로 퍼질 것이다.

기가 우주에서 온다면 지구상의 모든 생명체에 보편적인 영향을 주어야 한다. 대기 중에 존재하고 있는 기가 지구에 있는 기의 전부일 경우에도 마찬가지로 모든 생명체에 동일한 영향을 주어야 한다. 지구상의 특정 위치에 있는 생명체에만 특별한 영향력을 발휘한다면 그 기는 지구 밖에서 온 것이 아니며, 대기 중에 보편적으로 존재하고 있는 기 또한 아니다.

기는 지구 내부에서 생성된 힘이다

기는 지구 표면의 특정 위치에서 지속적으로 감지된다. 기가 지구의 움직임에 상관없이 특정 위치에서 감지된다는 것은 기가 지구 내부에서 생성된다는 의미이다. 기의 생성원인과 작동 메카니즘을 알기 위해서는 지구 내부에서 생성되는 힘들에 대해 살펴볼 필요가 있다.

지구자기장을 발생시키는 지구가 왜 자석의 성질을 갖고 있는지에 대해서는 과학자들 사이에 많은 연구가 있었으나 정확한 원인은 알려져 있지 않다. 고온의 용해된 철과 니켈로 이루어진 외핵의 대류운동으로 설명하는 학설이 지배적이다. 즉, 외핵을 구성하고 있는 철, 니켈 등이 녹은 고온의 금속액체가 외핵 하부의 고온지역과 상부의 저온지역 사이를 대류하면서 전자기 유도현상에 의해 전류가 발생하고, 이 전류에 의해 유도된 자기장이 지구를 둘러싸고 있는데, 이것을 지구자기장이라 한다. 태양과 달의 인력은 외핵의 대류에 영향을 미치는 요소이며, 지구의 자전도 지구자기 생성의 중요한 요인이라고 한다. 기 또한 외핵의 대류현상과 지구의 자전에 의한 외핵의 회전 등에 의해 지구 내부에서 발생하는 에너지의 일종으로 보인다.

지구 내·외부의
에너지 균형을 맞추는 과정에서 생성된다

항상성을 유지하고 있는 반응계는 에너지의 흡수와 방출을 통해 내부환경과 외부환경의 에너지의 균형을 이룬다. 반응계 내에서 에너지가 생성되는 경우에는 에너지 불균형을 해소하기 위하여 반드시 적정한 양의 에너지를 방출하여 에너지 균형을 이룬다.

지구 탄생 이후 지구 내부는 여전히 펄펄 끓고 있다. 지구 내부에 있는 방사성 물질 붕괴에 의한 핵에너지와 기타 요인들에 의해 생성된 열에너지는 맨틀에서 맨틀 대류를 일으켜 화산이나 지진을 발생시킨다. 지구자기와 마찬가지로 기氣도 지구라는 행성이 내·외부의 에너지 균형을 맞추고, 항상성을 유지해가는 과정에서 발생되는 현상들 중의 하나라고 생각된다.

지구자기와 기(氣)

생성요인이 같고 지구 내부에서 생성되어 지구상으로 방사되는 현상은 비슷하지만 지구자기와 기는 특성이 다르다. 기를 지구자기가 지구 내부 환경에 의해 변조된 것이라고 말하는 사람들도 있지만 기는 특징이나 기능면에서 지구자기와 다르다.

지구자기는 누가 언제 측정하더라도 나침반의 N극이 항상 북극을 향한다. 또한 지구자기는 지자기 측정기로 그 값을 정확히 측정할 수 있다. 그러나 기는 기감이 뛰어난 사람들이나 숙련된 다우저들은 쉽게 기를 감지할 수 있지만 일반인들은 감지하기 어렵고, 측정하기도 쉽지 않다. 지구자기는 자기장의 방향인 남북 방향이고, 자기장 방향과 평행한 자기력선들은 결코 서로 만나지 않는다. 그러나 기는 동서, 남북 방향은 물론, 북서-남동 방향이나 북동-남서 방향도 있고, 그 외에도 다양한 방향으로 기 라인이 뻗어 있다. 또한 방향이 다른 기 라인들이 수없이 교차한다. 자기력선 하나하나가 별개의 특성이나 기능을 갖는다는 연구결과는 아직 보지 못했다.

그러나 기는 서로 다른 성질을 갖는 기운들이 존재한다.

자기장은 일변화나 영년변화 등을 통해 수십, 수백 년을 통해 점차적으로 위치가 변하는 것으로 알려져 있다. 그러나 3,000여 년 전 축조된 고인돌 아래를 흐르는 양기가 아직 그대로인 걸 보면 기는 그 위치가 변한다고 단정하기는 어렵다.

지구자기와 기는 지구 생명체에 대한 역할에서도 분명한 차이를 보인다. 지구자기는 지구 상공에서 지구자기장을 형성하여 태양풍과 같은 태양에서 뿜어내는 대전입자를 비롯해 은하계를 통과해 들어오는 우주로부터의 유해 방사선을 막아 지구의 생명체를 보호하는 방어막 역할을 한다.

기는 각 라인별로 기장을 형성하여 그 장에 존재하는 모든 생명체에 기의 특성에 따라 생로병사에 직접적인 영향을 미친다. 지구자기가 지구 생명체에 있어 아버지 같은 역할을 한다면 기는 어머니 역할을 하는 것으로 생각된다.

제4절
무엇이 기에 영향을 미치는가?

기는 일정한 리듬을 가지고 주기적으로 변화하면서 특정 위치에서 발산된다. 그것은 지구 내부에서 생성된 기가 규칙성을 갖고 운행하는 태양과 달 및 태양계의 행성들의 영향을 받기 때문이다.

달의 위상이 변하면 기가 변한다

기는 지구 내부에서 생성된 힘으로 태양계의 중심 항성인 태양과 태양계 내 행성들 및 지구의 위성인 달의 영향을 받는다. 그 중에서도 지구에 가장 가깝고 지구의 유일한 위성인 달의 영향을 가장 크게 받는다.

지구에 특별한 존재, 달

달은 지구에 있어 매우 신비롭고 특별한 존재이다. 태양처럼 빛 에너지나 열에너지를 주지는 않지만 지구와 가장 가까이 있는 관계로 지구 생태계에 매우 중요한 역할을 한다.

지구는 자전축이 23.5도 기울어져 있지만 달의 인력이 지구의 자전축을 잡아주기 때문에 태양 주변을 안정적으로 공전한다. 이 덕분에 지구는 계절에 따라 태양빛을 받는 시간과 양이 달라져서 규칙적으로 사계절이 나타난다. 달의 인력이 지구의 자전축을 안정시켜 주지 않는다면, 태양 궤도를 공전하는 지구는 자전축이 불안정해질 것이다. 그러면 지구는 극심한 기후변동을 겪게 되고, 지구에 생명체가 번성하기도 어려울 것이다.

달의 인력은 지구에 조수간만을 생기게 한다. 지구에서 밀물과 썰물이 발생하는 원인은 바로 지구 밖에서 지구를 끊임없이 당기는 달과 태양의 인력 때문이다. 달이 태양보다 질량은 작지만 지구와 거리가 가깝기 때문에 조석현상은 태양의 인력보다 달의 인력에 의한 효과가 2배 정도 크다. 밀물과 썰물의 해수면 높이 차는 날마다 조금씩 달라지는데, 태양, 지구, 달이 일직선에 놓이는 보름달이나 삭일 때 가장 크고, 상현달이나 하현달일 때 가장 작다.

달의 실질적 공전주기인 항성월은 약 28일이며, 지구의 공전을 감안한 삭망월은 약 30일이다. 여성의 생리주기가 개인에 따라 차이가 있으나 28일에서 30일 정도라는 사실은 인간의 생리현상이 달의 공전주기와 관련이 있음을 시사한다.

예로부터 인간과 달은 정서적으로 뗄 수 없는 관계였다. 시인 묵객은 물론이고, 서민 대중들의 삶 속에도 달은 깊숙이 스며들어 있다. 외로움도 슬픔도 달에 기대어 견뎌냈고, 즐거울 때도 달을 벗 삼아 놀았다. 사랑의 맹세도 원수에 대한 복수의 맹세도 달을 두고 하였다. 달이 이토록 우리의 내면세계에 큰 영향을 미치는 이유는 달의 위치에 따른 지구 기운의 변화가 인간의 감정과 행동에 큰 영향을 미치기 때문이다.

달의 위상 변화에 따른 기의 변화

달의 위상이 변하면 지구의 기는 변화한다. 2022년도 달의 위상 변화에 따른 지구 기운의 변화 : 별첨 달의 인력이 기의 근원인 지구 내부 에너지의 변화를 가져오는지 아니면 지구 내부에서 정상적으로 발산되는 기 자체를 변화시키는지는 분명하지 않다. 하지만 달의 위상에 의해 지구의 기는 극적으로 변하며, 그 기의 변화에 의해 지구상의 생물들이 생장에 영향을 받는다.

태양, 지구 그리고 달이 일직선이 되는 기간은 기가 거의 느껴지지 않는다. 보름달 때는 지구를 가운데 두고 태양과 달이 반대편에서 지구에 인력을 작용한다. 이때는 달이 지구에서 가장 가까이 있을 때이며, 따라서 달의 인력이 가장 클 때이다. 지구에 살고 있는 모든 생명체에 달의 영향력이 극대화되는 기간으로 지구 생태계에 변화가 많은 기간이다.

보름달이 뜰 때 숙면을 취하기 어렵다거나 정신병 발병률이 높다는 연구결과가 있다. 남해안에 서식하는 도둑게는 7~8월 보름달이 뜨는 날 밤에 산란을 한다. 오스트레일리아 해안에 서식하는 산호초 그레이트 배리어 리프Great Barrier Reef는 매년 겨울 보름달이 뜰 때 바닷물 속에 난자와 정자를 배출한다. 거북들도 보름달이 뜰 때

알을 낳으려 해변으로 올라온다. 이 밖에도 많은 해양생물이 보름 달이 뜰 때 짝짓기를 하거나 산란을 한다. 달빛에 영향을 받는 것인지 중력 등 다른 요인에 의해서인지는 알 수 없지만 외부세계의 주기와 지구 생명체 내부 생물학적 주기 사이의 연관성이 있음을 보여주는 사례들이다.

달의 위상에 따른 기의 변화가 지구 생명체의 특정 호르몬의 분비에 영향을 주어 생리활동에 영향을 주었을 수도 있다. 생명의 기운이 약해진 기간에 짝짓기나 산란을 하는 것이 포식자나 천적으로부터 종족을 보호하기 위한 선택이었을 가능성도 배제할 수는 없다. 어떻든 지구상의 많은 생물들의 생체시계가 달의 변화에 맞추어져 있음은 분명하다.

태양과 태양계 행성들의 운행이 기에 영향을 준다

태양은 태양계에서 유일하게 스스로 빛을 내는 가장 큰 별이다. 태양이 내는 에너지 덕분에 지구의 모든 생명체가 살 수 있다. 뿐만 아니라 지구 이외의 다른 행성과 위성, 소행성 등 태양계 전체가 태양에너지로 제 모습을 유지하고 있다.

태양에너지는 태양으로부터 방출되는 모든 종류의 에너지로 우주 공간을 통해 전자기파의 형태로 전달되는 복사에너지이다. 고온, 고압 상태의 태양 내부 핵에서 수소 원자 간의 핵융합 반응이 일어날 때 수소 원자핵 4개가 융합하여 헬륨 원자핵 하나를 만들면서 줄어든 질량이 에너지로 바뀌는데, 이때 엄청난 에너지가 나오고 이것이 태양에너지의 원천이다. 태양에너지는 대기와 물의 순환을 일으키는 주된 요인이고, 지구상 모든 생물의 생명활동의 근원이기도 하다. 지구에서 일어나는 거의 모든 종류의 자연현상의 근본적인 원인으로 작용한다.

태양을 중심으로 지구가 자전하면서 낮과 밤이 생기고, 지구가 태양 주위를 공전하면서 봄, 여름, 가을, 겨울이 생긴다. 낮과 밤 그리고 계절의 변화는 생물의 생장에 직접적인 영향을 준다. 뿐만 아니라 거대한 중량을 가지고 있는 태양의 인력은 지구의 위성인 달과의 상호작용에 의해 지구 생태계에 커다란 영향을 미치고 있으며, 지구 내부에서 생성되어 발산되고 있는 기의 변화에도 달 다음으로 큰 영향을 미치고 있다.

태양계의 행성들은 크기도 다르고 중력 또한 각기 다르다. 태양계 내의 모든 행성이 자전을 하고 있고, 태양을 중심으로 공전하고 있지만 자전주기와 공전주기는 각기 다르다. 지구의 위성인 달이 자전과 공전을 하면서 지구 생태계에 영향을 미치고 있고, 지구는 태양을 공전하면서 태양으로부터 영향을 받는다. 규칙적으로 자전하면서 태양을 공전하는 태양계 행성들 또한 지구 생태계에 영향을 미칠 수 있음은 당연하다.

행성들의 움직임 자체가 아닌 그들의 움직임에 따른 지구 기운의 변화가 생명체에 영향을 주는 것이다. 기가 지구자기장과 같이 지구 내부로부터 나와 전 지구적으로 작용하지만 자기장과는 달리 사방팔방으로 작용하고, 변화무쌍하게 변하는 것은 지구의 자전과 공전, 달과 태양의 영향 외에 많은 태양계 행성들과의 상호작용에 의한 영향임을 조심스럽게 추측해 본다.

제5절
좋은 기가 나오는 것들

좋은 기운이 있는 동식물

기氣는 지구 내부에서 생성되는 기운이므로 지구상에 있는 물질들이 본래부터 그 기운을 가지고 있었다고 보기는 어렵다. 물질이 생성되는 과정에 기가 발산되는 곳에 있다가 그 기운이 배어든 경우도 있을 것이고, 우연히 그 기가 발산되는 곳으로 옮겨지거나 그곳에서 싹이 터 그 기운을 담았을 수도 있다. 양기 위에 있을 경우 양기를 띠게 되고, 음양기 위에 있을 경우 음양기를 띠게 되며, 음기 위에 있게 되면 음기를 띠게 된다.

촉매의 기운이 있는 양기를 선호하는 동물은 매미다. 매미는 양기에서 수년 동안의 애벌레 생활을 하다가 때가 되면 지상으로 나와 우화를 하고, 양기 위에 자라는 나무로 날아다니며 구애를 하다가 짝짓기를 한 뒤 양기가 있는 곳에 알을 낳고 죽는다. 매미의 일생은 양기와는 뗄 수가 없다. 매미가 우화를 하면서 벗은 허물인 선퇴蟬退나 살아있는 매미의 기운을 측정해보면 양기를 띠고 있다.

포자로 번식하는 영지버섯도 양기를 선호한다. 포자가 바람에 사방으로 날리지만 양기 위에 떨어진 포자만 자라난다. 양기는 영지의 자생조건으로 생각된다. 영지를 차로 끓이면 차에서도 양기가 감지되며, 끓인 후 말린 영지에서도 여전히 양기가 감지된다. 기운은 나누어질 뿐 소멸하지는 않는다. 자생하는 노루궁댕이 버섯도 양기 위에서만 발견된다.

조화와 균형의 기운인 음양기가 발아의 조건이 되거나 생장의 조건이 되는 식물들이 있다. 스스로 음양기를 선택하지 못할지라도 우연히 음양기 위에 싹을 틔운 개체는 다른 것보다 크고 건강하게 자란다.

우리나라 야산 전역에 분포하고 있는 진달래와 생강나무는 음양기가 있는 곳에 자생한다. 오갈피나 황칠나무 등 두릅나무과의 나무들도 음양기 위에 자생한다. 야산에 자생하는 감나무와 뽕나무 또한 음양기 위에 자생한다. 야생상추로 불리는 왕고들빼기도 음양기 위에 자생한다. 왕고들빼기 잎으로 김치나 장아찌를 담그거나 뿌리를 말려 차를 끓여도 여전히 음양기가 나온다. 자생하는 춘란도 음양기 위에서 발견된다. 옛 선비들이 춘란을 애지중지했던 이유가 춘란의 고고한 자태와 은은한 향기뿐만은 아니었으리라. 음양기 위에 자생하는 나무나 식물은 음양기를 띠고 있으며, 꽃이나 열매 또한 음양기를 띠고 있다.

민물에 사는 어류 중 생명력이 강하고 힘이 좋은 물고기로 알려진 붕어는 음양기를 발산한다. 손맛을 즐기려는 낚시광들이 붕어를 선호하는 이유를 알 것 같다. 인류가 즐겨 먹는 닭이나 영양 측면에서 완전식품이라고 하는 달걀도 음양기를 발산한다. 유시 이래 수

많은 명사들이 애용해 온 굴도 음양기가 발산되는 식품이다. 많은 사람들이 좋아하는 해산물인 전복도 음양기를 띠고 있으며, 전복의 주식인 다시마도 음양기를 띠고 있다. 굴, 전복 그리고 다시마는 음양기가 흐르는 라인에 서식할 것으로 생각된다.

위에 언급한 것 이외에도 생래적生來的으로 음양기를 띠고 있는 즉, 신기불이身氣不二의 식품들이 있을 것이다. 조화와 균형은 물론, 건강과 장수의 기운을 담고 있는 이들을 하나하나 발견하는 일은 인류의 건강을 위해 의미 있는 일이다.

좋은 기운이 있는 광물

금, 은, 동을 함유하는 광맥은 생명에 이로운 음양기를 발산한다. 따라서 금·은을 채굴하는 광산에서 나온 금·은이 미량 함유된 맥석脈石들도 음양기를 발산한다. 금광석에 1,000도 이상의 열을 가해 녹여 만든 순금이나 18K, 14K 금도 음양기를 발산한다. 은이나 동도 마찬가지다. 금, 은, 동은 분명 장식품 이상의 의미가 있다. 자수정이나 옥 원석에서도 음양기가 나온다. 실내나 책상 위에 두면 좋은 기운을 발산한다. 아름다움에 더하여 좋은 기운까지 발산되니 금상첨화라 하겠다. 첨단산업의 쌀이라고 불리며, 다양한 자성을 띠고 있어 영구자석의 원료로도 사용되는 희토류 광석도 음양기를 낸다. 광물질의 경우, 생성과정에서 특정 기운을 담게 된다. 동식물의 경우, 지구상에 탄생한 이후 생명에 이로운 음양 기운에 적응하면서 생존해왔고, 그러한 과정에서 음양 기운을 선호하는 유전자를 갖게 되었다고 생각된다.

  이 외에도 후천적인 원인에 의해 생명에 유익한 기운인 음양기를 담게 된 물질들이 많이 있을 것으로 생각된다. 특정 기운을 담고 있는 물질을 발견하고 수없이 재확인하는 과정은 신물질을 발견하는 것처럼 설레고 보람 있는 일이다.

  동식물이나 광물들에서 나오는 기운은 정적인 기운으로 지구상의 음양기가 흐르는 라인에서 나오는 것처럼 동적이면서 강력한 기운은 아니다. 사방 1~2미터에서 3~4미터 범위까지 기운이 감지되는 것으로 보아 그러한 범위 안에서 효력을 발휘한다고 볼 수 있다.

제2장
풍수와 명당

풍수지리를 하는 사람들이 그럴듯한 논리를 앞세워 이현령비현령으로 지형을 해석하다 보니 풍수지리는 일반인에게는 딴 세상 이야기처럼 되어버렸다. 하지만 이런 현학적인 말들에 휘둘릴 일이 아니다. 명당은 그들이 얘기하는 어설픈 형상이나 추상적인 관념 속에 있는 것이 아니고, 우리가 직접 보고 경험할 수 있는 현실에 있기 때문이다.

제1절
풍수란 무엇인가?

　풍수라는 용어를 처음 사용한 진晉나라 곽박이 쓴『금낭경』의 기감편氣感編에 풍수에 대해 다음과 같이 정의하고 있다. "장사葬事는 생기 위에 하여야 한다. …중략… 경에 이르기를 기氣는 바람을 타면 흩어지고, 물을 만나면 멈춘다. 옛사람古人은 모여 흩어지지 않으며, 운행하다가 멈추는 것을 일러 풍수(風水)라 하였다. 葬者乘生氣也…… 經曰 氣乘風則散 界水則止. 古人聚之使不散, 行之使有止 故謂之風水." 즉, 바람을 막아 기가 흩어지지 않고, 물이 기를 멈추게 하여 기가 머물러 있는 땅을 찾아 그 생기 위에 장사를 지내야만 후손이 복을 받을 수 있다는 이야기다.

　풍수란 땅의 기운과 관련된 선조들의 경험과 지혜가 담겨있는 동양의 전통사상이다. 경험적으로 땅의 기운이 인간의 길흉화복에 영향을 미친다는 인식하에 음양오행설에 기반하여 자연환경山水을 해석하고, 좋은 기운이 발산되는 이상적인 땅을 찾아 그곳에 묘를 쓰거나 집을 지어 후손의 발복과 거주자의 건강 장수를 추구한다. 따라서 풍수는 인간과 자연환경인 산과 물 그리고 인간과 환경과의 관계에 의해 생겨난 방위方位를 그 구성요소로 한다.

전통적 개념의 풍수

　전통 풍수지리의 이론은 크게 둘로 나눌 수 있다. 하나는 산과 물 그리고 갖가지 자연환경이 유형에 따라 서로 다른 에너지를 가지고 있고, 그 기운들이 사람의 길흉화복에 영향을 끼친다는 형세론이다. 우주에 존재하는 물질 또는 생명의 근원이라고 하는 기의 존재를 인정하지만 기운의 실체를 정확히 알지 못하기에 겉으로 드러난 산수의 형세를 보고 기운을 해석한다.

　다른 하나는 방위가 인간의 길흉화복에 영향을 미친다는 이기론이다. 음택이나 양택을 정할 때 패철의 가운데 있는 나침반으로 자북磁北을 맞추고, 용龍, 산의 능선의 흐름과 수구水口, 물이 흘러 나가는 곳를 살펴 길한 방향을 찾는다. 이기론 또한 기의 존재나 기운의 흐름이 있음을 알고 있지만 그 방향을 정확히 알지 못하기에 패철에 의지하여 방위를 정한다.

　전통 풍수의 기본 논리는 일정한 경로를 따라 땅속을 운행하는 생기生氣를 사람이 접함으로써 복을 얻고 화를 피하는 것이다. 사람 몸의 혈관이 생존에 필요한 영양분과 산소를 운반하는 것처럼 땅속에 있는 생기의 통로 또한 생명의 기운을 운반하므로 생기의 통로인 용맥을 찾고, 기운이 응집된 곳을 찾는 것이 전통 풍수의 핵심이라 하겠다.

　『청오경』이나 『금낭경』 등에 기반한 전통 풍수는 혈이나 명당을 찾을 때 사세四勢를 특히 중시한다. 『금낭경』 사세四勢편에는 '무릇 장사를 지냄에 있어 좌측은 청룡을 삼고, 우측은 백호를 삼으며, 앞은 주작을 삼고, 뒤는 현무로 삼는다.'夫葬 以左爲靑龍, 右爲白虎, 前爲朱雀, 後爲玄武.고 하였다.

사세가 갖춰진 땅은 명당이 될 수 있고, 사세가 갖춰지지 않으면 명당이 될 수 없다. 그래서 풍수하는 사람들은 거리를 불문하고 주산과 안산을 찾아야 하고, 좌청룡 우백호에 집착할 수밖에 없다. 그러므로 전통 풍수는 산수의 형세나 사신사를 해석하는 사람에 따라 혈과 명당의 위치나 방향이 달라지는 한계를 가질 수밖에 없다.

현대적 의미의 풍수

풍수지리는 조선 태종 6년1406 하륜의 건의에 의해 만든 십학十學에 의학, 율학律學과 함께 국가운영에 필요한 전문 관리를 양성하기 위한 학술 및 교육 분야에 포함되어 있다. 음양과라는 과거시험을 통해 풍수전문가를 관리로 등용하였으며, 국가기관에서 풍수지리를 직접 관리하고, 궁궐 및 도성의 건설과 왕릉의 입지선정 등에 활용하였다. 역대 많은 왕들이 풍수지리에 조예가 깊었고, 정승들 또한 풍수전문가의 경지에 있었던 사람들이 많다. 조선 후기에 풍수로 인한 산송山訟 등으로 심각한 사회문제를 초래하여 실학자들의 신랄한 비판을 받기도 하였지만 풍수는 여전히 우리의 정서 저변에 깔려있고 우리 생활 깊숙히 스며들어 있다. 현대적 관점에서 풍수지리를 재조명함에 있어 조선시대에 국가기관에서 풍수지리를 직접 관장했던 연유를 신중하게 되새겨 볼 필요가 있다.

풍수란 실존하는 땅의 기운에 근거하여야 한다.

음택풍수의 전형이라 할 수 있는 조선 왕릉에서는 교차하는 양기를 확인할 수 있고, 양기가 지나가는 방향도 알 수 있다. 양택풍수의 대표적 사례인 창덕궁 정자들에서는 연못 안쪽에 세운 2개의 석주를 관통하는 음양기를 확인할 수 있다.

지금은 조상들이 장묘와 실생활에 적용해 온 풍수를 과학적으로 규명하고, 지구가 주는 무한한 기운을 인류를 포함한 모든 생명의 미래를 위하여 사용할 수 있는 방법을 강구하여야 한다. 지구 내부에서 발산되는 다양한 기운들은 숙련된 기전문가들에 의해 구별 가능하며, 각각의 기운에 반응하는 동식물의 생태론적 분석을 통해 생명에 이로움을 주는 기운과 해로움을 주는 기운을 구분할 수도 있다. 건강에 해로운 기운은 피하거나 처방을 함으로써 질병을 예방하고, 건강에 이로운 기운은 찾아 활용함으로써 건강 장수에 기여할 수 있다.

요양시설, 재활병원, 산후조리원, 힐링센터 등에는 음양이 조화로운 기운을 찾아 적극 활용케 함으로써 휴식은 물론, 재활과 힐링 등 의도했던 목적을 효과적으로 달성할 수 있다. 좋은 기운이 흐르는 곳에 스마트 팜Smart Farm을 지어 식량자원을 재배하면 동일한 재배조건에서도 발육이 왕성하고, 건강한 작물을 수확할 수 있으며, 생명에 유익한 기운이 배어있는 농작물을 수확할 수 있다.

풍수는 더 이상 구시대의 낡은 유산이 아니다. 그동안 단편적으로 보아왔던 풍수에 자연의 심오한 이치가 숨어있었고, 우리는 마침내 그것을 활용할 계기를 마련한 셈이다. 풍수지리를 올바르게 이해하게 되면 풍수지리가 장벽에 부딪친 현대의학의 난제들을 해결하는 실마리가 되고, 향후 국토의 효율적 이용을 위한 돌파구가 될 것이라는 데 공감하게 될 것이다.

풍수는 미시세계를 작동하는 기운인 미세에너지를 활용하는 기술이다

풍수가 중국과 일본, 한국 등 동양에서 수천 년을 이어져 왔지만 지금도 불신을 받고, 과학계로부터 미신으로 부당한 취급을 받는 이유가 무엇일까? 풍수지리를 신비스러운 것으로 포장하고, 허황된 말로 사람들을 현혹시킨 사람들의 책임이 크다. 풍수를 과학적으로 입증하려는 실질적인 노력 또한 부족했다. 무엇보다도 풍수원리로서 명당이나 혈을 찾고 해석하는 각종 법론法論의 모호성이나 비현실성이 풍수의 과학화를 가로막는 중요한 요인이었음을 지적하지 않을 수 없다.

풍수의 요체는 지구 내부에서 발산되는 기氣다. 지구상에는 동서와 남북 방향으로 바둑판처럼 기가 흐르는 라인들이 있다. 뿐만 아니라 그 라인들의 대각선 방향으로도 다양한 각도로 기가 흐르는 라인들이 뻗어 있다. 그 수많은 라인들 중에 생명에 유익한 기운이 있고, 생명에 해를 끼치는 기운들이 있다. 그 기운들이 미시세계에 영향을 미친다. 기감이 뛰어난 전문가는 그 기운들을 감지할 수 있고, 각각의 기운들을 구분할 수도 있다. 기는 전통풍수에서 말하는 용맥龍脈처럼 구불구불 제멋대로 흐르지 않으며, 바람을 만나 흩어지거나 물을 만나 멈추지도 않는다. 태초에 지구가 탄생한 이후 지금까지 지구 내부에서 일관되게 발산되고 있다. 그러한 기운이 자연의 형상이나 방위에 따라 달라진다는 전통풍수의 논리는 합리적이지 않다.

특성이 다른 각각의 기운들이 미시세계에 영향을 미쳐 미시세계의 각종 현상들을 만들어낸다. 미시세계의 현상들은 축적되어 거시세계의 원인이 되고, 시간이 경과하면 거시세계의 결과가 된다. 거시세계의 모든 결과들은 그것에 합당한 거시세계의 원인이 있고, 거시세계의 원인을 초래하는 미시세계의 현상들이 있기 마련이다. 미시세계에 긍정과 부정의 영향을 미치는 기운이 풍수의 핵심인 기다. 미시세계를 작동시키는 기의 본질을 이해하지 못하면 풍수를 이해할 수 없는 것이 당연하다. 기는 미시세계를 작동하는 기운이고, 풍수는 그 기를 감지하여 그 기운을 활용하는 기술이기 때문이다.

풍수는 과학이다

'과학이란 무엇인가?'에 다음과 같은 표현이 나온다.

"현대의 우리는 '과학적'이라는 말이 일종의 권력이 된 사회에서 살고 있다. 다른 학문과 구별되는 과학의 특별함은 과학이 다루는 대상이나 내용이 아닌 '과학적 방법'에서 주로 발생한다."

　풍수는 실체가 있는 기를 감지하고, 그 기가 생명체에 미치는 영향을 연구하고 그것을 활용하는 것이다. 비과학적일 이유가 없다. 풍수가 미신의 멍에를 쓸 수밖에 없었던 이유는 비상식적인 허황된 논리와 더불어 인과관계를 과학적으로 입증할 수 없었기 때문이다. 과학적이기 위해서는 귀납적인 논리 전개가 가능해야 하고, 보편타당해야 하며, 객관적이고 재현 가능해야 한다. 즉, 누가 해도 가능해야 하며, 언제, 어디에서 해도 항상 동일한 결과가 나와야 한다. 이것이 보편화된 '과학적인 방법'이지만 과학이 만든 룰Rule의 한계이기도 하다.

　사람들은 규범을 만드는 것을 좋아한다. 그 규범으로 대상을 구속하고 싶어 하며, 자신도 그 규범에 구속받는다. 설령 부족하고 잘못된 규범일지라도 지켜야 한다고 목소리를 높인다. 과학이라는 규범도 이와 다르지 않다.

　자연계에는 현상은 존재하는데 그 현상을 일으키는 원인을 알 수 없는 일들이 많이 있다. 우리들은 우리가 모르는 존재의 본질들이 만들어내는 이런 명백한 현상들의 원인을 하나하나 밝혀 나가면서 미지의 본질에 접근해갈 수 있다. 풍수의 핵심인 기氣는 우리가 아직 그 본질을 정확히 밝혀내지 못한 미세에너지다.

　자연계에는 기氣로 인해 발생하는 많은 현상들이 있다. 까치나 까마귀, 비둘기와 같은 새들은 음양기가 발산되는 장소에 집을 짓는다. 까치는 이듬해 같은 나무에 다시 집을 짓고, 전봇대 위에 지은 집을 부숴버려도 다시 그곳에 줄기차게 집을 지으려 한다. 개와 고양이 같은 짐승들도 음양기에 끌려 음양기가 있는 곳에서 휴식을 하거나 잠을 자고, 음양기가 나오는 장소에서 용변을 본다. 음양기에 심은 꽃씨는 발아도 잘 되고, 건강하게 잘 자라며, 꽃도 오래 피운다. 음양기가 발아의 조건이 된 식물도 있다. 음양기가 발산되는 장소에 자라는 나무는 튼튼하고 크게 자라며 장수한다. 음양기는 생명체를 건강하게 하는 기운이기 때문이다.

양기가 나오는 장소에 자라는 나무는 같은 크기의 쌍둥이 줄기나 쌍둥이 가지가 생긴다. 양기가 교차하는 곳에 자라는 나무는 줄기나 가지가 교차하는 양기 라인의 수에 비례하여 늘어난다. 양기는 세포분열을 왕성하게 하는 기운이기 때문이다.

음기 위에 심은 식물은 생육이 좋지 않으며, 음기가 발산되는 곳에 자라는 나무는 줄기가 찢어지거나 뒤틀리면서 자라며, 혹이 생기기도 한다. 또한 음기에 이식한 나무는 잘 살지 못하며, 살아있어도 잘 자라지 못한다. 음기는 세포를 병들게 하는 기운이기 때문이다.

이처럼 풍수의 본질을 이루는 음양기와 양기 그리고 음기는 각기 다른 특성으로 살아있는 세포에 영향을 준다.

풍수를 과학적인 방법으로 전개하는 데 있어 유일한 문제는 객관성이다. 미세에너지인 기는 인간의 예민한 감각으로 인지할 수 있는 관계로 개인차가 있을 수밖에 없다. 동물들에게는 본능이지만 인간은 미세에너지를 감지하는 것이 쉽지 않다. 극소수의 사람만이 초능력에 가까운 감지능력을 가지고 있다. 엄연히 존재하는 것을 감지하지 못하는 것은 과학의 문제이지 풍수의 문제는 아니다. 전문가는 언제든지 동일한 결과를 예측하고 입증할 수 있으며, 재현 가능하다.

풍수는 지구가 무한히 제공하는 생명에 유익함을 주는 에너지와 해를 끼치는 에너지들을 감지하고 활용하는 기술이다. 지기전문가의 도움을 받아 기의 본질을 밝히고, 기의 유형에 따른 동식물의 영향 등을 하나하나 연구해야 한다. 더 이상 산세山勢를 해석하는 풍수는 지양해야 하며, 실존하고 감지할 수 있는 기에 기반을 둔 풍수를 추구해야 한다. 기에 충실한 풍수만이 진정한 풍수이고, 과학적인 풍수이기 때문이다.

공간이 의식을 지배한다

새 정부가 기존 청와대가 아닌 용산으로 대통령 집무실 이전 계획을 발표하면서 대통령이 "공간이 의식을 지배한다."라고 한 말이 많은 논란을 불러일으켰다. '지배한다'라는 말이 주는 단정적이고 강한 의미 때문이다. 지기地氣 전문가의 입장에서 보았을 때 표현이 다소 과하기는 하지만 그렇다고 아주 잘못된 표현은 아니다. 이 말의 핵심은 '공간'이다.

공간은 두 가지 의미로 해석할 수 있다.

하나는 '건축 구조로서의 공간'이다. 딱딱한 직선적 구조를 가진 건축물인가? 아니면 부드럽고 원만한 형태의 곡선을 가진 건축물인가? 좁고 폐쇄적인 건축물인가? 넓고 개방적인 공간 구조를 가진 건축물인가? 건축 구조에 따라 그 안에서 생활하는 사람들이 영향을 받을 수는 있다. 천정이 높은 건축물이나 외관이 특이한 건축물일수록 그 안에 근무하는 사람들의 창의성이 더 크다는 연구결과도 있다. 인간이 환경의 영향을 받을 수 있다는 관점에서 인간과 환경 간의 관계를 연구하는 '환경심리학'이라는 학문도 있고, 건축물들이 그 안에서 생활하는 사람들의 인지, 사고, 행동에 어떤 영향을 미치는지를 연구하는 '신경건축학'도 있다. 사실 '환경심리학'이나 '신경건축학'은 풍수와 아무런 상관관계가 없다. 건축 구조로서의 공간이 문제였다면 구태여 용산으로 옮길 필요 없이 기존 청와대를 헐고 그곳에 새 건물을 지을 수도 있고, 리모델링을 할 수도 있었을 것이다.

다른 하나는 '건축 장소로서의 공간'이다. 건물이 어떤 장소에 세워지느냐에 따라 인간의 의식이 영향을 받을 수 있다. 아마도 대통령이 생각하는 공간은 장소로서의 공간을 의미하는 것 같다. 사람들은 그것을 풍수에 영향을 받아 그런 것이 아니냐고 의심을 하고 있다. 마치 풍수는 잘못된 것이라는 전제조건을 가지고 이야기하는 것처럼 들린다. 풍수가 무슨 문제인가? 허황되고 괴상망측한 말을 하는 풍수사가 문제이지 풍수 자체가 문제는 아니다. 청와대 풍수가 좋지 않아 기존 대통령들의 말로가 좋지 않다고 하는 이야기는 잘못되었거나 과장된 것이다.

풍수에 자주 등장하는 사신사四神砂, 즉 좌청룡, 우백호, 전주작, 후현무가 문제의 발단이다. 사신사에 대한 해석 때문에 경복궁은 조선 초기 풍수 논란으로 조정을 달궜고, 청와대의 풍수 논쟁 또한 이 사신사가 문제의 중심에 있다. 경복궁의 우백호 격인 인왕산이 좌청룡인 낙산보다 높아 조선이 장자長子 승계가 되지 않았다고 한다. 10리 밖의 관악산 봉우리가 뾰쪽한 바위산火山으로 불 기운이 강해 조정이 어지럽고 화마火魔가 끊이지 않았다고도 한다. 호랑이 담배 피우던 시절에나 어울릴 법한 이야기들이다. 광화문에 해태상을 세워 불 기운을 잠재우고, 남대문 현판을 세로로 세워 맞불을 놓고, 연못을 파 물을 다스리는 용을 집어넣은 효과는 왜 없는 것인가? 원인도 처방도 잘못되었다. 실제로 존재하는 기운에 근거하지 않고 추상적 관념론에 빠진 풍수에 집착한 나머지 발생한 해프닝들이다.

 지구상의 어떤 곳이든 좋은 기운이 있고, 나쁜 기운도 있다. 장소에 따라 좋은 기운이 많이 흐르는 곳이 있고, 해로운 기운이 많이 흐르는 곳도 있다.
 생명에 유익한 에너지가 발산되는 곳에 자라는 식물은 건강하게 자라고 장수한다. 생명에 해로운 에너지가 발산되는 곳에 자라는 식물은 성장속도가 더디고, 뒤틀려 자라며, 외부환경에 취약하여 온전하게 생존하지 못한다. 동물들도 새끼를 기르거나 잠을 자는 집을 지을 때는 기운을 철저히 가려 짓는다. 공간, 즉 물리적 장소의 기운이 절대적이지는 않을지라도 인간의 신체나 정신에 큰 영향을 미칠 수 있음은 당연하다.

지구상의 여느 곳처럼 청와대에도 좋은 기운도 있고 나쁜 기운도 있다. 경복궁 근정전의 어좌처럼 좋은 기운이 있는 곳에 집무실을 위치시키고, 좋은 기운이 있는 곳에 회의실을 위치시키며, 좋은 기운이 있는 곳에 숙소를 마련하면 해결될 일이다. 지기전문가로 하여금 청와대의 기운을 정확히 확인케 하여 좋은 기운을 적극적으로 살리고, 나쁜 기운은 피하거나 상쇄시켜서 풍수를 올바르게 적용하면 된다. 더불어 그동안 사이비 풍수전문가들이 이구동성으로 이야기하던 청와대 흉지설에 구애받거나 위축되지 않고, 풍수를 과학적, 실리적으로 활용함으로써 청와대 터가 안고 있다는 권위주의를 극복하고, 국민과 자유롭게 소통하면 더 멋질 것이다. 공간이 의식을 지배할 수 있지만 공간을 가장 잘 활용하는 동물이 인간이기도 하다.

전통풍수의 문제점과 풍수의 미래

러시아에는 기氣와 유사한 개념인 토선에너지Torsion Energy가 있다. 토선에너지에 대한 연구가 많이 수행되었고, 이것을 활용한 상품들도 출시되어 있다. 서유럽에도 지구에너지 라인이라는 개념으로 수맥전문가와 의사들 사이에 많은 연구가 있었다. 하지만 기의 실체적 현상과 결과를 다루는 동양의 풍수지리는 여전히 신비한 영역으로 간주되거나 미신으로 폄훼되고 있으며, 학문적으로도 제대로 자리 잡지 못하고 있다. 무엇이 문제일까?

잘못된 풍수고전에의 집착 때문이 아닐까? 풍수고전에 대한 무비판적인 수용과 애매모호한 자구에 대한 자의적인 해석들로 인해 풍수지리는 오늘날에도 신뢰할 수 없는 구시대의 산물로 취급받고 있다. 수많은 풍수지리 전문가들이 애독해 온 청오경이나 금낭경은 음양론이 본격적으로 등장하던 시기인 3~4세기에 쓰여진 서적들이다. 금낭경 20편 중에는 황당한 내용들이 많아 남송南宋 시대의 채원정蔡元定이 12편을 버리고 8편으로 축약한 것이 지금의 금낭경이라고 한다. 현 시점에서 보면 아직도 버리고 고쳐야 할 것들이 많다. 그렇지만 풍수지리의 바이블과도 같은 풍수고전의 권위에 압도되어 제각기 주석을 달기에 급급하고, 비판은 언감생심 꿈도 못 꾸는 것 같다. 그러니 허황되고 난해한 풍수고전의 바다에서 허우적댈 수밖에 없다.

　풍수의 본질인 기氣로 인한 현상은 예나 지금이나 분명하게 존재하고 있다. 수백 년 동안 제대로 규명하지 못하고 있는 풍수지리에 대한 실질적인 연구가 필요하다. 그러기 위해서는 잘못된 과거를 떨쳐낼 수 있어야 한다. 그런 의미에서 그동안 맹목적으로 받아들였던 풍수고전에 대한 냉철한 분석과 비판이 필요하다.

　여기 상식을 벗어나는 풍수고전 몇몇 구절에 대해 토를 달아보고자 한다.

　금낭경 기감편에 '음양의 기는 뿜으면 바람이 되고, 오르면 구름이 되며, 내리면 비가 되고, 땅속으로 흘러 돌아다니면 곧 생기가 된다.'라는 구절이 있다. 바람은 열 용량에 기인한 기압차 때문에 생기는 현상이고, 구름이나 비, 그리고 지하수는 물의 자연스런 순환과 정일 뿐이다. 기는 그냥 기일 뿐 기가 바람이 되고, 구름이 되며, 비가 되지는 않는다. 더군다나 땅속을 임의로 흘러 돌아다니지 않으며, 기는 땅속 특정 위치에서 지상으로 발산된다.

'기는 바람을 받으면 흩어지고, 물을 만나면 멈춘다.'는 말 또한 풍수가의 정설로 받아들여지고 있다. 그러나 자석의 자장磁場처럼 기는 기가 흐르는 라인 위에서 기장氣場을 형성하여 바람에 흩어질지언정 끊임없이 솟아나고, 물에 스며들지언정 흐름이 멈추지 않는다. 기가 발산되는 라인은 물의 존재와는 아무런 상관이 없다. 강물이 흐르는 한강 다리 위에서도 기는 감지되고, 바닷물이 흐르는 행담도 다리 위에서도 기는 감지된다.

산세편山勢編에 '사세지산四勢之山 : 청룡, 백호, 주작, 현무은 팔방에 있는 용에 생명력을 주는데, 사세四勢에 기가 흘러 다니면, 팔방에 있는 용이 살아 돌아온다. 그 자리 하나를 얻으면 길하고, 경사스럽고, 번영하고, 귀하게 된다.'라는 구절이 있다. 좌청룡, 우백호, 전주작, 후현무는 풍수지리를 틀에 가두는 절대적인 문구이다. 기의 흐름은 청룡, 백호, 주작, 현무와는 아무런 상관이 없으며, 팔방면에만 그치는 것도 아니다. 풍수지리를 하는 사람들이 사세四勢에 집착하다 보니 주산은 백두산을 넘어 곤륜산까지 가기도 하고, 안산은 십리 밖의 산까지 끌어다 붙인다. 균형이 맞지 않은 좌청룡 우백호를 억지로 맞추는 것도 다반사다. 근자에는 주변의 큰 건물도 사세四勢로 봐야 한다고 주장하는 사람이 있으니 그야말로 점입가경이 아닐 수 없다.

형세편形勢編에 '무릇 외기外氣는 내기內氣를 모이게 하고, 과수過水는 내룡來龍을 멈추게 한다. 천척千尺의 강력한 기세로 구불거리고 조아리며 먼 거리를 와 그치더라도, 외기가 모이지 않으면, 내기는 땅속에서 흩어지는 것이다.'라는 구절이 있다. 땅속에서 지상으로 끊임없이 발산되는 기를 내기와 외기로 구분하는 것도 이해할 수 없지만 외기가 모이지 않는다고 내기가 흩어진다는 것은 도무지 말이 되지 않는다. '기가 날아가거나 새는 혈에 장사를 지내면 관이 뒤집히고 곽이 깨져 흩어져 버린다.'는 구절도 황당하기 그지없다. 장사 지낸 시신이 없어져 버린다고 하여 '도시혈盜尸穴'이라고 하는데, 이 또한 토양포행土壤匍行 : Soil Creep일 뿐이다. 매스 무브먼트Mass Movement라고도 하는데, 중력에 의해 일어나는 지표면의 이동현상으로 경사진 지하 암반층 위에 연약한 지층이 형성된 경우, 폭우나 해빙으로 인해 토양의 내부 마찰이 감소하여 발생한다. 전문적 지식이 없어도 충분히 이해할 수 있는 상식적인 현상들이지만 아직도 1,700년 전의 권위에 속박되어 한 발자국도 전진하지 못하고 멈춰 있는 풍수의 현실이 안타깝기만 하다.

풍수고전의 잘못된 부분을 올바르게 수정하려는 용기를 내지 않고, 마치 심오한 뜻이라도 있는 양 오해하여 자구해석에 집착하다 보면 점점 미궁으로 빠질 뿐이다. 잘못된 부분에 대한 냉혹한 비판과 수정이 가능해지고, 풍수의 본질에 대해 올바르게 이해하게 될 때, 풍수의 과학화가 앞당겨지고 풍수의 미래 또한 밝아질 수 있다.

제2절
명당이란 무엇인가?

　배산임수에 좌청룡, 우백호가 갖춰진 땅! 황금닭이 알을 품고 있는 형세라는 금계포란형金鷄抱卵形, 늙은 쥐가 밭으로 내려오는 형세라는 노서하전형老鼠下田形, 연꽃이 물 위에 떠 있는 형세라는 연화부수형蓮花浮水形. 소위 명당이라고 하는 곳을 형용하는 용어들이다. 과연 이런 말들에 어울리는 지형이 있으며, 그곳은 진짜 명당인가?

　풍수지리를 하는 사람들이 그럴듯한 논리를 앞세워 이현령비현령으로 지형을 해석하다 보니 풍수지리는 일반인에게는 딴 세상 이야기처럼 되어버렸다. 하지만 이런 현학적인 말들에 휘둘릴 일이 아니다. 명당은 그들이 얘기하는 어설픈 형상이나 추상적인 관념 속에 있는 것이 아니고, 우리가 직접 보고 경험할 수 있는 현실에 있기 때문이다.

　어떤 곳에 가면 자신도 모르게 호흡이 편해지고, 마음이 편안해진다. 책이 술술 잘 읽히고, 사물을 대하면 그 이치가 쉽고 분명하게 다가오며, 난감한 상황에 직면해도 해결책이 바로 떠오른다. 뭔가 좋은 일이 생길 것 같은 기분 좋은 예감이 떠나질 않는다. 그 자리가 명당이다.

　인위적으로 만든 환경에서 잠시 편안함을 느낄 수도 있다. 그러나 그 편안함에는 한계가 있다. 근원적인 효과가 아니기 때문이다.

명당이란 인간의 의지와는 별개로 몸과 마음을 최적의 상태로 만들어주는 생명에너지가 흐르는 곳이다.

땅에는 3가지 기운이 있다. 우회전하는 에너지 흐름인 양기와 좌회전하는 음기, 그리고 좌회전하는 에너지와 우회전하는 에너지가 공존하는 음양기다.

죽은 자가 들어가서 좋은 명당이 있고, 산 자들이 삶을 영위하기에 좋은 명당이 있다. 시신屍身은 신성한 양기 명당에 묻혀야 좋고, 살아있는 사람들은 음양이 조화를 이루는 음양기 명당에 살아야 좋다. 세상의 이치가 그렇고, 예로부터 조상들이 그렇게 해왔다.

돌아가신 조상이 후손에게 줄 수 있는 최대의 축복은 후손의 번창이다. 그래서인가? 우리 조상의 최초의 무덤이라고 할 수 있는 고인돌은 대부분 풍요의 기운인 양기 위에 자리하고 있다. 풍수지리가 절정을 이룬 조선시대 왕릉이나 권문세가들의 무덤 또한 대부분 양기 위에 자리하고 있다. 고인돌이 한 줄기의 양기 위에 줄을 지어 축조되어 있는 데 반해, 조선시대 왕릉들은 양기가 교차하는 곳에 조성이 되어 있다.

양기는 후손의 번창과 정말 관련이 있을까? 음양오행에서 말하는 양기는 밝고, 외향적이며, 적극적이다. 정력적이며, 다산과 밀접한 관련이 있다. 산에 오를 기회가 있거든 주변의 나무들을 유심히 관찰해보라. 땅에서 올라오자마자 줄기가 비슷한 굵기로 두 갈래, 세 갈래로 균형 있게 갈라져 튼실하게 자란 나무들을 종종 발견할 수 있을 것이다. 그 나무 아래엔 예외 없이 한 줄기 이상의 양기가 흐르고 있다. 씨앗이 움틀 때 땅 아래쪽에서 솟아 나오는 양기의 영향을 받아 줄기가 나뉘면서 성장한 것이다.

생명을 번창하게 하는 양기가 동기감응에 의해 후손에게 전해져 후손이 발복한다는 믿음이 음택풍수의 핵심이다. 우리의 조상들은 생명력이 용솟음치는 양기 위에 매장을 하여 후손들의 번창을 기원했다.

산 자들이 생활할 곳은 어디인가? 음과 양 어느 한쪽에 치우치지 않고 균형 잡혀 있으며, 조화를 이루고 있는 곳이다. 그곳은 지친 심신에 휴식을 주고, 병든 세포를 치유하며, 내일을 위해 재충전을 해준다. 사랑의 감정이 샘솟아 가족과 친구와 이웃을 향한 사랑이 넘쳐난다.

평화의 상징으로 여기는 비둘기는 반드시 음양의 기운이 흐르는 곳에 둥지를 튼다. 기쁜 소식을 전한다는 까치 또한 음양의 기운이 지나가는 곳에 둥지를 튼다. 그곳이 나무든 전봇대든 철탑이든 가리지 않는다. 알을 낳고, 새끼를 기르는 곳이기에 좋은 기운이 흐르는 곳에 집을 짓는다.

나무는 어떠한가? 산에 올라 주변의 나무보다 월등하게 크고 반듯하게 잘 자란 나무를 찾아보라. 그 나무들은 예외 없이 음양기 위에 자라고 있다. 좋은 기운을 받으니 성정이 반듯하여 곧게 자란다. 목질도 단단하고 나무의 기세 또한 당당하며 장수한다. 아름드리 나무들이 우거져 있는 숲에는 음양 기운이 넘쳐난다. 잡목들이 우거져 있는 숲에서보다 큰 나무들이 우거져 있는 숲에서 더 편안함을 느끼고, 더 생기가 돋아나는 것은 그 때문이다.

명당은 이처럼 분명하게 생명에 유익한 기운의 특성들을 보여준다. 보는 사람에 따라 해석이 달라지는 그런 곳이 아니다. 그러하니 좋은 기운이 나오는 땅을 잡아 집을 짓고, 좋은 자리를 골라 휴식을 취하며, 조상 또한 좋은 자리에 모실 일이다. 터무니없는 좌청룡 우백호에만 얽매이지 않는다면 좋은 기운이 나오는 명당은 주변에서 얼마든지 찾을 수 있다.

명당이란 세포를 건강하게 하는 환경이다

사람이 건강하기 위해서는 몸을 구성하는 조직과 장기들이 건강해야 한다. 이들 조직과 장기들이 건강하기 위해서는 최소 구성단위인 세포가 건강해야 함은 물론이다. 세포의 건강은 우리 몸이 건강하기 위한 필수요건이다. 세포의 건강을 위해서는 세포 내·외부의 환경이 중요하다. 깨끗한 물과 공기, 균형 잡힌 영양소는 세포 건강의 내부조건이며, 생명의 기운인 음양기는 필수적인 외부환경이다. 음양이 조화를 이룬 기운인 음양기는 생명체에 있어서 가장 중요한 미시환경으로 세포가 항상성을 유지하고 건강하기 위한 최적의 환경이다.

명당은 마음속에 있지 않고 현실 속에 있다

'명당은 마음속에 있다.'고 말하는 사람들이 있다. 풍수는 그 시대 상황에 맞는 자연관이므로 전통적 풍수를 현대사회에는 그대로 적용할 수 없다고 말한다. 또한 전통풍수에서 말하는 완벽한 명당이란 없으므로 부족한 것은 보충하고 스스로 명당을 만들어가야 한다고 주장하기도 한다.

'명당은 마음속에 있다.'는 생각은 고금의 수많은 풍수이론을 두루 섭렵했지만 현실에서 확실하게 손에 잡히지 않는 명당을 두고 부득이하게 내린 결론이었으리라 생각된다. 마음속에 있는 명당은 플라시보 효과Placebo Effect처럼 한시적으로는 위안을 주거나 긍정적인 효과를 낼 수 있을지 모르지만 결코 명당이 주는 영향이나 효과를 줄 수 없다. 명당은 그런 것이 아니기 때문이다.

풍수고전인『금낭경』에 나오는 '장자 승생기야葬者 乘生氣也 : 장사는 생기 위에 하여야 한다.'에서 생기 위는 죽은 자의 명당으로 양기가 흐르는 곳이다. 살아있는 자를 위한 명당은 모든 생명체가 본능적으로 선호하는 기운이 있는 곳이다. 식물은 발아가 잘 되고, 튼튼하게 빨리 자라며, 건강하게 장수한다. 동물은 그 공간에 새끼를 낳아 기르고, 휴식하며, 잠을 잔다.

풍수의 핵심은 땅의 기운이며, 풍수의 목적은 좋은 기운을 접하여 생명이 길吉함을 취하고, 나쁜 기운을 접하지 않도록 하여 흉凶함을 피하는 것이다. 땅에서 발산되는 이 생명의 기운은 전문가의 어깨 너머로 배우거나, 서책書冊만으로 익힐 수 없다. 풍수지리를 수십 년 연구했을지라도 이 기운을 느낄 수 없고, 이 기운과 교감할 수 없다면 풍수는 그저 알맹이 없는 껍데기에 불과하다.

땅에서 발산되는 기운들을 감지하고, 각각의 기운을 구분할 수 있으며, 그 기운들에 반응하는 동식물의 상태나 행동을 이해할 수 있어야 비로소 풍수를 안다고 할 수 있을 것이다. 전통풍수에서 주장하는 배산임수나 좌청룡 우백호에 집착하는 한 결코 풍수의 본질에 다가설 수 없다.

인과관계를 규명하기 어려운 음택풍수 때문에 풍수 전체를 폄훼할 필요는 없다. 음택풍수의 요체인 양기는 알려진 부분도 있지만 아직 연구할 부분이 있는 신비한 에너지다. 조화로운 기운인 음양기나 해로운 음기를 확인한 것만으로도 풍수지리는 이미 충분한 가치가 있다.

풍수지리는 이제 오랫동안의 미혹에서 벗어나 과학화의 길로 성큼성큼 다가가고 있다. 지기地氣 전문가에 의해 땅의 기운들이 실체를 드러내고 있고, 머지않아 이 기운들을 활용한 신사업들이 하나둘씩 생겨날 것이다. 명당은 마음속에 있지 않고, 우리가 사는 공간에 현실적으로 존재한다.

페루에서 처음 경험한 명당의 느낌, 쎄로 코르바쵸(Cerro Corbacho)와 산 아구스틴(San Agustin) 성당

페루의 까얄띠에서 지하수 개발을 하던 시절이었다. 작업을 하던 곳에서 3km쯤 떨어진 곳에 쎄로 코르바초란 산이 있는데, 평지에 우뚝 솟아 있고 피라미드처럼 생겼다. 지하수 개발현장에서 보면 영락없는 피라미드 모습인데, 산 반대편이 등성이로 이어져 피라미드 한쪽이 산에 파묻힌 것 같은 그런 모습이었다. 일하다 쉬는 시간이면 나도 몰래 그 산을 하염없이 바라보곤 하였는데, 그때마다 묘한 신비감이 느껴지곤 했다. 페루 작업자들의 얘기로는 그 산은 영험한 기운이 있는 산으로 연말연초에 페루 각지에서 많은 사람들이 와서 소원을 빈다고 하였다. 잉카시대엔 그 산 중턱에서 도자기를 많이 구웠다고 한다. 그래서인지 산 일대가 온통 깨진 도자기 투성이고, 산 중턱과 산자락 부분에는 여기저기 벌집처럼 파여진 도굴 흔적들을 볼 수 있었다.

그리 높지 않은 산이어서 주말엔 홀로 그 산을 오르곤 했다. 처음엔 특별한 기운이 있다는 산을 혼자 가는 것이 조금 불안했다. 그렇지만 땅 기운을 막 감지하기 시작한 시점이었고, 영산靈山이라는 그 산의 기운을 확인해보고 싶은 충동을 억제할 수가 없었다. 비가 오지 않는 지역이라 산은 대부분 바위와 자갈과 흙으로만 이루어져 있었다. 산 정상 가까이엔 화산 쇄설물로 여겨지는 작은 바위조각들로 온통 뒤덮여 있었다. 아마도 화산활동에 의한 마그마의 분출로 만들어진 산 같았다. 나무는 거의 볼 수 없고 돌멩이만 가득한 회색 빛깔의 산이 황량하게 느껴졌지만 정상 등정의 뭉클함은 이루 말로 다 표현할 수가 없었다. 때마침 사탕수수를 수확하기 위해 드넓은 사탕수수밭에 불을 질러 화염에 휩싸인 사탕수수밭을 지켜보는 것은 특별한 경험이었다. 정상에서 내려다보이는 골짜기들은 기이한 형상으로 호기심 많은 이방인을 유혹하였다.

처음 엘로드가 반응을 했던 곳은 외부로 돌출된 관입암이었다. 화산이 폭발할 때 마그마가 솟아 올라오면서 균열이 생긴 바위틈을 메꾸고 공기에 노출이 되면서 식어버린, 마치 바위에 생긴 핏줄과 같은 형상을 하였는데, 신기하게도 그런 바위마다 엘로드가 반응을 하였다.

그리 크지 않은 산이지만 골짜기마다 색다른 세상을 보여주었다. 마치 다양한 지하세계를 지상에 펼쳐놓은 것만 같았다. 어느 골짜기에 가면 온통 대리석만 가득하고, 옆 골짜기로 가면 새까만 바위만 있으며, 또 다른 쪽엔 쑥색 바위로만 이루어져 있었다. 생성요인이 다른 암석들이 어떻게 하나의 산 안에 어우러져 있는지, 이 산에 서려 있다는 영험한 기운이 이 암석들과 관계가 있는 것은 아닌지 궁금하였다.

코르바쵸 산에서 약 2km쯤 떨어진 곳에 산 아구스틴San Agustin 성당이 있다. 현지인이 꼭 한 번 가볼 것을 권유하여 현장 일이 없는 날 시간을 내어 성당을 방문하였다. 오래되고 낡은 성당으로 시 기념물로 지정되어 사냐Zana 시에서 관리를 하고 있었다. 성당 입구에 들어서는 순간부터 예사롭지 않은 기분이 들었다. 고古 성당이어서 심리적으로 압도되어 그러리라 생각하며 엘로드를 꺼내드는데, 순간 엘로드에 강하게 반응이 왔다. 피라미드와 우아까를 돌면서 느꼈던 그런 기운이었다. 성당 안을 거니는 동안 줄곧 엘로드가 반응하였다. 위층으로 올라가니 건물 밖을 향해 아치형으로 지은 구조물이 눈에 띄었다. 밖을 조망할 수 있도록 되어 있는데, 아치 밖으로 낯익은 산이 한눈에 들어왔다. 쎄로 코르바쵸였다. 산을 보는 순간 어떤 신비한 기운에 휩싸이는 느낌이었다. 명당에서 느낄 수 있는 기운이 이런 느낌일까? 혹시 성당을 건축하면서 쎄로 코르바쵸와 영적 교감을 하도록 의도된 것은 아닐까? 신령스러운 기운이 있다는 산과 신성한 기운이 가득한 성당이 특별한 기운으로 이어진 것만 같았다.

산 아구스틴 성당의 아치를 통해 본 쎄로 코르바쵸

(1) 인간과 명당

명당에 있는 선사시대 거석기념물들

거석문화란 인간이 거대한 자연석이나 가공한 돌로 구조물을 축조하여 무덤이나 숭배대상에 대한 기념물 등 특정한 목적으로 이용한 문화를 말한다. 거석기념물에는 고인돌, 선돌, 열석列石, 환상열석環狀列石, 석상石像 등이 있으며, 북서유럽, 지중해 연안, 인도, 동남아시아, 동북아시아 등 거의 전 세계적으로 분포한다. 이들 거석기념물들은 지구의 특정한 기운이 발산되는 곳에 위치해 있다.

아직까지 이들 선사시대 거석기념물이 어느 시기에, 누구에 의해, 어떤 목적으로 만들어졌는지 정확히 알려져 있지는 않다. 배경을 이해하는 데 도움을 주는 것은 현재에도 거석기념물을 건립하고 있는 미개민족에 관한 자료이다. 동아프리카, 마다가스카르, 중부 인도, 인도네시아, 멜라네시아, 폴리네시아의 특정 지역에서는 거석기념물의 건립과 함께 소 등의 가축을 희생물로 신에게 바치는 제례祭禮를 지내고, 제례와 함께 제연祭宴을 베풀어 죽은 자의 행복과 공동체 전체의 풍요와 번창을 기원한다고 한다. 선사시대에도 아마 이와 유사한 목적으로 거석기념물을 축조했을 것으로 생각된다.

거석구축물巨石構築物의 설치 의도나 목적을 추정해볼 수 있는 중요한 단서가 하나 있다. 국내에 있는 고인돌 중 원형이 확실하게 보존된 탁자형 고인돌과 원래의 위치에 잘 보존된 선돌의 경우, 그 이래로 지구의 우회전 에너지인 양기가 흐른다. 양기가 강하게 흐르는 곳 근처에 거석이 있으면 거석을 그곳으로 옮겨와서 구축을 했고, 근처에 거석이 없는 경우, 멀리서 거석을 운반해왔다. 인력으로는 도저히 이동할 수가 없는 거대한 바위에 우연하게도 양기가 흐르는 경우에는 그것을 그대로 활용했을 것으로 생각된다.

거석구축물에서 중요한 것은 돌의 크기나 모양, 빛깔이 아니고 돌이 놓여 있는 장소이다. 거석구축물은 돌의 영원성과 불멸성을 빌어 그 장소의 기운을 표현하는 하나의 상징물일 뿐이다. 그러므로 우리가 거석숭배로 알고 있는 자연숭배 신앙은 거석 자체에 대한 숭배가 아니고 그 거석이 놓여 있는 장소의 초자연적 기운이나 그 장소에 깃들어 있다고 믿는 영적 존재에 대한 숭배이다.

고인돌과 선돌은 양기 위에 구축하여 양기의 속성 중의 하나인 신성한 힘으로 악귀를 막아주고, 부족의 다산과 번창을 기원하는 기념물인 셈이다. 영국의 스톤헨지나 프랑스의 열석, 이스터 섬의 석상들 또한 후손들의 풍요와 번창을 위해 세워진 거석구축물로 판단되며, 이 구축물 아래로는 일정한 방향으로 강한 양기가 흐르고 있다고 믿는다.

강화 부근리 고인돌(좌)과 화순 대신리 고인돌(우)

고인돌이 알려주는 진실

고인돌과 관련하여 흥미로운 것은 고인돌이 오랫동안 전 지구적으로 유행했다는 사실이다. 고인돌은 유럽의 영국, 프랑스, 스위스와 이베리아 반도, 지중해의 북쪽 연안지방, 중동·인도·동남아시아 등지와 중국의 산동山東 반도·요동遼東 반도, 한반도 전역, 그리고 일본의 규슈九州 지방에 집중적으로 분포되어 있다. 특히 한반도는 거의 전 지역에 걸쳐 고인돌이 분포하고 있으며, 고인돌의 숫자 또한 압도적으로 많다. 고인돌 아래에 매장된 인골이 발견되고, 부장품이 발견되면서 무덤으로 인식되었고, 제단이나 묘표석 등으로도 사용했을 것으로 추정한다. 고인돌을 연구하는 학자들에게는 고인돌의 분포, 제작 시기와 형식, 출토유물 이외에는 별다른 관심거리가 없다. 고인돌 공원이나 고인돌 박물관에도 그 시대의 사회상이나 고인돌의 제작과정만 장황하게 설명되어 있을 뿐 고인돌에 관심을 가질 만한 어떤 이야깃거리도 없다. 인간의 힘으로 다루기에는 다소 크고 무거운 돌일 뿐인 이 고인돌이 어떻게 전 세계적으로 유행했으며, 고인돌에는 우리가 모르는 어떤 비밀이 숨어 있는 것인가?

고인돌이 세워진 이후 수천 년 동안 베일에 싸여 있는 비밀이 있다. 고인돌에는 우리가 아직까지 인지하지 못한 초자연적인 현상이 관련되어 있다. 고인돌에는 지구 내부에서 발산되는 특별한 기운이 흐르고 있다. 따라서 고대 거석문화를 이해하기 위해서는 초자연적인 현상을 감지하고 이해할 수 있는 지기地氣 전문가의 도움이 필요하다. 실증적 연구를 하는 학자들과 직관력을 가진 지기전문가가 협력하면 우리가 아직까지 모르고 있었던 고대의 신비가 조금씩 실체를 드러낼 것이다. 본장에서 밝히는 몇 가지 사실들은 고인돌에 대한 궁금증 해소는 물론, 고대인들이 활용한 지구에너지에 대한 새로운 화두를 던져주리라 기대한다.

고인돌은 지구의 우회전 에너지인 양기 위에 구축되어 있다

지구 내부로부터 나오는 지구에너지는 동서 방향, 남북 방향으로 평행하게 마치 바둑판처럼 흐르는 에너지 라인들이 있고, 동-서, 남-북과 대각선 방향으로 다양한 각도로 흐르는 라인들이 있다. 유럽에서는 이 에너지 라인들을 하트만 라인Hartmann Line과 커리 라인Curry Line으로 명명하고 있다. 이 수많은 라인들 중에서 고인돌은 우회전 에너지인 양기가 흐르는 라인 위에만 구축되어 있다. 이러한 전제하에 다음 몇 가지 사실들을 확인할 수가 있다.

첫째, 고인돌은 앞뒤가 있다.
묘의 앞뒤가 분명한 것처럼 고인돌도 앞뒤가 구분되어 있다. 고인돌이 세계문화유산으로 지정되어 있지만 앞뒤 구분을 하지 않은 채 어떤 곳은 고인돌의 앞쪽에, 어떤 곳은 고인돌의 뒤쪽에 안내판이 설치되어 있다. 왕릉 뒤쪽에 안내판을 설치해 놓았다면 어떠하겠는가? 고인돌의 형태가 확실한 탁자식 고인돌의 경우, 평행하게 놓여 있는 고임돌에 맞춰 길게 놓여 있는 덮개돌을 보면 한쪽은 뭉툭하거나 다듬어져 있고, 반대편은 다듬어지지 않고 뾰족한 상태이다. 뭉툭한 쪽이 시신의 머리 쪽이며, 다듬어지지 않고 자연석 상태로 있는 쪽이 다리 쪽이다.

둘째, 양기의 방향은 두 개의 고임돌에 직각이며, 시신의 심장을 지나고 있다.

고임돌을 길이 방향으로 100등분하면 머리 쪽에서 30등분한 지점으로 양기가 지나간다. 이 지점이 시신의 심장의 위치로 판단되며, 고인돌의 형태가 확실한 어떠한 고인돌도 예외가 없다. 양기의 방향이 확인되면 머리를 두는 방위는 두 가지 중의 하나이다. 많은 학자들이 이야기하는 동침이나 서침, 북침은 큰 의미가 없고 그곳에 흐르는 양기의 방향에 따라 머리를 두는 방향이 결정되어지는 것으로 생각된다.

셋째, 고인돌은 열을 지어 서 있다.

전 세계 많은 지역의 고인돌들이 열을 지어 서 있다. 고인돌을 조성하는 기준인 양기가 일직선으로 흐르기 때문이다. 지구에너지 라인은 남북 방향과 동서 방향으로 평행하게 흐르기도 하고, 대각선 방향으로 흐르기도 한다. 고인돌은 그 에너지 라인 중 강한 양기가 흐르는 라인 위에 단독으로 세워진 경우도 있고, 때로는 1열이나 2열 또는 3열로 서 있기도 하며, 방사상으로 조성되기도 한다. 수많은 반대에도 불구하고 이전해버린 춘천 중도지구 고인돌은 3열이었다고 하며, 지금은 사라졌지만 대구 고인돌은 방사상으로 구축되어 있었다고 한다. 잘 보존되었다면 프랑스 브레타뉴나 카르냑 열석처럼 환상적인 모습일 것이다. 고인돌을 기억하는 사람들을 탐문하고, 양기를 추적하면 복원이 가능할 수도 있다. 양기가 지금도 그 자리에 흐르고 있기 때문이다.

넷째, 세계문화유산으로 지정된 고인돌 중 가짜 고인돌이 있다.

화순, 고창, 강화의 고인돌들은 군집을 이루고 있는 것도 있고, 외따로 떨어진 것도 있다. 각각의 고인돌들에 번호를 부여하여 관리하고 있다. 고인돌 구축과정에서 운반 중이었거나 모양이 고인돌과 유사하여 번호를 부여받고 고인돌 행세를 하고 있는 바위들도 있다. 그동안 고인돌 진위 여부를 판단할 수 있는 명확한 기준이 없었거나 있었다 하더라도 잘못된 기준에 의거해서 결정되었기 때문이다. 조속히 기준을 만들어 관리번호를 재조정할 필요가 있다. 고인돌의 수가 중요하지는 않다. 실수로 가짜 고인돌들을 관리하고 있다면 고인돌 세계문화유산을 가지고 있는 우리의 명성에 누가 될 뿐이다.

다섯째, 옮기면 고인돌이 아니고 그냥 바윗돌이다.

댐 조성으로 인한 침수나 개발 등 불가피한 사유로 고인돌을 이전·설치하여 보존하는 경우가 있으나 이는 매우 잘못된 것이다. 명당에 조성한 왕릉을 평범한 곳으로 이장하는 행위와 같다. 광개토

대왕비나 진흥왕순수비를 박물관으로 옮겨 놓거나 동해의 대왕암을 육지로 옮겨 놓는 행위와 같다. 고인돌은 지구의 우회전 에너지인 양기가 지나가는 곳에 특별한 의미를 두고 구축한 것이다. 그곳을 벗어나면 이미 고인돌이 아니다. 고인돌은 그 돌에 의미가 있지 않고 그 돌이 놓인 위치가 중요한 까닭이다.

〈고인돌 가라사대〉

나를 옮기지 마시오.
난 여기에 있어야 하오.
대지의 기운과 교감하고 뭇 별들과
소통하는 여기엔 내 영혼이 숨 쉬고 있소.
깊은 땅속 불구덩이 속에서 수억 년,
자유를 찾아 솟구쳐 오른 뒤 수만 년,
여기에 둥지를 튼 지 3,000년이란 세월이 흘렀소.

단군왕검의 홍익인간에 담긴 따뜻한 숨결도 느껴보았고,
침략자 100만 대군을 무찌르는 을지문덕의 기개도 보았소.
적병들의 말발굽 소리가 대지를 울리는 것을 들었고,
산천초목조차 떨게 한
잔혹한 탄압의 역사도 빠짐없이 기억하고 있으며,
동족상잔의 비극 앞에선 애만 태웠소.

여기에서 우주와 교감을 하는 고인돌이지만

여길 벗어나면 한갓 바윗덩어리일 뿐이오.

나는 한반도가 살아있다는 징표요.

그러니 부디 날 여기 그냥 내버려두시오.

이 몸뚱이 닳고 닳아 한 점 모래가 될 때까지

이 나라 금수강산 영원토록 풍요와 번영을 기원하며

여기 머물고 싶소.

- 춘천 중도 유적지 고인돌 이전을 보면서

춘천 중도 유적지 전경 및 발굴된 고인돌(사진 : 문화재청)

다른 듯 닮은 선돌과 망주석

선돌은 선사시대, 특히 신석기 시대부터 청동기 시대에 땅 위에 자연석이나 그 일부를 가공한 큰 돌을 하나 이상 세워 어떤 믿음의 대상물이나 특수 목적을 가지고 세운 돌기둥 유적이다. 고인돌과 함께 이 땅에 오랫동안 존재해왔고, 민속신앙으로 민초들과 함께해 왔다.

화순 벽송리 선돌(좌), 용인 창리 선돌(우)

한국민족문화대백과사전에 따르면 선돌은 일명 '입석立石, Menhir'이라고도 하며, 고인돌支石墓, Dolmen, 열석列石, Alignement과 함께 대표적인 거석문화巨石文化의 하나이다. 세계 도처에 널리 분포하고 있지만, 특히 동아시아와 서유럽에서 밀집된 양상을 나타내고 있다. 대부분 단독으로 세워지지만 프랑스의 브레타뉴Bretagne 유적처럼 수천 개에 달하는 입석이 열을 지어 늘어서 하나의 열석군을 이루기도 한다. 선돌은 마을 어귀에 위치하는 경우가 많고, 간혹 낮은 구릉 위나 비탈에 세워지기도 한다. 일부 지역에서는 고인돌과 바로 인접되어 있는 곳도 있다. 선돌은 부족의 안녕을 기원하는 신앙대상이 되기도 하고, 특별한 전설과 함께 신성불가침의 대상으로 보호받기도 한다. 이러한 기능에 따라 그 축조 목적을 원시사회의 정령숭배精靈崇拜와 연결시키는 것이 보편적이다. 즉 선돌의 외형적 형태가 남성男性의 생식기生殖器와 비슷한데, 원시사회에서 생식기는 다산多産과 풍요의 상징이었으므로 원시인들이 다산과 풍요를 기원하는 신앙대상물로서 선돌을 축조하였다는 것이다.

　망주석은 무덤 앞의 양옆에 하나씩 세우는 돌기둥을 말한다. 망주석을 무덤을 꾸미기 위해 세웠다거나 멀리서 묘역을 알아보기 위해 세웠다고도 한다. 『국조오례의國朝五禮儀』에 능원에 설치되는 망주석의 제작방법, 조각, 길이 등을 명시하고 있지만 망주석의 연원이나 설치 목적 등은 언급되어 있지 않아 추측만 할 뿐이다.

건원릉(좌), 의릉(중간), 정약용 묘(우)에 있는 망주석

　국립문화재연구소 자료에 따르면 망주석望柱石은 석망주石望柱 · 전죽석錢竹石 · 망두석望頭石 · 망주석표望柱石表 등의 이름으로 불리기도 하는데, 중국의 화표석에서 기원한다고 한다. 우리나라에서는 통일신라의 괘릉掛陵과 흥덕왕릉興德王陵에서 처음 나타나 고려 왕릉 전반에서 볼 수 있으며, 조선시대에는 왕실의 능원陵園뿐 아니라 사대부 묘에까지 세워졌다. 괘릉의 망주석은 봉분에서 멀리 떨어진

곳에 세워져 있으나 고려 태조의 현릉顯陵에서부터 망주석은 봉분 앞에 설치되기 시작해 조선시대에도 전통이 이어졌다. 17세기에 서민들의 묘에도 망주석을 세우는 것이 유행하자 조정에서 금지령을 공포하기까지 한다.

  선돌과 망주석에는 한 가지 공통점이 있다. 둘 다 지구의 우회전 에너지인 양기가 흐르는 라인에 설치되어 있다. 양기는 풍요와 번영을 상징하는 기운이다.

  선돌은 마을 어귀의 양기가 지나가는 곳에 세워 마을의 풍년과 번영을 기원했으며, 양기의 신성한 힘에 의해 마을에 나쁜 기운이 들어오지 못하도록 함으로써 마을의 안녕을 기원했다. 선돌은 생식기 숭배와 같은 원시신앙과 결부되어 부녀자들이 아이 갖기를 기원하는 '기자암祈子岩'으로서의 역할을 하기도 한다. 이 또한 양기의 속성과 맥이 통한다 하겠다.

  망주석도 묘에서 교차되는 양기 라인이 지나가는 곳에 설치되어 있다. 조선 왕릉의 경우 단릉이든, 쌍릉이든 예외 없이 능에서 한 줄기의 양기 라인이 교차한다. 양기 라인의 교차각이 크면 묘 양쪽으로 멀리, 교차각이 작으면 묘 앞쪽으로 멀리 망주석이 세워져 있다. 망주석이 어디에 위치하든 양기 라인 위에 세워져 있다. 묘에 장식으로 세우거나 묘를 알아볼 수 있도록 설치한 것이 아니라 다산과 번창의 기운인 양기 위에 묘를 쓰고, 양기 라인에 망주석을 세워 사악한 기운이 범접하지 못하게 했다.

세워진 곳이 마을 어귀와 묘지라는 차이가 있을 뿐 선돌과 망주석은 양기 위에 세워 신성한 힘으로 사악한 기운의 범접을 막고 다산과 풍요를 기원하기 위한 목적이다.

묘지나 마을의 양기가 빠져나가지 못하도록 양기가 지나가는 길목에 망주석이나 선돌을 세웠을 가능성도 있지만 이는 양기의 특성을 이해하지 못해 초래된 일일 뿐이다.

(2) 조선 왕릉과 명당

조선 왕릉은 선대 왕과 왕비의 업적을 기리고 존경을 표하며, 왕실의 권위를 다지는 한편 선조의 넋을 사기邪氣로부터 보호하는 역할을 한다. 대부분의 왕릉은 주변 경관과 조화가 잘 되도록 조성되어 '신들의 정원'이라는 찬사를 받기도 한다. '왕릉은 도성에서 10리약 4km 이상, 100리40km 이내의 구역에 만들어야 한다.'는 경국대전의 규정을 따랐으며, 배산임수나 좌청룡 우백호와 같은 풍수지리 원리에 주안점을 두고, 풍수에 전문 식견을 가진 당대의 내로라 하는 선비나 풍수전문가의 도움을 받아 입지를 선정하였다.

왕릉을 조성함에 있어 거시적 입지를 중요하게 고려했다고는 하지만 정작 중요한 것은 '생기生氣'의 유무이다. 즉, 음택풍수의 핵심인 양기가 존재해야 하는데, 이 점에서 조선 왕릉은 완벽한 결과를 보여준다. 실측을 한 모든 왕릉에서 양기 라인이 능의 중심에서 교차되고 있다.

태조가 안장된 건원릉과 같은 단릉單陵이나 세종과 소헌왕후가 합장된 영릉과 같은 합장릉合葬陵은 능의 중심에서 양기 라인이 교차된다. 그리고 양기가 지나가는 길에 좌우 균형을 맞춰 망주석이 세워져 있다. 태종과 원경왕후가 안장된 헌릉과 같은 쌍릉雙陵의 경우는 양쪽 능의 중간에서 양기 라인이 교차되고 있으며, 마찬가지로 양기가 지나가는 길에 망주석이 세워져 있다.

단릉인 건원릉(좌)과 쌍릉인 헌릉(우)

망주석이 묘에 최초로 적용된 신라 원성왕릉괘릉 이후 망주석은 음택풍수의 중요한 부분을 차지하고 있다.

왕릉의 석물들이 간소화되는 과정에서도 결코 생략할 수 없었던 것이 망주석이다. 망주석은 풍요와 번창의 기운이자 신성한 기운인 양기가 지나가는 길에 세워 후손의 번창을 기원하고, 사기邪氣가 침범하지 못하도록 하는 신성불가침의 표식이었기 때문이다.

수많은 논쟁이 있지만 조선 왕조가 500년이 넘는 기간 동안 완벽한 국가체계를 유지하면서 찬란한 문화를 꽃피울 수 있었던 힘은 명당에 자리하고 있는 조선 왕릉 때문이 아닐까?

궁궐과 풍수

　조선을 건국한 태조는 고려 왕조의 기득권층을 약화시키고 새로운 분위기를 조성하기 위해 천도를 서둘렀다. 즉위 한 달 만인 1392년 8월 천도를 지시했지만 재상들이 도읍을 옮기는 것에 대해 탐탁하게 생각하지 않은 데다 풍수에 대한 의견 차이로 좀처럼 진척이 없었다. 태조실록에 의하면 "풍수지리의 학설이 분명하지 않아 사람마다 각기 다른 의견을 내세우니 서로 같기도 하고, 다르기도 하여 참과 거짓을 분별하기가 어렵습니다. 고려조에서 전해오는 비록秘錄 또한 마찬가지여서 옳고 그름을 정하기 어려우니, 청하옵건대 음양산정도감陰陽刪定都監을 두어 일정하게 교정하소서."라고 도평의사사에서 건의하였고, 태조가 그대로 따랐다고 한다. 이에 영삼사사領三司事 권중화權仲和와 판삼사사 정도전, 첨서중추원사僉書中樞院事 하륜河崙, 대사헌 이근李勲 등으로 하여금 서운관원과 함께 지리와 도참圖讖에 관한 여러 책을 모아서 참고하여 교정하게 하였다. 당대의 내로라 하는 관료들과 서운관원들이 참여하여 풍수지리 관련 대작업을 진행한 셈이다. 이런 과정을 통해 새 도읍이 들어설 곳은 한양 북악산 인근으로 결정되었다.

　조선의 정궁인 경복궁의 위치는 풍수지리설에 입각하여 주산主山인 북악산의 바로 아래쪽에 정남향으로 하였으며, 궁의 주요 건물들도 모두 남향으로 하였다. 궁의 왼쪽으로는 종묘를 위치시키고, 궁의 오른쪽에 사직단을 위치시켰는데, 이는 중국에서 고대부터 지켜져 오던 도성 건물배치의 기본형식인 좌묘우사左廟右社를 따른 것이다. 건물배치에 있어 정문으로부터 정전, 편전, 침전 등을 일직선 상에 대칭으로 배치하여 전례를 엄격하게 따르면서 궁궐의 위엄성을 강조하였다.

근정전勤政殿은 경복궁의 정전正殿으로 문무백관文武百官이 임금에게 새해인사를 드리는 조하朝賀를 비롯한 국가의식을 거행하고 외국 사신을 접견하던 장소이다. 근정전의 중앙에는 임금의 자리인 어좌御座가 있고, 근정전 앞마당에는 중앙으로 임금이 지나다니는 어도御道가 있으며, 어도 양쪽으로 신년하례식이나 조회 때 문무백관들이 품계에 따라 정렬하여 의례를 행할 수 있도록 정1품에서 종9품까지 순서대로 품계를 적어놓은 품계석이 있다.

특기할 것은 어좌에서 어도를 지나 근정문까지 정중앙 라인에 남북 방향으로 조화로운 기운인 음양기가 지나고 있다는 사실이다. 또한 어도 양쪽 품계석 바로 옆으로도 음양 기운이 나란히 흐르고 있으며, 이 세 줄기 라인은 근정전 뒤쪽 사정전과 강녕전 그리고 교태전까지 이어지고 있다. 라인의 간격은 약 10미터이며, 앞쪽으로는 광화문까지 이어지고 있다. 생명의 기운이자, 조화와 균형의 기운인 이 음양기가 경복궁의 중심을 남과 북으로 관통하고 있다. 이처럼 한 치의 오차도 없이 완벽하게 설계된 경복궁의 풍수를 누가 불길하다 말하는가? 땅의 기운을 감지하여 좋은 기운이 있는 곳에 건물을 짓고, 어좌를 위치시켰으며, 조화로운 기운이 있는 곳에 어도를 만들고, 문무백관들을 정렬시킬 품계석을 배치하였다.

경복궁 근정전(좌)과 창덕궁 인정전(우)

경복궁이 정궁이라면 창덕궁은 제3대 태종 5년1405 경복궁의 이궁으로 지어진 궁궐이다. 창덕궁은 건물배치에서 경복궁 등 다른 궁전과 다른데, 창덕궁 주변의 자연지형을 크게 훼손시키지 않고 각각의 건물이 주위 경관과 잘 어우러지도록 했기 때문이다. 이런 특징으로 인해 창덕궁은 비정형적 조형미를 간직한 대표적 궁으로 주변 자연환경과의 완벽한 조화와 배치가 탁월하다는 평을 받고 있다.

풍수지리적 관점에서 살펴보자. 경복궁의 근정전과 마찬가지로 창덕궁의 인정전도 정남향으로 되어 있다. 인정전의 중앙에 있는 어좌에서 인정문으로 이어지는 어도 중앙으로 마찬가지로 조화로운 기운인 음양기가 흐르고 있다. 또한 어도 양쪽의 품계석 옆으로도 음양 기운이 흐르고 있다. 어도 중앙으로부터 좌우로 약 8미터쯤 떨어져 있다. 왕비의 침전인 대조전은 1.5~2미터 간격으로 남북 방향의 조화로운 기운이 흐르고 있다. 경복궁이 궁궐배치에 있어서 엄격한 규범을 따른 반면, 창덕궁은 이궁으로서 자연환경과 조화를 이루도록 자유로운 건물배치를 하고 있으나 조화로운 기운만큼은 정전 중앙으로 남북으로 관통하도록 하였다.

조선의 궁궐들은 관념적인 풍수이론에만 휘둘리지 않았으며, 궁궐을 건축하는 과정에서 실제로 조화로운 기운이 흐르는 음양 라인을 정확히 확인하여 그 기운을 중심으로 궁궐을 설계 및 배치하였다. 또한 건물 하나하나를 지을 때마다 조화로운 기운의 흐름을 고려했다는 점에서 놀랍다. 조선의 궁궐은 명분과 실리를 다 챙긴 셈이다.

황희와 진시황의 출생 비화

황희黃喜는 1363년 공민왕 12 개성開城의 가조리可助里에서 황군서黃君瑞의 아들로 태어났다. 27세 때 문과에 급제하였으나 1392년 고려가 망하자 두문동杜門洞에 은거하였다. 그러나 조선 조정의 끈질긴 요청을 끝내 거절하지 못하고 출사하여 태조, 태종, 세종까지 세 분의 임금을 모시며 우의정, 좌의정, 영의정의 벼슬을 두루 지냈다. 황희정승에게는 다음과 같은 탄생설화가 전해진다.

고려 공민왕이 집권하던 어느 해 나옹선사가 불사를 위해 남원의 어느 암자에 머물고 있었다. 나옹선사는 고려 말 우리나라 불교의 초석을 세운 유명한 고승으로 그를 찾아오는 사람들이 많았다. 어느 날 지역 호족 한 사람이 찾아와 거금을 시주하면서 명당자리 하나를 부탁하였다. 마침 전에 보아두었던 명당이 있었던지라 그러겠다고 대답하였다. 불사佛事를 마치자 나옹선사는 그 호족과 함께 명당으로 갔다. 그런데 어찌된 일인지 명당 혈자리가 잡히지 않는 것이 아닌가? 나옹선사가 고개를 갸웃거리며 몇 번을 시도했지만 허사였다. 할 수 없이 나옹선사는 다음날 다시 와보기로 하고 발걸음을 돌렸다. 호족의 집에 머물면서 다음날 명당자리에 갔지만 여전히 명당혈은 잡히지 않았다. 급기야 호족은 사기를 당했다며 나옹선사에게 시주한 돈을 돌려달라고 요구하였다. 이미 불사에 돈을 다 써버린 후라 돈을 돌려받을 수 없게 되자 호족은 나옹선사를 관가에 고발하였고, 나옹선사는 관가에 불려가 문초를 받았다. 때마침 강릉부사 황군서黃君瑞가 시골집에 내려왔다가 나옹선사가 그런 사연으로 관가에 잡혀갔다는 소문을 들었다. 황군서는 불심佛心이 돈독한 사람으로 나옹선사의 성품을 잘 알고 있던 터라 사재를 털어 나옹선사의 빚을 갚아주었다. 관가에서 풀려난 나옹선사는 그 은공에 감사하고, 작은 보답이라도 하겠다며 황군서를 그 명당자리로 인도했다. 그런데 지난번 호족과 함께 갔을 때는 보이지 않던 혈이 이번에는 또렷하게 잡히는 것이 아닌가? "황부사, 이 명당은 홍곡단풍혈鴻鵠搏風穴로 커다란 새鴻鵠가 바람風을 후려치고搏 하늘 높이 날아오르는 형세로 영웅호걸이 천하에 웅지를 펴는 터입니다. 여기에 선친의 묘를 이장하면 장차 이 집안에 큰 인물이 나올 것이오."라고 말했다. 이에 황군서는 나옹선사의 권유대로 선친을 그 자리에 이장하였다. 그 후 얼마 되지 않아 아들을 얻으니 그가 조선 5백 년 동안 청백리로 이름을 떨친 황희정승이다.

중국을 천하통일하고 만리장성을 쌓은 진시황도 이와 유사한 출생비화를 가지고 있다. 진시황의 아버지인 여불위가 장사를 마치고 집으로 돌아오는 길에 곤경에 처한 지관地官을 만나게 된다. 그 지관이 어떤 부자에게 거금을 받고 명당자리를 점지해주었는데, 막상 그 부자가 부모를 장사 지내려 할 때 혈자리가 사라져버린 것이다. 지관이 사기꾼으로 몰려 몰매를 맞고 있는데, 여불위가 보아하니 그 지관이 예사로운 사람이 아니라는 생각이 들어 그 돈을 갚아주고 집에서 정성껏 보살펴주었다. 지관은 자신을 곤경에서 구해주고 보살펴 준 보답으로 여불위에게 그 명당을 안내해 주었는데, 그 자리가 향후 천자를 얻게 되는 천자지지天子之地였다.

　원래 있던 명당자리인데, 세속적인 욕심으로 명당을 원하는 사람에겐 하늘이 그 명당을 허락하지 않지만 덕을 쌓고 조건 없는 선의를 베푸는 사람에겐 하늘이 그 터를 허락하여 그 명당의 임자가 될 수 있다고 한다. 풍수원리 중의 하나인 소주길흉론所主吉凶論의 논리이다.

　땅에는 음의 기운과 양의 기운이 있다. 그 음양 기운은 강할 때도 있고, 약할 때도 있으며, 일정 기간 사라지기도 한다. 뿐만 아니라 때때로 기운이 바뀌기도 한다. 이런 음양 기운의 특성을 알지 못했던 지관이 기운이 사라지는 상황을 이해할 수 없었을지도 모른다. 그래서 그 땅의 임자가 아닌 것 같다거나 당사자가 덕을 쌓지 못해서 하늘이 거부했다는 식으로 해석을 한 것 같다. 명당은 덕을 많이 쌓은 사람에게 보이고, 덕을 쌓지 않은 사람에겐 사라지는 그런 마법 같은 기운은 아니다. 그 자리에 항상 존재하지만 주기적으로 변화하고 가끔씩 사라지기도 하는 기운일 뿐이다.

쌍둥이 마을의 특별한 기운

쌍둥이들이 유달리 많이 태어나는 곳이 있다.

여수에 있는 '중촌마을'은 1989년 쌍둥이 다출산 마을로 기네스북에도 올랐다. 사람들은 쌍둥이 마을 뒷산 약수터의 물이 정자 생산을 촉진시킨다거나 마을 동쪽에 있는 쌍태산의 정기를 받아 쌍둥이를 출산한다고 말한다.

오래전 모 방송국 '순간포착, 세상에 이런 일이'에 인도 남부 케랄라 지역 쌍둥이 마을이 소개된 적이 있다. 이 마을에는 일란성, 이란성 쌍둥이들이 유난히 많다. 63세 최고령 쌍둥이 노인부터 생후 5개월 된 최연소 쌍둥이들까지 무려 70쌍둥이가 한 마을에 살고 있었다. 방송에 따르면 마을 사람들은 쌍둥이가 많은 이유를 세 가지로 추측했다. 먼저, 마을 중앙에 있는 영험한 연못에서 목욕을 하면 쌍둥이를 낳는다고 한다. 또 하나는 '라마' 신에게 기원을 하면 쌍둥이를 낳을 수 있다는 것이다. 마지막으로, 조상으로부터 유전되었다는 주장이다.

또 다른 한 방송에서는 중국 쓰촨성의 '신기한 쌍둥이 마을'이라는 곳을 소개하였다. 이곳 주민의 10% 이상이 쌍둥이라고 한다. 이는 일반 여성들 쌍둥이 출산율인 1%보다 10배가 넘는 수치라고 한다. 이곳의 주민들은 쌍둥이가 많은 이유를 산의 형태와 물길, 높은 해발, 우물 등 자연조건의 영향 때문일 거라고 했으며, 과학자들은 당시 이 마을 쌍둥이들의 DNA를 채취해 조사하고 있다고도 했다.

우크라이나의 수도 키예프에서 약 700km 떨어진 곳에 있는 벨리카야 코파냐Velikaya Kopanya라는 마을도 쌍둥이 마을로 유명하다. 특이한 점은 사육되는 가축도 다른 지역에 비해 쌍둥이를 출산하는 비율이 상당히 높다고 한다.

이처럼 세계 곳곳에 쌍둥이들이 많이 태어나는 지역들이 있으나 과학자들도 유전적 요인이 많을 것으로 추측할 뿐 아직까지 그 이유나 원인을 명쾌하게 설명하지 못한다. 특이한 사실은 쌍둥이 마을에서 자란 여성이 외지로 출가를 한 경우, 쌍둥이를 출산하는 경우가 드문 데 반해 타지에서 그곳에 시집을 온 경우 쌍둥이를 출산하는 경우가 많다는 것이다. 이것은 유전적인 요인보다는 환경적인 요인이 더 중요한 의미를 가진다는 말이다.

쌍둥이가 많은 마을의 지정학적 특성에 주목할 필요가 있다. 그 마을들은 특별히 강한 양기가 흐르는 맥 위에 자리하고 있을 것이다. 쌍둥이를 낳은 집의 땅 기운地氣 중 여성이 주로 생활하는 공간인 거실, 주방 및 침실의 기운이 중요하며, 특히 잠을 자는 공간인 침실의 지기가 중요하다. 이란성 쌍둥이의 경우, 배란기의 여성이 거주하는 방의 기운이 중요하고, 일란성 쌍둥이의 경우, 난자와 정자가 수정 후 착상을 할 때까지 여성이 거주하는 침실의 기운이 결정적 요인이다. 우회전 에너지인 양기는 생명의 실체인 세포를 활성화시키고, 세포분열을 촉진시키는 촉매제 역할을 한다. 쌍둥이가 유달리 많이 태어나는 마을은 양기가 강한 마을이며, 쌍둥이가 태어나는 집의 여성이 거주하는 방은 특별히 강한 양기 라인이 지나가거나 양기 라인이 교차하는 경우일 것이다.

　자연은 우리에게 중요한 사실을 시사해준다. 양기는 식물의 씨가 발아될 때 결정적인 역할을 한다. 떡잎이 나고 뿌리를 내릴 때 그곳에 양기가 흐르면 식물은 세포분열 단계에서 양기가 흐르는 라인의 양쪽으로 줄기 2개가 같은 크기로 마치 쌍둥이처럼 자라난다. 양기가 약할 때는 한 줄기로 자라나다가 양기가 강해지면 같은 크기의 두 개의 줄기로 갈라져 자라기도 한다. 이때에도 양기 라인의 양쪽으로 가지가 갈라진다. 양기 라인이 교차하는 자리에 있는 나무는 양기의 교차 각도에 따라 줄기가 세 개 또는 네 개로 갈라져 자란다. 양기는 생명력이 용솟음치는 기운으로 식물의 세포분열 및 생장에 결정적으로 관여한다.

한 줄기의 양기 라인 위에서 양기의 영향으로 쌍둥이 줄기로 자란 나무들

양기 라인이 2개 이상 교차하는 곳에서 양기의 영향을 받고 자란 나무들

동일한 양기 라인 선상에서 유사한 양상을 보이는 나무들

    식물뿐 아니라 동물도 생식세포 분열과정에서 지기地氣의 영향을 받을 수 있음은 당연한 이치이다. 성체가 된 뒤에도 끊임없이 지기의 영향을 받지만 세포단계 특히, 세포분열 단계에서 결정적으로 지기의 영향을 크게 받는다. 조상 대대로 한 집에서 살아왔다면 후손들에게 유전적 요인이 생겨날 수도 있다. 그렇지만 유전이 확실하다면 쌍둥이 마을에서 태어나 다른 마을로 시집간 여성도 쌍둥이를 낳아야 한다. 과학자들은 세포분열 과정에 결정적 영향을 미치는 환경요인인 지기地氣에 관심을 가져보기를 바란다. 풍요와 번영의 기운으로 풍수지리에서 음택명당을 만드는 양기가 살아있는 생명에 작용하여 왕성한 세포분열을 통해 쌍둥이를 만드는 것은 우연이 아닐 것이다.

신비한 기운이 있는 곳에 피라미드가 있을까?
피라미드가 있어 신비한 기운이 생긴 것일까?

피라미드엔 신비한 기운이 흐른다는 이야기가 있다. 피라미드 구조가 우주의 기운을 모은다고 하여 집을 피라미드처럼 지어 그 속에서 사는 사람도 있다. 피라미드 안에는 정말 특별한 기운이 생기는 것일까?

페루 중북부 도시인 치클라요Chiclayo에서 북쪽으로 30km쯤 가면 뚜꾸메Tucume라는 조그만 도시가 있는데, 흙 피라미드로 유명한 곳이다. 이곳에는 지금은 원형이 많이 훼손되었지만 나지막한 산처럼 큼지막한 흙 피라미드가 있다. 몇 년마다 반복되는 엘니뇨 때 쏟아지는 폭우로 피라미드의 토사가 흘러내려 깊게 패인 골짜기들만 있고, 피라미드의 형체는 찾아보기 어렵다.

피라미드의 기운이 궁금해 엘로드를 들고 피라미드를 한 바퀴 돌아본 적이 있다. 피라미드를 도는 내내 시종일관 엘로드가 반응하였다. 수맥에서와는 다른 전형적인 양기 반응이었으며, 그 기운은 주변에까지 이어졌다. 오래전에 피라미드의 모습을 잃어버렸고, 주민들이나 관광객들이 피라미드를 뒷동산 오르듯이 올라다녀 세속의 때가 여기저기 묻어 있었지만 여전히 신성한 양기가 흐르고 있었다. 피라미드를 오르면서 그들은 이곳이 신성한 기운이 있는 곳이라는 것을 알기나 했을까?

그 옛날 페루인들은 뚜꾸메에 피라미드를 세웠다. 피라미드를 세워서 그곳에 신비한 기운이 생긴 것이 아니고, 신비한 기운이 있는 곳에 피라미드를 세웠다.

이집트의 피라미드나 멕시코의 피라미드도 마찬가지다. 피라미드 때문에 신비한 기운이 생긴다면 이 세상은 피라미드로 가득 차겠지만 그런 일은 결코 발생하지 않을 것이다.

페루 뚜꾸메의 흙 피라미드

인디오 무덤(Huaca)은 양기 위에 조성되어 있다

페루의 중부지역에 있는 까얄띠Cayalti 근처에는 우아까Huaca라고 하는 옛 인디오 족장들의 무덤이 있다. 예전에 인디오들이 많이 살았던 지역으로 멀지 않은 곳에 유명한 시판Sipan 박물관이 있고, 잉카의 유적 또한 많다. 우아까도 그 유적 중의 하나인데, 크기는 신라시대 왕릉과 비슷하다. 무덤에 유물들이 많이 묻혀 있어서 도굴꾼들에 의해 훼손된 곳도 많다고 한다. 지하수 개발현장 가까운 곳에 우아까가 있는 경우, 이국異國 묘지의 기운을 느껴보고 싶어 마음이 들떴고, 우아까에 갈 때마다 항상 마음이 설레였다. 무덤에 도착하여 정신을 집중하고 엘로드를 펼치면 양기가 굉장한 힘으로 엘로드를 회전시켰다. 무덤을 한 바퀴 도는 동안 줄곧 엘로드가 살아서 움직이듯 반응하였고, 사방이 양의 기운에 휩싸인 듯한 그런 기분이었다. 닳고 무너진 봉분을 가진 오래된 무덤들마다 비슷한 경험들을 하면서 인디오 무덤들이 양기 위에 조성되어 있다는 확신을 갖게 되었다.

페루 까얄띠 지역에 있는 우아까

(3) 동물과 명당

한여름을 호령하는 매미는 양기의 화신이다

여름의 전령사라 불리는 매미는 우리들에게 아련한 어린 시절 여름날의 추억을 떠올리게 한다. 매미는 일반적인 곤충과는 매우 다른 특별한 존재이다. 대부분의 곤충들은 알 상태로 겨울을 보내고 이듬해 부화하여 애벌레 단계를 거쳐 성충으로 자란 후 번식을 하고 죽는다. 그러나 매미는 지나칠 정도로 오랜 기간 땅속에서 유충으로 살다가 어느 해 초여름 저녁 지상으로 올라와 우화羽化를 하고, 생명력을 폭발시키듯 3주에서 6주 정도의 불꽃같은 삶을 살다가 흙으로 돌아간다.

  매미의 삶에는 우리가 모르는 그 무엇이 있는 것일까? 땅속에 살다가 천적을 피하기 위해 5년, 7년, 11년, 13년, 17년 등 소수 주기를 택해 지상으로 나온다는 매미가 선호하는 것이 하나 있다. 지구의 우회전 에너지, 즉 양기다. 매미가 우화한 흔적인 매미 허물이 매달려 있는 곳은 항상 양기가 지나가는 곳이다. 땅속에서 여러 해를 보낸 매미는 땅 밖으로 나온 후 양기를 따라 풀이나 나무를 기어 올라가 우화를 한다.

양기가 지나가는 곳에 자라는 나무에 있는 매미 우화의 흔적들

양기 위에서 젖은 날개를 말린 매미는 본격적으로 삶의 목적인 듯한 구애활동을 한다. 이 나무 저 나무 옮겨 다니면서 '내가 더 우월한 유전자를 가진 매미다.'라고 웅변을 하듯 큰소리로 울음을 우는데, 어떤 상황이든 양기가 흐르는 곳에만 앉는다. 그곳이 나무이든, 건물 벽이든, 아파트 방충망이든 불문이다. 양기를 파동으로 느끼든 우리 인간은 볼 수 없는 색으로 느끼든 실수 없이 양기 위로만 옮겨 다닌다. 짝짓기가 끝나면 암컷은 양기가 지나가는 곳 위의 나뭇가지에 알을 낳고, 이듬해 부화된 알은 나뭇가지를 타고 올라가 양기가 지나는 곳 위의 나뭇가지에서 떨어져 땅으로 기어 들어가며, 양기가 있는 곳에 머무르면서 나무즙을 먹고 평생을 보내다가 세상으로 나갈 때가 되면 양기가 왕성한 날을 골라 수많은 동료와 함께 지상으로 나온다.

　우렁찬 구애활동과 교미 그리고 번식으로 끝이 나는 불꽃같은 생애가 양기의 속성과 닮아 있음은 우연일까? 또한 양기의 흔적인 매미의 허물 즉, 선태蟬蛻가 한방에서 풍사風邪와 열사熱邪를 없애고, 진정, 항경련 및 해열작용을 하는 약재로 사용된다 하니 이 또한 신기한 일이다.

명당에 땅굴을 파고 사는 페루 올빼미

　페루 람바예께Lambayeque 근처 까얄띠Cayalti의 사탕수수 농장에서 지하수를 개발할 때였다. 수맥을 찾기 위해 틈나는 대로 엘로드를 들고 사탕수수밭을 누비고 다녔다. 지하수를 찾는 첨단장비가 있었지만 염분이 많은 지역에서 치명적인 약점을 보여 현지인들이 주로 활용하는 엘로드 탐사를 열심히 익히고 있었다.

　사탕수수 밭둑으로 주로 걸어 다니는데, 일 년 내내 거의 비가 오지 않는 지역이라 발걸음을 뗄 때마다 잿빛 흙먼지가 솟아올랐다. 바로 옆 농로에 승용차라도 한 번 지나가면 솟아오른 잿빛 먼지가 제트기 연기처럼 4~5분 동안 이어지곤 했다. 밭둑을 따라 걷다 보면 올빼미들이 자주 눈에 띄었다. 올빼미들이 둥지 근처에 있다가 사람을 마주치면 깜짝 놀라 푸드덕 날아올랐다가 10여 미터 근처에 내려앉아 지나가는 동안 고개를 수없이 갸우뚱거리며 쳐다보곤 했다. 손짓이라도 하면 깜짝 놀라 몇 미터쯤 물러나며 경계의 눈빛을 보냈다. 올빼미가 날아오른 곳 근처를 유심히 살펴보니 어른 주먹 하나 들어갈 만한 구멍이 있고, 입구는 반들반들했다. 올빼미가 사는 굴이었다. 호기심에 엘로드를 들어 체크를 하는데, 수맥과는 방향이 다른 기운이 감지되었다. 그 뒤에도 자주 올빼미를 마주쳤고, 그때마다 엘로드로 그 기운을 확인했다. '올빼미는 양기가 흐르는 곳에 굴을 파고 사는구나.' 하고 생각했다.

　사탕수수밭 사이사이에 있는 커다란 흙무더기 중간에도 올빼미 굴이 군데군데 있었으며, 엘로드를 들이대면 예외 없이 반응이 있었다.

　그 당시는 땅의 기운이 음기와 양기만 있다고 생각했었기 때문에 수맥과 반대로 느껴지는 것을 양기라고 생각했었다. 시간이 지나면서 음기와 양기가 동시에 존재하는 음양기가 있다는 사실을 알게 되었다. 나중에 올빼미굴에 흐르는 기운이 음양기라는 것을 확인한 것은 물론이며, 그 기운은 모든 생명에 유익함을 가져다주는 명당의 기운이라는 것도 알게 되었다.

올빼미굴의 발견은 나에게 음양기라는 특별한 기운의 존재를 알게 해준 획기적인 사건이었다.

흙 언덕에 굴을 파고 사는 올빼미(좌)와 올빼미굴(우)

까치와의 전쟁을 끝내라

매년 봄이 되면 한국전력과 한국철도는 연례행사인 까치와의 전쟁을 치른다고 한다. 산란기를 앞두고 까치가 전신주에 둥지를 틀어 예기치 못한 대형 정전사고를 일으키기도 하고, 철도 차량에 전기를 공급하는 전차선로에 둥지를 지어 합선 등으로 달리는 기차를 종종 멈추게 하는 사고를 일으키기 때문이다. 까치집을 찾기 위한 순찰이나 까치집 철거 등에 투입된 예산이 연간 수백억에 이른다고 한다. 수년째 계속되는 이 싸움에서 승자는 없고 해가 갈수록 비용만 증가하고 있는 실정이라고 한다. 전신주 위의 까치집을 제거하기 위해 '까치둥지 제거 대책반'을 가동하기도 하고, 까치집 신고포상제나 까치 포획 등 온갖 방법을 다 동원해보지만 해결했다는 소식은 들리지 않는다. 한전은 전신주에 '영상시스템'을 도입하여 비용을 줄이는 방법을 검토 중이라고 한다. 한국철도는 인공지능과 사물인터넷 기술 등을 활용한 '전차선로 실시간 까치집 자동검출 시스템'을 개발·적용하고 있다고 한다. 급기야 첨단기술까지 동원하지만 근원적인 해결방법이 아니고 까치집을 찾아내는 수준이니 비용 대비 과연 얼마나 효과가 있을지 의문이다.

까치집을 짓지 못하도록 철망을 설치해 놓은 서울역사 전차선로 구조물

　손자의 모공편에 지피지기知彼知己면 백전불태百戰不殆요, 불지피불지기不知彼不知己면 매전필패每戰必敗라 했다. '적을 알고 나를 알면 백 번 싸워도 위태롭지 않으나 적을 모르고 나를 모르면 싸울 때마다 반드시 진다.'는 이야기다.

까치는 왜 전신주나 전차선로에 둥지를 짓는 것일까? 혹자는 까치가 집을 지을 나무가 부족하여 전봇대에 집을 짓는다거나 전봇대가 튼튼하여 바람에 흔들리지 않아서 전봇대에 집을 짓는 것이라고 말한다. 치산治山을 잘하는 것으로 유명한 대한민국의 현실과 어울리지 않는 얘기이며, 까치를 몰라서 하는 소리다. 까치는 집을 지을 때 나무를 가리지 않는다. 소나무, 플라타너스, 메타세쿼이아, 미류나무, 느티나무 등 모든 종류의 나무에 집을 짓는다. 뿐만 아니라 전봇대, 전차선 고정장치인 트러스, 통신중계기, 송전탑에도 집을 짓고, 아파트 베란다에도 집을 짓는다.

까치는 전에 지은 집을 수리해서 다시 살기도 하고, 키 큰 메타세쿼이아의 경우 같은 나무 위나 아래에 집을 지어 2층, 3층, 심지어 4층 이상 집을 짓기도 한다. 전봇대 위의 집을 철거했는데, 계속해서 같은 장소에 집을 지어 둥지 제거반의 철거와 까치의 집짓기가 수없이 반복하기도 한다. 까치가 이렇게 장소에 집착하는 이유가 뭘까? 까치가 미련해서 이런 행동을 계속하는 것일까? 아니다. 까치는 땅의 기운을 알아보는 탁월한 감각을 가지고 있다. 까치들은 조화로운 기운인 음양기를 본능적으로 알아차린다. 그래서 음양기가 지나가거나 교차하는 곳에 둥지를 틀어 알을 낳고, 새끼를 기른다. 음양기가 생명이 탄생하고 자라는 데 최적의 환경임을 잘 알고 있기 때문이다. 그래서 철거반이 아무리 둥지를 부숴도 반복해서 그 자리에 다시 둥지를 짓는다. 작년에 지은 집을 수리하여 그 집에 다시 사는 이유도 그러하며, 2층, 3층, 4층 복층으로 집을 짓는 이유도 그것 때문이다. 좋은 기운이 있는 곳에 알을 낳고 새끼를 길러야 하기 때문이다. 그뿐만이 아니다. 먹이활동이 끝나면 조화로운 기운이 흐르는 곳 위의 나뭇가지에서 휴식을 취한다. 때로는 까마귀, 비둘기, 참새와도 그 쉼터를 공유하기도 한다.

음양기 위에 세워진 각종 구조물에 지어진 까치집

까치가 집을 짓는 이유가 음양기 때문이니 해결책 또한 그것에서 찾으면 된다. 더 이상 막대한 예산을 들여가면서 까치의 보금자리를 부수거나 까치에게 총질을 해대는 일들을 반복하지 않기를 바란다. 까치도 인간처럼 대자연의 일부이다. 까치들도 짝을 이뤄 새끼를 기르고 종족을 이어갈 권리가 있다. 정전이나 화재의 우려가 있거든 까치가 집을 짓는 곳의 전봇대를 음양기가 흐르지 않는 곳으로 1~2미터만 옮겨주면 된다. 전봇대나 전차선로 트러스를 옮길 수 없으면 까치가 집을 지었던 곳에는 철망 같은 구조물을 설치하여 집을 짓지 못하게 하고, 수직으로 위쪽 1~2미터쯤 전선이 없는 곳에 통신중계기와 비슷하게 간이 까치집을 만들어주거나 집을 지을 받침대를 만들어주면 된다. 그렇지 않으면 까치가 존재하는 한 이 전쟁은 끝나지 않을 것이다. 비용도 줄이고 자연 친화적인 기업 이미지도 덤으로 얻게 된다. 까치를 이해하고 나면 까치와의 공생이 그리 어려운 일은 아니다.

까마귀의 잠자리 다툼

새까만 외모의 특이한 분위기와 거친 울음소리 때문에 신령스러운 새로 인식되기도 하고, 불길한 징조의 상징처럼 여겨지기도 하는 까마귀도 까치처럼 음양기 위에 둥지를 튼다. 헌집을 수리하여 쓰는 것도 비슷하다. 까치둥지는 구형이지만 까마귀 둥지는 일반적인 새집처럼 위가 트인 반원형이다. 가끔 좋은 기운 위에 선점한 까치집을 빼앗기 위해 까치와 싸움을 벌이기도 하지만 싸울 때는 집단의식을 발휘하는 까치에 대부분 밀려나고 만다. 좋은 기운이 있는 곳에서 새끼를 키우고자 하는 것은 모든 새들의 본능인 것 같다.

까마귀는 번식이 끝나면 대부분 무리생활을 하는데, 휴식처와 먹이활동을 하는 지역을 정하여 아침저녁으로 왕복한다. 까마귀가 무리생활을 하면서 잠을 자는 곳 또한 음양기가 흐르는 곳이다. 해가 뉘엿뉘엿 넘어갈 때쯤 휴식처로 모인 까마귀들이 좋은 자리를 차지하기 위해서 한참 동안을 서로 자리다툼하는 것을 볼 수 있다. 건강한 생존을 위하여 명당자리를 차지하기 위한 경쟁이다.

백로와의 불편한 동거

희고 우아한 자태로 예로부터 선비의 상징처럼 여겨졌던 백로가 천덕꾸러기가 된 지 오래다. 백로가 서식하는 지역의 주민들은 백로로 인해 발생한 생활의 불편함을 끊임없이 제기하고, 환경단체는 궁지에 몰린 백로들의 생태계를 지키기 위해 씨름하고 있으며, 지자체는 주민의 생활환경과 백로의 생태계 보호 사이에서 고민하고 있다. 백로는 수십에서 수백 마리가 집단을 이뤄 살아간다. 서식지 파괴로 백로들이 주택가 가까운 숲까지 내려오면서 사람들이 잠자는 깊은 밤중에도 신경이 거슬리는 특이한 울음소리를 내어 이로 인한 소음이 심하고, 배설물 악취 등으로 대낮에도 창문을 열어 놓을 수 없다고 한다.

백로의 서식지가 개발 등으로 파괴되면 백로는 숲이 잘 조성된 하천 주변의 야산이나 주택가 주변의 공원 등으로 서식지를 옮기게 된다. 도심에는 아파트를 건축할 부지가 부족한 데다 조망을 중시하는 분위기 때문에 신규 아파트는 산림이 잘 조성된 야산 근처로 가게 된다. 이러다 보니 서식지가 서로 겹쳐질 수밖에 없고, 주민들로서는 백로와 불편한 동거를 하게 된 셈이다. 인간이 먼저 백로의 서식지를 파괴하여 시작된 일이지만 인간들은 백로를 쫓아내거나 백로의 서식지를 파괴하는 것으로 해결책을 찾으려 한다. 서식지를 빼앗기게 되면 백로는 또 다른 서식지를 찾게 되고 그곳에서 또 다른 주민들과의 갈등을 하게 될 것이다.

백로는 먹이활동이 용이한 하천이나 습지에서 멀지 않은 곳에 잘 조성된 소나무 숲을 선호하되, 음양기가 강하게 흐르는 곳에 집을 짓는다. 일반적으로 소나무가 군집을 이루면서 크게 잘 자라는 곳은 음양기가 강하게 흐르는 곳이다. 그렇기 때문에 백로가 소나무 숲에 둥지를 많이 짓는다. 전봇대 위의 까치집을 제거해도 까치가 집을 다시 짓는 것처럼 일시적으로 백로를 쫓아내도 연례행사처럼 백로는 그 장소로 돌아올 것이다. 소나무를 베어버리지 않는 한 백로는 한 번 정한 서식지를 떠나려 하지 않을 것이다. 만일 인위적인 방법을 동원하여 백로가 집을 짓지 못하게 하고 서식지에서 쫓아낸다면 백로는 차선을 택하여 인근의 음양기가 왕성한 또 다른 소나무 숲으로 갈 것이다. 하지만 이 방법은 환경단체를 화나게 할 야만적인 방법이다.

백로의 배설물로 인한 아름드리 소나무의 훼손도 적지 않다. 독성이 강한 배설물을 감당하지 못한 소나무 가지들이 고사하기도 하며, 급기야 흉측하게 죽기도 한다. 백로들이 날아간 뒤 서식지의 음양기가 흐르는 곳에 인공 소나무를 식재하는 방법도 검토해볼 필요가 있다. 또한 주기적인 백로의 배설물 제거작업도 필요하다. 대체 서식지에 대한 연구도 필요하지만 무엇보다 자연 서식지에 대한 보존 및 관리가 중요하다고 생각된다.

명당에서 노래하는 직박구리

우리 주변에 있는 야생조류 중 가장 아름다운 소리를 내는 새에는 과연 어떤 새가 있을까? 단연 직박구리가 아닐까? 단, 암수가 사랑할 때 내는 소리다. 뾰쪽한 부리에 무스를 바른 듯 치켜세운 머리털, 까칠한 표정을 지니고 있는 가냘픈 몸매의 새. 누가 이런 새에게 직박구리라는 투박한 이름을 지어주었을까? 직박구리는 평소엔 시끄럽게 울어대 '수다쟁이'라는 별명을 가지고 있지만 사랑할 때는 그야말로 은쟁반에 옥구슬 굴러가듯 아름다운 소리를 낸다. 오죽했으면 '음유시인'이라는 별칭을 얻었을까?

다양한 꽃들의 꿀을 먹고 있는 직박구리

직박구리가 아름다운 목소리로 시를 읊듯 노래하는 그곳, 사랑의 노래가 저절로 나오게 하는 그곳은 이 땅의 조화로운 기운인 음양 기가 흐르는 곳이다. 먹이활동을 할 때를 제외하고 직박구리가 앉아서 가만히 쉬고 있거나 혼자 또는 둘이서 아름다운 노래를 부르는 곳은 반드시 좋은 기운이 흐르는 곳이다. 새들은 아무 데서나 휴식을 취하거나 노래를 부르지 않는다. 한가롭게 쉬고 있거나 즐겁게 노래를 부르는 곳에는 반드시 이유가 있다. 직박구리가 날아가거든 그 자리로 가보라. 아마도 자기도 모르게 콧노래가 나올지도 모른다.

유적지의 비둘기

오래전에 이태리 두오모 성당을 가볼 기회가 있었다. 400년 이상 걸려 지었다는 웅장하면서도 화려한 이 성당은 고딕 건축물의 진수라 할 만하다. 이국적인 성당의 분위기에 매료되어 있는데 낯익은 새들이 눈에 들어왔다. 광장을 가득 메운 비둘기 떼였다. 광장에 모인 사람만큼 많은 비둘기들이 모이 주는 사람을 따라 흩어졌다 모였다를 반복하였다. 광장뿐만이 아니었다. 성당 곳곳이 비둘기의 아지트처럼 보였으며, 비둘기가 있는 곳마다 비둘기 배설물들로 희끗희끗 얼룩져 있었다. 성당을 비둘기 배설물로부터 보호하기 위해 쳐놓은 그물들이 헤진 채 펄럭이고 있었고, 더 이상 어찌할 수 없는 한계상황임을 보여주는 듯했다.

두오모 성당만의 문제는 아니다. 유럽의 고대 유적지에도 유달리 비둘기가 많이 살고 있다. 도대체 비둘기는 왜 이런 유명 유적지마다 진을 치고 있는 걸까? 관광객들이 자연스럽게 던져주는 먹이가 주요인일 수도 있지만 더 본질적인 생태 환경적 요인이 있다. 대성당이나 고대 유적지는 대부분 생명의 기운이자 조화로운 기운인 음양기가 왕성한 곳에 있다. 음양기의 존재를 파악하지 못한 유럽의 전문가들은 양기Positive Line가 교차하는 곳으로 인식하고 있지만, 사람들이 활동하는 건물은 음양기가 강한 곳에 건축되어 있다. 비둘기가 대성당이나 고대 유적지에 많이 몰려드는 이유도 그곳이 비둘기 서식지로서도 최적의 환경이기 때문이다. 문제는 비둘기의 배설물이다. 보기에도 좋지 않고, 철제 구조물 등을 부식시키거나 외관을 변색시켜 유적지를 훼손시킨다.

국내도 사정은 별반 다르지 않다. 국보와 보물, 천연기념물 등이 있는 화엄사에서도 비둘기 때문에 고민이 많았다. 멸종위기 야생동물로 지정된 양비둘기가 화엄사 일대에 서식하고 있었기 때문이다. 비둘기 배설물로 인한 문화재 피해도 막아야 하고, 멸종위기 동물을 보존도 해야 하는 상황에 직면한 화엄사와 전문가들은 비둘기의 주요 서식처인 인근 저수지 교각에 인공 둥지를 만들어 서식지 이전을 검토하였다.

비둘기가 고가도로나 교각 아래쪽에서 무리를 이뤄 잠을 자고 휴식을 취하는 경우를 가끔 볼 수 있다. 뒤가 막힌 안전한 공간인 교각이 좋은 서식처 요건을 갖추고 있지만 그것 때문에 비둘기들이 그곳을 좋아하는 것은 아니다. 비둘기가 교각 아래쪽 음양기가 지나가는 곳을 찾은 것이며, 그곳에서 잠을 자고 휴식을 취한다. 만일 인공 둥지를 만들어 성공적인 서식지 이전을 계획한다면 반드시 음양기를 측정하여 음양기가 지나는 곳에 인공 둥지를 설치해야 한다.

서식처로 음양기가 발산되는 곳을 선호하는 비둘기들의 습성 때문에 발생하는 일들이므로 해결책 또한 그러한 맥락에서 찾아야 함을 잊지 말아야 한다.

부엉이바위

어느 고을을 가더라도 부엉이바위가 하나쯤은 있다. 부엉이가 바위 벼랑에 즐겨 살기 때문이다. 바위 벼랑에서 새끼도 키우고, 밤이면 고즈넉이 부엉부엉 울음을 울어 산골마을에 살아본 사람들은 부엉이 울음소리만 들어도 어린 시절의 향수가 떠오른다.

경기도 광명의 광명동굴이 있는 가학산 중턱에도 부엉이바위가 있다. 금·은·동을 생산했던 광명광산 개발의 발단이 된 황금노두의 안내문구를 보면 예부터 이 바위에 부엉이들이 많이 살아서 '부엉이바위'라고 불렀다 한다.

광명동굴 부엉이바위(좌)와 바위 중간 음양기가 흐르는 부엉이 서식처(우)

　황금노두 위쪽에 있는 부엉이바위 기운을 직접 확인해보고 싶어 바위 중간쯤 난 비탈길을 올라가 보았다. 중턱에 있는 바위틈에 작은 소나무가 한 그루 있고, 소나무 주변 1평방미터 남짓한 공간에 부엉이 배설물이 여기저기 흩어져 있었다. 엘로드로 기운을 측정해 보니 남북 방향으로 한 줄기의 음양기가 지나간다. 여느 새들과 마찬가지로 부엉이도 땅 기운에 예민하다. 부엉이는 바위 벼랑에 널찍한 공간들이 많이 있어도 반드시 조화로운 기운이 흐르는 음양기 위에서만 새끼를 키운다. 그러니 부엉이가 사는 바위는 좋은 기운이 있는 곳이다.

　부엉이바위 아래쪽을 둘러보니 암벽등반을 하는 사람들이 자일을 거는 쇠고리를 군데군데 박아 놓았다. 황금노두를 발판삼아 한 발 한발 명당을 향해 오를 암벽등반가를 생각하니 참 운이 좋은 사람들이라는 생각이 든다. 명당을 오르는 암벽등반, 본인들은 모르겠지만 그들은 생명의 기운을 받으면서 바위를 타고 있는 셈이다.

　황금노두 근처에서 발견한 작은 바위조각 중에는 황금빛으로 빛

나는 물질들이 박혀 있는 것도 있었다. 유가금속을 선별하고 남은 맥석脈石이지만 주위와서 집 근처 학교 운동장 가운데서 기운 체크를 해보았더니 조화로운 기운이 사방 3~4미터 근처까지 느껴진다. 베란다 화초들이 있는 곳에 놓아두었는데, 아마도 화초들이 매우 좋아할 것 같다. 이 조각을 머리맡에 두면 이 암석에서 발산하는 조화로운 기운으로 잠을 편히 잘 수 있을 것이고, 책상 앞에 두면 맑은 기운으로 책을 볼 수 있을 것이다.

꿩 먹고 알 먹고 명당까지 얻다

봄이 되어 산란기가 되면 양지바른 밭이나 야산 여기저기서 장끼들이 목소리 자랑을 한다. 힘 있게 꿩~꿩 외치고는 제자리서 요란하게 날아올랐다가 내려앉는다. 마치 주변의 까투리들에게 건강하고 멋진 장끼가 여기 있으니 빨리 오라는 신호를 보내는 것 같다. 풍수지리 전문가들은 꿩이 명당 기운을 잘 감지하는 새라고 말한다. 꿩이 알을 낳은 둥지나 꿩들이 배를 깔고 모래목욕을 하는 곳은 명당이라고 한다.

꿩과 명당에 관련된 설화도 있다. 사냥꾼에게 쫓긴 꿩을 한 여인이 치마폭에 숨겨주었다. 목숨을 구한 꿩이 은혜를 갚느라 여인에게 명당을 알려주었는데, 그곳에 죽은 남편을 장사 지냈더니 그 후로 그 집안에서 고관대작이 줄줄이 나왔고, 그 후로 그 집안에서는 꿩고기를 먹지 않있다는 이야기다.

꿩의 신통력에 대한 믿음이 크다 보니 어떤 전문가는 꿩 둥지 하나 발견하고선 좌청룡 우백호를 읊어댔다. 한 술 더 떠 한 전문가는 꿩 둥지에 패철을 들이대면서 용龍이 어떻고, 물이 어떠하니 자손이 조기 발복할 명당이라고도 하였다. 즉 좋은 묏자리라는 얘기다.

양기와 음양기를 분별하지 못해서 벌어지는 촌극이다. 진단이 잘못되었으니 처방이 올바로 될 리 만무하다. 꿩이 알을 낳는 둥지, 장끼와 까투리가 사랑을 속삭이는 풀숲, 까투리가 새끼들과 같이 노니는 곳은 음양기, 즉 생명에 좋은 기운이 흐른다. 그곳은 묏자리가 아니다. 그러니 위에 언급한 설화는 잘못 지어진 이야기다.

춘치자명春雉自鳴이라는 사자성어가 있다. '봄 꿩이 스스로 울어 화를 자초한다.'는 의미로 많이 쓰이는 말이다. 덕분에 꿩들이 노는 곳을 쉽게 찾을 수가 있다. 꿩의 둥지나 장끼와 까투리가 사이좋게 노는 풀숲 등을 찾아 엘로드로 기운을 체크해보면 예외 없이 생명의 기운인 음양기가 흐른다. 꿩의 둥지가 있는 자리는 음택명당이 아니고 양택명당이다. 그러니 그곳에는 집을 짓거나 정자를 지어 그곳에서 생활하는 사람들이 건강을 누리고, 휴식을 취하게 할 일이다. 만일 요행히 꿩알이 가득한 둥지를 발견했다면 꿩알도 얻고, 집을 지을 좋은 명당도 발견한 셈이다.

건강하고 싶거든 고양이와 자리다툼하라

페루에서 지하수 개발을 할 때다. 현장에서 필요한 자재를 사러 가까운 철물점엘 자주 갔었다. 그 철물점의 계산대 책상 위에는 가슴 높이 정도로 유리진열장이 놓여 있었는데, 갈 때마다 고양이가 그 유리진열장 위에 앉아 있었다. 진열장에 얌전하게 앉아 있는 고양이가 신기하다고 하니까 주인이 "고양이가 원래 진열장 위에 올라가는 것을 좋아했는데, 임신을 하더니 아예 다른 곳에는 가지 않고 항상 진열장 위에만 올라가 있어요."라고 했다. 고양이가 높은 데 올라가는 것을 좋아하기는 하지만 임신하여 몸이 무거워진 고양이가 왜 불안하게 저 위에 올라가 있을까 생각하다가 문득 그곳의 기운을 체크해보고 싶어졌다. 고양이는 수맥을 좋아한다고 알고 있어서 은근히 수맥을 기대하고 있었다. 엘로드를 꺼내 확인해보니 놀랍게도 음양기가 유리진열장 아래를 통과하고 있었다. 그 자리에 진열장이 놓여 있으니 그 위에 올라가 있었던 것이다. 고양이가 좋아하는 것은 수맥이 아니고 조화로운 기운인 음양기였다.

   수맥을 하는 사람들은 대부분 "고양이는 수맥을 좋아한다."고 말한다. 야생에 있었을 때의 본능을 그대로 가지고 있어서 천적으로부터 자신을 지키기 위해 수맥 위에서 항상 선잠 상태를 유지하는 것이라고도 한다. 이것은 음양기의 존재를 모르는 서양의 수맥전문가들이 여러 책에서 고양이가 수맥을 좋아한다고 이야기한 것을 무작정 믿어왔기 때문이다.

   고양이가 언제부터 사람과 함께하게 되었는지는 알 수 없으나 천적이 사라진 현대에도 그 본능을 유지하면서 생명에 해로운 기운 위에서 선잠을 잔다는 것은 이치에 맞지 않는 것 같다. 고양이가 선호하는 곳은 조화로운 기운인 음양기가 있는 곳인데, 수맥전문가가 그곳에서 양기는 감지하지 못하고 음기만을 감지한 후 고양이는 수맥을 좋아한다고 생각한 것 같다.

"개는 주인에게 집착하고, 고양이는 장소에 집착한다."는 말이 있다. 가축화된 동물들이 먹이를 주는 주인을 좋아하고 따르는 것이 상식적인데 고양이는 조금 특별하다. 고양이는 주인에 집착하지 않는다. 이런 고양이의 특성을 보여주는 것으로 한때 SNS를 달궜던 이야기가 있다.

개 생각	사람들은 나에게 먹이를 주고 재워주며 사랑한다. 그들은 나의 신인 것 같다.
고양이 생각	사람들은 나에게 먹이를 주고 재워주며 사랑한다. 나는 그들의 신인 것 같다.

개와 고양이를 같이 키우는 사람은 가끔 개와 고양이가 자리다툼하는 장면을 볼 것이다. 특별한 일이 없는 한 개가 자리를 양보하고 다른 곳으로 간다. 개가 양보하지 않을 경우, 그 자리를 공유하기도 한다.

고양이가 잠을 자거나 휴식을 취할 때 장소에 집착하는 이유가 뭘까? 사람들은 보이는 것을 쉽게 믿는 경향이 있다. 고양이가 집착하는 것은 장소가 아니다. 고양이는 그 장소에서 발산되는 기운에 집착하는 것이다. 그곳은 음양기가 발산되는 장소이다. 평소 고양이가 휴식을 취하거나 잠을 자는 곳은 조화로운 생명의 기운이 흐르는 곳이다. 특히 새끼를 밴 고양이는 한시도 그 자리를 떠나려 하지 않는다. 새끼를 건강하게 낳아야 하는 고양이로서는 좋은 기운이 나오는 그 자리가 반드시 필요한 것이다.

고양이는 배설을 할 때도 항상 음양이 균형을 이루는 곳을 가려서 한다. 잠을 잘 때나 휴식을 취할 때, 배설을 할 때에는 몸과 마음의 긴장이 풀어지고 완전히 무장해제가 되어 있는 상태이다. 외부 환경에 무방비로 노출되는 순간이다. 몸을 구성하고 있는 세포가 외부환경의 영향을 고스란히 받을 수 있는 상황이다. 이때 자신을 안전하게 지키기 위해 수만 년 동안 진화해오면서 최적의 환경에 적응해왔다. 오직 인간만이 타인이 지어준 집에 들어가서 생각 없이 쉬고 자며 배설한다.

자기 집 고양이는 아무 데서나 쉬고, 아무 데서나 배변을 본다고 주장하는 사람들이 있다. 몰라서 하는 소리다. 그 집은 고양이가 아무 데서나 쉬고 배변을 봐도 될 만큼 좋은 기운이 많은 집이 틀림없다. 고양이를 일주일만 지켜보라. 그들의 삶의 패턴을 읽을 수 있을 것이다. 밥 먹을 때를 제외하고 고양이는 항상 명당 위에 거한다. 쉬던 곳에서 항상 쉬고, 잠자던 곳에서 잠을 자고, 배변하는 곳에서 항상 배변한다. 그런 고양이를 이해하게 되면 고양이의 일거수일투족이 신기하기만 하고, 고양이에 대한 사랑이 더욱 깊어질 것이다. 고양이와 함께 산다는 것은 유능한 풍수지리 전문가를 한 사람 고용하는 것과 같다. 피곤하거나 스트레스가 심할 때는 고양이와 자리다툼을 하라. 그 명당의 기운 위에서 30분만 휴식을 취해도 몸과 마음이 편안해진다. 고양이가 집 안에 있기 싫어한다면 그 집은 좋은 집이 아니니 이사를 하는 것이 현명한 방법이다.

수맥 위의 벌통이 꿀 수확량이 많다고?

서양의 잘못된 지식을 맹목적으로 믿다 보니 생긴 웃지 못할 이야기가 있다. 벌이 수맥을 좋아한다는 것이다. 만약 양봉업자가 이 말을 믿고 수맥전문가에게 의뢰해 벌통을 수맥 위에 놓게 된다면 어떤 일이 벌어질까? 생각만 해도 끔찍한 일이 벌어질 것이다. 벌통을 수맥 위에 놓게 되면 이른 봄에 분봉을 하듯이 여왕벌이 이삿짐을 싸서 멀리멀리 떠나버리고, 일벌들은 하라는 꿀 채집은 안 하고 빈둥빈둥 노는 게으름뱅이가 되든지, 아니면 벌들이 시름시름 앓다가 죽을 것이다. 서양의 권위자가 쓴 책이라고 해서 무작정 베끼거나 퍼날라서는 안 된다.

시골집 처마 밑이나 정자의 서까래 밑에 있는 벌집, 덤불 속이나 큰 나무에 매달려 있는 말벌집의 기운을 체크해보면 그 기운이 수맥에서 나오는 기운인지, 생명에 이로운 조화로운 기운인지 알 수 있다. 벌도 까치나 제비처럼 전에 지은 집이나 바로 옆에 새 집을 짓는다. 벌은 수맥을 좋아하지 않으며, 수맥 위에 집을 짓지도 않는다. 그들은 조화로운 기운이 맴도는 음양기 위에 집을 지어 알을 낳고, 새끼를 키운다.

전에 지은 집 옆에 새로 지은 벌집(좌)과 음양기 위의 대추나무에 지은 벌집(우)

문득 과수원을 하던 시골집에서 봄철 분봉 시즌이 되면 벌이 혹시라도 멀리 날아갈까봐 새벽잠이 깨자마자 벌통 앞에서 조바심을 내시던 부친 생각이 난다. 여기저기 나무마다 빈 벌통을 매달아 놨지만 불안하셨던가 보다. 여왕벌이 엉뚱하게 높은 나무 위에 자리를 잡거나 멀리 날아가 버리면 발만 동동 구르셨던 모습이 선하다. 지금 생각해보면 벌집 근처의 조화로운 기운이 있는 곳에 빈 벌통을 매달아 놓으면 되었을 것을……. 지혜로운 여왕벌이 결코 일벌들을 그릇된 길로 인도하지 않을 것이다. 조화로운 음양기 위에 있는 벌통은 여왕벌이 왕성한 번식을 통해 큰 무리를 이루고 활발하게 생산활동을 할 것이며, 따라서 많은 양의 꿀을 생산할 것이다. 벌이 파괴적 기운인 수맥을 좋아한다는 이치에 맞지 않는 이론을 맹목적으로 믿고 전파하는 것은 바람직하지 않은 일이다. 진리란 시행착오를 거치면서 서서히 세상에 자리를 잡는가 보다.

개미는 결코 수맥을 좋아하지 않는다

학자들은 개미가 1억 3천만 년에서 1억 1천만여 년 전, 그러니까 인간이 지구상에 나타나기 훨씬 전인 중생대 백악기에 출현한 것으로 보고 있다. 그동안 발견된 개미 화석들도 6,000만 년에서 8,000만 년 전에 호박 속에 갇혀 보존된 것으로 말벌과 개미의 특성들을 가지고 있었다고 한다. 개미는 현재 남극 외에 전 대륙에서 발견되며, 우리나라에도 집개미와 불개미 등 60여 종이 알려져 있다. 1cm 내외의 작은 개미가 어떻게 변화무쌍한 지구 환경에 그 오랜 세월 멸종되지 않고 잘 적응해왔을까?

집 근처 근린공원 산책길 옆에 베어버린 나무 둥치가 하나 있는데, 그곳에는 개미들이 살고 있다. 아침마다 그곳을 지날 때면 쪼그리고 앉아 개미들의 행동을 관찰하곤 했다. 너무도 태평하게 지내는 모습에 지루함이 느껴질 때, 돌멩이로 나무둥치를 두드려 위협을 가하면 개미군단에 비상이 걸린다. 동작이 기민해지고 한동안 부산을 떨다가 별일이 아니라고 판단되면 곧 평상시처럼 여유로워진다. 어느 날 엘로드로 개미가 살고 있는 나무둥치의 기운을 체크해보았다. 나무둥치 가운데로 조화로운 음양기가 흐르고 있었다. 개미들이 줄지어 이동하는 길을 체크해보니 길을 따라 신기하게도 음양기가 지나고 있었다. 개미가 사는 곳도 이동하는 길도 좋은 기운이 흘렀다.

그렇다. 개미는 음과 양이 조화로운 곳, 즉 음양기가 있는 곳에 집을 짓는다. 생명에 활력을 주는 곳, 세포에 항상성을 부여하고 세포를 건강하게 하는 곳, 그 명당을 터전 삼아 살아온 것이 개미가 1억 년 넘게 살아남은 비결인지도 모른다.

거미도 기운을 가려 거미줄을 친다

세상의 모든 동물들은 항상성을 유지할 수 있는 곳에서 살고 싶어 한다. 그곳에 집을 짓고, 새끼를 치며, 잠을 자고, 휴식을 취한다. 사람이 가두어 놓지 않으면 동물들은 스스로 자기 몸이 원하는 장소에서 산다. 거미는 전 세계에 걸쳐 3만여 종이 분포하며, 땅속, 물속, 땅 위, 풀밭, 나무 위, 동굴 속, 건물 안팎 등 서식장소가 매우 다양하다.

어린 시절 삼 껍질을 벗긴 가늘고 기다란 저릅대 끝을 삼각형으로 구부려 묶은 후 집 처마에 왕거미가 쳐놓은 거미줄을 걸으면 훌륭한 매미잡이 채가 되었다. 왕거미 줄은 특히 끈적끈적하고 질겨서 잡힌 매미가 잘 도망가지 못하였다. 그 채를 들고 의기양양하게 매미 우는 골목을 누비곤 했었다. 이튿날 처마 밑을 보면 그 자리에 왕거미가 다시 줄을 쳐놓곤 했었다. 왜 거미는 같은 자리에 거미줄을 다시 치는 것일까?

음양기 위에 집을 짓는 왕거미(좌)와 무당거미(우)

　같은 장소에 집을 짓는 동물들을 관찰하다 보면 흥미로운 현상을 발견할 수가 있다. 자연적으로 집이 망가졌든지, 사람이 일부러 집을 훼손했든지 그들은 그 자리에 다시 집을 짓는다. 물론 위치가 조금 바뀔 수는 있지만 집을 짓는 원칙이 있다. 까치가 그렇고, 거미 또한 그렇다. 까치처럼 거미도 음양기의 기운이 있는 곳에 거미줄을 친다. 허공에 거미줄을 치지만 아무 데나 거미줄을 치는 것이 아니고 조화로운 기운이 흐르는 곳에 정성스럽게 거미줄을 친다. 생명의 기운인 음양기가 지나가는 방향에 직각이 되게 거미줄을 치고는 그 기운을 따라 지나가는 곤충들을 잡아먹는다. 자연계의 아이러니가 아닐 수 없다. 누군가에겐 생명의 길이 되고, 누군가에겐 죽음의 길이 되니 말이다.

(4) 식물과 명당

식물과 기(氣)

땅의 기운은 지구 내부로부터 나왔으므로 식물엔 본디 땅의 기운이 담겨 있지 않았다. 우연히 지기地氣가 흐르는 곳에서 싹을 틔웠거나 지상의 동물들이 식물의 열매를 먹고 소화되지 않은 씨앗을 지기가 흐르는 곳에 배설했는데, 그 씨앗이 발아되어 그 땅의 기운을 담게 되었다. 수천 년, 수만 년 그러한 환경에서 자라다 보니 양기가 흐르는 곳에서 자란 식물들은 양기가 강한 식물이 되었고, 음양이 조화로운 곳에서 자란 식물은 조화로운 기운을 식물 내부에 갖게 되었다.

오랜 옛날부터 한약재로 사용되어 왔던 많은 약용식물들이 있다. 그 약용식물들이 야생에서는 특정한 기운이 있는 곳에 자생한다. 기력을 보호하고 혈액을 맑게 한다고 알려져 있는 영지버섯은 양기가 흐르는 곳에서만 자생한다. 오갈피나무, 엄나무, 두릅나무, 생강나무 등은 음양기가 흐르는 곳에 자생한다. 흥미로운 것은 그 약용식물들의 뿌리나 줄기, 열매에도 그 땅의 기운이 담겨 있다는 사실이다. 이들 약용식물들이 우연히 좋은 기운이 흐르는 맥脈 위에 있는 모체에서 씨가 떨어져 근처에서 생장했을 수도 있고, 다른 곳에 있던 열매가 새나 짐승에 의해 옮겨졌을 수도 있다. 원인이 무엇이든 약초들이 야생에서 특정 기운이 있는 곳에 자생한다는 것은 특별한 의미가 있다. 오랜 세월이 지나는 동안 그 특정 기운이 씨앗의 발아조건이 되거나 생장조건이 되었을 수도 있다. 다른 한편으론 그 기운이 그 약초들이 가지고 있는 약성을 강화하는 쪽으로 작용하였을 수도 있다.

땅의 기운地氣은 자석처럼 기운을 전달한다. 양기맥陽氣脈 위에서 자란 식물은 양기를 담고 있고, 수맥과 같은 음기맥陰氣脈 위에서 자란 식물은 음기를 띠고 있으며, 생명의 기운인 음양기맥陰陽氣脈 위에서 자란 식물은 조화로운 기운을 담고 있다.

자생 영지버섯 포자는 양기 위에서 발아한다

페루의 사막지역에 있는 사탕수수밭 사이에는 농수로가 있다. 1년 내내 비가 거의 내리지 않다 보니 원거리에 있는 저수지의 물이나 관정에서 뽑아 올린 지하수를 농수로를 통해 사탕수수밭에 보내기 위한 것이다. 평상시에는 물이 흐르지 않지만 사탕수수가 자라는 기간에는 항상 물이 흘렀다. 지하수 개발작업을 하지 않을 때는 농수로 양옆의 둑 위로 난 길을 통해 쎄로 꼬르바쵸 산을 가곤 했었다. 메마른 농수로 안쪽에는 베어버린 버드나무 둥치가 많이 있었다. 어느 날 쎄로 꼬르바쵸 산에 올랐다가 컨테이너 숙소로 돌아오다가 버드나무 둥치에서 낯익은 버섯을 발견하였다. 크기가 어른 두 손을 펼친 것만큼 큰 영지버섯이었다. 반가움에 영지버섯을 만지다가 소스라치게 놀랐다. 영지버섯 갓 아래에 버섯먼지를 뒤집어 쓴 갈색의 큼지막한 개구리가 있는 것이 아닌가? 따가운 햇볕을 피해 영지버섯 갓 아래서 휴식을 취하고 있었던 것 같다. 한국에서 영지버섯을 달여 먹던 생각이 나서 몇 개를 채취하여 숙소에 가지고 왔다. 현장에서 일하는 직원들에게 물어보니 영지버섯을 잘 몰랐고, 먹는 줄도 모르는 것 같았다. 여기서는 이걸 뭐라고 하느냐고 물어보니까 '옹고Hongos'라고 했다. 아마 그냥 버섯이라고 하는 것 같았다. 한국에도 이런 버섯이 있고, 끓여서 차로 마신다고 하니까 신기해했다.

양기가 흐르는 죽은 참나무 둥치에 자생하는 영지버섯

그러던 어느 날, 중국에선 불로초라고도 하고, 신령스러운 버섯으로 알려져 있으며, 한국에서도 귀하게 여기는 버섯인데, 좋은 기운에서 자라는 것은 아닐까 하여 기운을 측정해보기로 했다. 엘로드를 들고 영지를 채취하였던 곳으로 가서 기운을 측정했다. 엘로드를 펼치자 즉각적으로 엘로드에 반응이 오는데, 생명체가 선호하는 음양기가 아닌 인디언 족장이 묘에서 감지되었던 양기 반응이었다. 양기가 흐르는 방향을 확인한 후 양기를 따라가니 영지버섯이 또 있다. 버섯은 포자로 번식하며, 포자가 바람에 사방으로 날아갈 텐데 어찌하여 바람에 날린 영지의 포자가 양기가 흐르는 곳에서만 자라는 것일까? 양기는 자생 영지버섯 포자의 발아조건임에 분명하다.

양기를 좋아하는 노루궁댕이 버섯

노루 궁둥이처럼 생겼다 하여 '노루궁댕이 버섯'이라는 다소 소박한 이름의 버섯이 있다. 버섯 모양이 원숭이 머리와 비슷하다고 중국에서는 '후두고猴斗菇'라고 한다. 항암과 위에 좋다고 알려져 있으며, 일본에서는 알츠하이머, 치매 등과 관련한 연구가 많다고 한다. 동의보감에도 맛이 달고 성질은 평하며, 소화기관에 좋고, 오장육부를 이롭게 한다고 쓰여져 있다.

북한산 바위가 좋아 노적봉을 가끔 찾는다. 노적봉의 우람한 자태가 듬직하여 좋기도 하지만 노적봉 높은 바위틈에 뿌리를 내리고 하늘을 향해 날아오를 듯 뽐내고 있는 소나무를 보는 것도 큰 즐거움이다. 노적봉 근처에는 참나무들이 많이 있다. 몇 년 전에 왔을 때 우연히 썩은 참나무 둥치에서 영지버섯을 발견하고는 산삼이라도 발견한 것처럼 매우 기뻐했던 기억이 있다. 그 후로 매년 노적봉에 올 때마다 같은 자리에서 영지버섯들을 볼 수 있었다. 영지버섯이 양기를 선호하는 버섯이라는 것을 알고 있었으므로 영지를 발견했던 곳의 기운을 측정하여 양기가 흐르는 방향으로 따라가면 거짓말처럼 영지버섯들이 계속 발견되곤 했었다.

 2020년 여느 해와 마찬가지로 노적봉을 오르는 길에 해마다 영지를 보았던 곳을 지나게 되었다. 그런데 어찌된 일인지 기대했던 영지버섯이 하나도 보이지 않았다. 아쉬운 마음에 주위를 살펴보는데, 참나무 줄기에 거품처럼 생긴 버섯이 있고, 집 없는 달팽이가 이른 오찬을 즐기고 있었다. 모양이 털복숭이같이 특이한데 독버섯 같지는 않아서 냄새를 맡아보니 코끝에서 느껴지는 버섯향이 좋았다. 사진을 찍어 인터넷 검색을 해보니 '노루궁댕이 버섯'이라고 한다.

양기 위의 참나무 줄기에 자생하는 노루궁댕이 버섯

 식용이 가능한 버섯이며, 예로부터 약용으로 써왔다고 한다. 혹시나 하는 마음에 땅 기운을 측정해보니 영지버섯이 자라는 곳과 마찬가지로 강한 양기가 지나고 있었다. 양기의 방향을 따라 주의 깊게 살펴보니 참나무 줄기에 주먹만 한 버섯들이 여러 개 있고, 그중에는 배구공만큼 큼지막한 노루궁뎅이 버섯도 있었다. 영지버섯이 참나무 둥치나 땅에 있었던 반면, 노루궁뎅이 버섯은 죽은 참나무 줄기에 자라고 있었다. 그렇다면 노루궁뎅이 버섯도 영지버섯처럼 양기의 속성을 가지고 있는 버섯임에 분명하다. 그런데 어떻게 이런 버섯들이 양기 위에서만 자라는 것일까? 분명 양기가 이들 버섯들의 생장에 어떤 역할을 하고 있고, 이 버섯들에 간직되어 있는 기운은 양기의 특성을 드러내는 것임에 분명하다. 그래서 옛사람들은 이런 버섯들이 양기를 보한다고 했을 것이다.

정이품송

1464년 조선조 7대 임금인 세조가 속리산 법주사로 행차할 때다. 보은의 한 소나무 아래를 지나게 되었는데, 세조가 타고 있던 가마가 소나무 아래가지에 걸릴 것 같자 한 사람이 "가마가 걸린다."고 크게 소리쳤다. 그러자 그 소나무는 스스로 가지를 번쩍 들어 올려 어가御駕 행렬이 무사히 통과하게 했다. 이런 연유로 세조는 이 소나무에 정2품 벼슬을 내렸다고 한다. 속리산으로 들어가는 길목에 서 있는 정이품송에 얽힌 이야기다. 천연기념물 103호로 지정된 이 소나무의 수령은 600년쯤 되었고, 둘레가 4.5m에 높이가 15m로 소나무로서는 거대한 크기인 데다 수형이 우산을 펼쳐놓은 듯 아름답다.

정이품송 예전 모습(좌)과 현재의 모습(우)

이처럼 빼어난 자태를 지닌 정이품송이 태풍, 폭설 등으로 가지가 부러지고, 솔잎혹파리 등으로 피해를 입게 되자, 보은군은 만일의 사태에 대비하여 2008년 문화재청의 승인을 받아 정이품송의 솔방울을 채취해 대를 이어갈 후계목後繼木을 재배하기 시작했다. 천연기념물인 정이품송의 유전자를 보존하고, 우리나라 소나무의 우수성을 알리기 위해서다. 2020년부터 지자체와 학교 등 공공기관에 분양도 하였다.

정이품송이 특별하게 장수하고, 빼어난 수형을 유지하고 있음은 우수한 유전자를 지녔기에 가능하리라고 본다. 하지만 그것만이 전부는 아니다. 유전자에만 원인이 있다면 600여 년 동안 종자가 퍼져 우리나라에 정이품송과 같은 나무가 수천 그루는 되었을 것이다.

정이품송이 서 있는 자리에는 남북 방향과 동서 방향으로 강한 음양기가 지니고 있다. 음양기는 조화로운 기운이며, 생명이 기운이다. 동물과 식물을 막론하고 생명체가 가장 선호하는 기운이다. 정이품송은 명당 위에 살고 있다. 정이품송이 좋은 유전자를 타고 났을 수 있지만 지금 그 자리에 있지 않았다면 결코 지금과 같이 장수하며 멋진 자태를 뽐낼 수 없다.

정이품송의 유전자를 이어받은 후계목들이 현재의 정이품송과 같은 좋은 환경에 심어지지 않는다면 그저 우수한 유전자를 가진 평범한 소나무로 자랄 것이다. 이천 도립리의 '반룡송'이 있는 자리에 심으면 뱀처럼 뒤틀리며 자랄 것이고, 인천 장수동의 '천연기념물 은행나무' 자리에 심으면 땅에서부터 수많은 가지들이 자라날 것이다. 좋은 유전자를 가진 정이품송 후계목일지라도 좋은 환경을 찾아 심어야 한다. 그래야 600년 뒤 후손들이 자연의 경이로움을 느끼고, 선조들의 지혜로움을 칭송하며 정이품송의 아들나무를 감상할 수 있다. 사람이나 식물이나 자라는 환경이 중요하다. 그 중에서도 땅의 기운은 아무리 강조하여도 부족하다.

조복산삼 : 산새가 심으면 산삼, 사람이 심으면 산양삼

산새들이 잠을 자고, 똥을 누는 곳은 특별한 기운이 있는 곳이다. 특히 까치, 까마귀, 꿩, 비둘기, 직박구리 등 땅 기운地氣을 잘 느끼고 그 지기와 교감하며 사는 산새들이 잠을 자는 곳이 그러하다. 그곳은 우주의 조화로운 기운인 음양기가 흐르는 곳으로 그곳에서 자라는 식물은 그 식물이 가지고 있는 유전적 특성들을 극대화하여 발현시킨다.

조복산삼鳥服山蔘이라는 것이 있다. 산삼씨를 좋아하는 산새들이 산삼씨를 먹고 보금자리로 돌아가서 잠을 잔 후 배설한 산삼씨가 자연 개갑開匣 후 발아되어 성장한 산삼을 말한다. 항간에 인삼 열매를 꿩 등의 야생조류에게 먹여 배설된 씨앗을 받아서 산에 심어 채취한 것을 조복산삼이라고 하는데, 그것은 진실을 호도하는 것이다. 야생조류가 먹고 배설한 것이 중요한 것이 아니고, 배설한 장소의 특별한 기운이 중요한 것이다.

한때 잉카의 보물이라고 불렸고, 페루와 칠레 경제의 근간이기도 했었던 구아노Guano라는 것이 있다. 조류의 배설물로 만들어진 유기질 천연비료인데, 그것에는 질소, 인산 성분이 풍부하고 토양에 유용한 곰팡이균과 세균들이 풍부하여 유기농하는 농민들에게 인기가 높았다고 한다. 이처럼 조류의 배설물에는 식물 성장에 도움이 되는 각종 성분이 많이 함유되어 있다.

산삼씨가 야생조류에 의해 양질의 유기질 천연비료가 풍부한 배설물과 함께 좋은 기운이 나오는 장소에서 발아되고, 그곳에서 땅의 좋은 기운을 받으면서 자라기 때문에 탁월한 약성을 갖게 되는 것이다.

우리나라 어느 고을이든 까치, 비둘기, 꿩, 직박구리와 같은 새들이 집을 짓고 새끼를 키우며 살고 있다. 조화로운 기운과 명당의 기운이 삼천리 방방곡곡에 두루 펼쳐 있다는 의미다. 우리나라의 산야에서 나는 약초의 약효가 좋은 건 우연이 아니다.

심마니들이 이구동성으로 하는 이야기가 있다. "산삼이 있는 곳 주변에는 산새들의 똥이 많이 있다."는 것이다. 산에 올라 땀을 식히고자 휴식처를 찾다가 산새의 똥을 발견하거든 가만히 똥을 치우고 잠시라도 그곳에 앉아 명당의 기운을 느껴보라. 심신이 편안해지는 것은 당연한 일이고, 운이 좋으면 당신에게 산삼 같은 큰 행운을 안겨줄지도 모른다.

버릴 것이 없는 두릅나무과의 나무들

두릅나무과에 속하는 가시오가피의 학명은 아칸토파낙스 센티코수스Acanthopanax Senticosus이고, 엄나무의 학명은 칼로파낙스 픽투스Kalopanax Pictus이며, 황칠나무의 학명은 덴드로파낙스 모르비페루스Dendropanax Morbiferus이다. 특이하게도 라틴어로 '만병통치의 영약'이라는 의미의 Panax가 붙어 있다. 두릅나무과에는 이 밖에도 오갈피나무, 팔손이나무, 두릅나무 등이 있으며, 하나같이 예로부터 식용이나 한약재로 많이 사용되어 왔다.

가시오가피는 사포닌을 포함하여 다양한 성분을 함유하고 있는데, 우리나라에서 나는 가시오가피는 약성이 특히 뛰어나다고 한다. 동의보감에 가시오가피를 약성이 따뜻하고 맛은 맵고 쓰며 독이 없는 약재로 소개하면서 뼈를 튼튼하게 하고, 정신을 강하게 하며, 남성의 발기부전과 여성의 음부소양증을 다스린다고 기록하고 있다.

엄나무는 민속신앙에서 잡귀나 병마를 물리친다고 전해지는데,

지역에 따라 음력 정월 대보름에 잡귀나 역귀疫鬼가 집 안으로 범접하는 것을 미리 막기 위해 엄나무를 걸어두기도 한다. 엄나무가 많은 숲으로 말라리아 환자를 데려가 병이 낫게 해달라고 기도하는 풍습도 있다.

황칠나무는 전통적으로 가구나 금속, 가죽의 고급 도료로 주로 왕실에서 사용되었으며, 중국에 보내는 조공용품 중의 하나로도 잘 알려져 있다. 다산 정약용 선생은 황칠나무를 '보물 중의 보물'이라 하였다고 한다. '본초강목'에 진시황이 보낸 서복이 불로초로 가져온 나무로 알려져 있으며, '급성 심통과 복통, 관절통 등에 쓰이고 나쁜 기운을 없앤다.'라고 기록되어 있다. 동의보감에 황칠나무는 갑자기 아랫배가 아프고 허리를 펴지 못하는 신기통이나 토사곽란 치료에 좋다고 기록되어 있다.

두릅나무는 뿌리부터 줄기, 잎까지 약용하며, 어린 순은 나물로 무쳐 먹으면 봄철 입맛을 돋우는 별미다. 줄기의 껍질을 벗겨서 말린 것을 총목피라고 하는데, 이것은 당뇨병을 다스리고 위를 튼튼히 하며 신장병에도 좋다고 한다.

팔손이나무는 잎에 사포닌 성분이 있으며, 진해, 거담 및 진통의 효능이 있다고 한다. 통풍과 류마티스에도 효과가 있다 하나, 독성이 있으므로 주의를 요한다.

두릅나무과 나무들의 번식방법은 실생實生이나 삽목을 이용하는데, 실생의 경우 종자가 발아되는 데 알맞은 환경조건이 무엇보다 중요하다. 삽목 또한 발근發根에 적합한 환경이 필요하다. 앞에 언용한 바와 같이 두릅나무과의 나무들은 거의 대부분 약성을 지니고 있으며, 자연 상태에서는 조화로운 기운이자 생명의 기운인 음양기 위에서 발견된다. 이것은 종자의 발아조건이 음양기에 맞춰져 있으며, 음양기 위에서 자라면서 약성이 강화되는 것으로 생각된다. 약용식물의 경우 약성이 중요한데, 음양기 위에서 약성과 관련된 유전형질이 극대화되는 것으로 보인다. 한반도에 자생하는 약용식물들의 약효가 뛰어난 것은 한반도 전역에 흐르고 있는 유달리 강한 음양기와 분명 관련이 있다.

명당 위에서 기생식물로 사는 신비한 겨우살이

서양에는 크리스마스 때 장식으로 걸어 놓은 겨우살이 나무줄기 아래서 키스를 하는 전통이 있다. 사랑하는 연인들이 겨우살이 아래에서 키스를 하면 행복해진다거나 한 술 더 떠서 크리스마스 장식을 한 겨우살이 나뭇가지 아래에 있는 상대에게는 아무나 키스를 해도 용서가 된다고도 한다.

고대 켈트인들은 신앙을 담당하는 사제계급을 '드루이드'라고 하였는데, 그들은 신의 의사를 전하고 정치와 입법, 종교, 의술, 점, 시가詩歌, 마술을 행했다. 드루이드는 겨우살이를 '죽음과 부활의 상징'으로 생각하고, 신성한 식물로 여겼다. 그들은 오크를 깎아 만든 지팡이를 가지고 다녔는데, 지팡이의 재료가 되는 오크는 파나케아Panacea가 기생하고 있는 것을 최고로 여겼다. 파나케아는 겨우살이로 만병통치를 의미하며, 인삼의 학명 '파낙스Panax'도 여기에서 유래한다.

음양기 위에 자라는 겨우살이와 겨우살이 열매

겨우살이는 참나무·밤나무·팽나무 등의 활엽수에 기생하며, 광합성을 하지만 부족한 물과 양분을 숙주나무로부터 취하는 반기생식물이다. 늦가을에 싹이 나고 겨우내 숙주에 의지해서 살다가 다른 나뭇잎이 나기 전인 3~4월경에 노랑 혹은 분홍색 꽃을 피운 다음 낙엽이 진 10~11월경에 열매를 맺는다. 겨우살이의 열매는 영양분이 풍부하여 추운 겨울에 산새들의 좋은 먹이가 된다. 산새들이 겨우살이 열매를 먹은 후 배설을 하면 끈적끈적한 점액에 싸인 씨앗이 새의 항문에서 떨어지지 않고 근처 나뭇가지에 붙게 되는데, 겨우살이는 이런 방식으로 나무에서 나무로 퍼진다.

겨우살이는 유럽에서 중세부터 약초로 쓰였다는 기록이 있고, 동의보감에도 올라 있는 오랜 민간 약용식물이다. 숙주에 기생하여 양분을 섭취하는 특별한 방식의 삶을 유지하는 겨우살이가 어떤 특별한 약효를 갖고 있기에 동서양을 막론하고 오래전부터 약재로 써 왔을까?

겨우살이는 생명의 기운인 음양기가 흐르는 곳 위에 있는 나뭇가지에 기생한다. 스스로 이동할 수는 없지만 지기地氣에 민감한 산새들에 의해 조화로운 기운이 있는 곳으로 옮겨지고, 그곳에서 좋은 기운을 받고 자란 덕분에 특별한 약효를 가지게 되었을 것이다. 장구한 세월을 그렇게 살다 보니 좋은 기운을 가진 유전인자를 갖게 되었고, 언제부터인지 행운을 가져다주고 소원을 성취시켜 주는 상징물이 되었다. 드루이드가 가지고 다니는 오크나무 지팡이도 겨우살이가 기생하는 것을 최고로 쳤다 함은 생명의 기운인 음양기 위에 자라는 오크나무의 신성神聖을 믿었다는 이야기다.

한반도의 명당나무, 생강나무 예찬

생강나무처럼 쓰임새 있는 나무가 또 있을까? 생강나무는 식용과 약용 그리고 관상용으로도 손색이 없는 가장 한국적인 관목이다.

생강나무 잎과 꽃

봄을 여는 꽃나무로 잎보다 꽃이 먼저 피며, 이른 봄 노란 꽃망울로 개나리, 진달래와 함께 봄의 전령사 역할을 톡톡히 한다. 김유정 소설에 나오는 동백꽃이 바로 생강나무 꽃이다.

생강나무는 온대 식물로 중국 동부와 우리나라, 일본, 인도, 네팔 등지에 서식하고 있지만 동북아에서 분포 중심지는 단연 한반도다. 국내에서는 개마고원 이남의 전 지역에 자생하고 있으니 가히 한국의 향토 수종이라 할 만하다. 생강나무는 전국의 산기슭이나 계곡 등에 분포해 있는 흔한 나무이지만 아무 데서나 자라지는 않는다. 마을 근처에서는 보기 어렵고 산으로 들어가야 볼 수 있다. 산수유가 사람들의 필요에 의해 심고 기른 나무라면 생강나무는 사람의 손을 타지 않은 특별한 서식환경을 가지고 있는 나무이다. 생강나무는 대부분 군락을 이루고 있는데, 이것은 비슷한 생육조건을 가진 식물집단이 갖는 일반적인 특성이다. 약용으로 이용되어 온 다른 식물과 같이 자생하는 생강나무는 조화로운 기운인 음양기 위에 자란다. 종자로 번식하는 나무이므로 산새들이 열매를 먹고 싼 똥이 생강나무 군락의 주요 원인일 것으로 생각된다. 생강나무의 번식을 연구하는 학자들이 종자 발아시험 시 발아율이 저조하거나 삽목 증식 시 발근율發根率이 저조한 원인은 시험을 하는 곳의 음양기와 관련이 있을 것이다. 음양기는 음양기를 선호하는 식물들의 발아나 발근의 결정적 조건일 수 있기 때문이다.

생강나무는 너무 크지도 그렇다고 너무 작지도 않다. 친근감을 느낄 만한 아담한 크기에 노랑 꽃망울로 가장 먼저 봄소식을 알려주고, 매끈한 줄기에 동심을 불러일으키는 깔끔한 외모의 잎을 가진 가장 한국적인 나무이다. 한반도 전 지역에 서식하지만 음양기가 있는 곳에서만 자생하면서 한반도에 서린 조화로운 기운의 존재를 알려주는 상서로운 나무이다. 꽃은 물론 잎, 줄기 및 열매까지 약성을 지녀 하나도 버릴 것이 없는 나무이다. 꽃 모양이 비슷한 산수유는 중국에서 건너온 나무로 암수 한 몸이지만 생강나무는 암수가 유별하다. 동방예의지국의 나무답게 암꽃이 피는 암나무와 수꽃이 피는 수나무가 따로 있다. 나무 위의 까치집이 공중의 조화로운 기운을 알려준다면 생강나무는 한반도 전역의 조화로운 기운의 존재를 알려주는 지표指標 같은 식물이다.

명당 기운이 만든 작품, 연리지 · 연리목

창경궁 후원엔 수령이 오래된 나무들이 많다. 조선왕조 500년, 수많은 사건들을 묵묵히 지켜본 할 말이 많은 나무들이다. 그 중에 그들만의 사연이 있을 법한 나무 한 쌍이 있다. '창경궁 연리지'로 알려져 있는 느티나무와 회화나무다. 후원을 흐르는 도랑 바로 옆에 두 나무가 마치 연인처럼 한데 어우러져 있다.

이 나무들은 왜 비좁은 공간에서 살을 맞대고 살고 있는 것일까? 결이 서로 연결되지는 않았지만 두 나무가 같은 공간에 뿌리를 내렸고, 느티나무 줄기 하나가 마치 어깨동무를 하듯 회화나무를 감싸 안고 있다. 일부러 연출한 듯한 특이한 모습에 보는 사람마다 고개를 갸우뚱한다.

'창경궁 연리지'에는 대자연의 섭리가 숨어 있다. 밀착되어 있는 느티나무와 회화나무 사이로 생명의 기운인 음양기가 지나가고 있다. 두 나무 사이를 지나가는 좋은 기운을 취하기 위해 자연스럽게 서로 밀착하고 있는 것이다.

창경궁 회화나무와 느티나무 연리지

연리지가 있는 곳은 어디든 조화로운 기운인 음양기가 흐른다. 공존동생共存同生의 기운인 음양기 위에 두 개의 나무가 싹을 틔울 경우, 두 나무는 아무리 비좁은 공간일지라도 서로 다투지 않고 지구가 주는 생명의 기운을 마음껏 누리면서 살아간다. 때로는 뿌리가 이어지고, 때로는 줄기나 가지가 이어져 한 몸처럼 살아가기도 한다. 결이 이어지지 않은 경우에도 사이좋은 연인처럼 밀착하면서 자란다. 어떤 경우이든 좋은 기운을 받으므로 두 나무는 건강하게 자란다.

    창경궁 연리지를 보러 갈 때마다 좋은 기운이 있는 곳이라는 것을 증명이라도 해주듯이 고양이가 두 나무들 사이에서 휴식을 취하고 있곤 했다. 음양기는 참으로 신비한 기운이다. 지구 내부에서 무한하게 발산되는 기운이기에 나무들이 서로 다툴 필요도 없겠지만 어쩌면 함께 살아가는 삶이 지혜로운 삶임을 아는 것만 같다. 명당은 어쩌면 그 위에 사는 생명체들의 몸만 건강하게 하는 것이 아닌 것 같다.

(5) 보석(寶石)과 기(氣)

질병 치료석으로서의 보석

    보석은 각각의 보석들이 가지고 있는 독특한 색깔이 주는 아름다움 때문에 오래전부터 장신구로 사용되었다. 그런데 보석과 관련하여 세계 각국에 전승되어 온 것을 보면 보석이 장신구로서의 용도 이외에 다른 기능들이 있다는 것을 알 수 있다. 그 중의 하나가 질병의 치료석으로서의 기능이다.

    고대 그리스의 철학자이자 학문 전반에 걸친 백과전서적 인물이었던 아리스토텔레스도 치료석으로서의 보석을 언급하였으며, 로 마제국의 정치군인이자 작가인 대大 플리니우스Gaius Plinius Secundus도 자신이 쓴 '박물지Naturalis Historia'에 몇 가지 광물의 치료효과에 대해 서술하고 있다. 중국의 오래된 의서인 황제내경이나 명대明代의 뛰어난 의약학자醫藥學者이자 과학자인 이시진이 지은 '본초강목'에도 광물들이 약재로서 효험이 있다고 기록되어 있으며, 우리나라의 동의보감에도 많은 광물성 약재가 소개되어 있다.

보석의 질병 치료효과에 대해 종류별로 상세하게 언급한 사람은 중세 독일의 수녀였던 힐데가르트 폰 빙엔이다. 그녀는 신학·의학·음악·식물학 등 다방면에 다재다능하였는데, 그녀가 쓴 'Physica'에 있는 '보석을 이용한 질병치료'는 현재에도 대체의학을 하는 사람들이 애독한다고 한다. 힐데가르트가 주장하는 보석 치료방법이나 효과를 현대과학 입장에서 그대로 수용하기는 어려운 측면이 있을 것이나 보석에 치료기능이 있다는 것을 무작정 부정할 수는 없을 것 같다.

보석의 치료 메카니즘

지구 내부에서 생성되어 지구 표면으로 발산되는 에너지 라인들이 있다. 이 라인들은 바둑판과 같은 격자 모양에 대각선으로 흐르는 라인까지 촘촘하게 지구 표면을 흐르고 있다. 각 라인들은 좌회전하는 음기, 우회전하는 양기 및 좌회전하는 에너지와 우회전하는 에너지가 함께 흐르는 음양기 중 한 종류의 에너지가 흐르고 있다.

이 에너지 라인들은 종종 변환되기도 하지만 생성 당시 타고난 특성을 지속적으로 유지해오고 있다.

보석은 지구 내부의 에너지 차이에 의해 발생하는 마그마의 이동과 그 열로 인해 용융된 지각 내부 광물질의 이동으로 생성된다. 생성된 광물질 중 전기전도성이 높은 금, 은, 동과 자성을 가지고 있는 희토류는 조화로운 기운인 음양기를 띠고 있다. 이 광물질이 음양라인에서 형성될 경우, 자연스럽게 음양기를 띠게 되며, 광맥을 타고 이 음양기가 전이되어 광맥이 전체적으로 음양기를 띠게 된다. 그래서 금, 은, 동을 생산하는 광산에서 채굴되는 광석에서는 음양기가 감지되며, 희토류 광산에서 채굴되는 희토류 광석에서도 음양기가 감지된다. 수정이나 옥과 같은 보석의 경우에도 오랜 기간에 걸쳐 생성되는 과정에서 그 광맥에 음양기가 흐르고, 광맥 전체적으로 음양기가 전이된 것으로 보인다.

지구의 조화로운 기운인 음양기는 항상성을 부여하는 기운으로 생명체를 구성하는 세포 단위에 작용하여 세포를 건강하게 하는 기운이다. 동식물이 선호하는 기운으로 야생동물들은 이 기운 위에 집을 짓고 새끼를 키우며, 수백 년 장수하는 나무들 아래로는 이 음양기가 흐르고 있다. 시들어가는 식물을 되살리는 기운이며, 상처 입은 동물이 찾아가는 기운이다. 귀감람석이라고도 하는 페리도트는 일종의 생명에너지를 가지고 있기 때문에 갓 태어난 새나 맹수의 새끼 옆에 페리도트를 놓아두면 그 기운이 이들에게 전해져 다른 새끼들보다 먼저 걷게 된다는 이야기도 있다. 마그네슘과 철의 규산염 형태로 산출되는 페리도트에 생명의 기운인 음양기가 배어 있으므로 질병치료는 물론, 기력 회복에 도움을 줄 수 있을 것이라는 상상을 가능하게 하는 대목이다.

음양기는 다른 물질에 그 기운을 전이시키고, 물은 모든 것을 수용하는 본성을 지니고 있으므로 음양기를 띠고 있는 보석을 물에 담그면 자연스럽게 음양기가 물에 배게 된다. 물이나 우유, 와인 등에 생명의 기운을 지닌 보석을 담갔다가 마시는 것은 물에 전이된 생명에너지를 마시는 것이다. 음양기 위에서 자라는 약초를 탕약이나 담금주로 만들어 그 기운을 마시는 것과 같다.

음양기를 띤 보석을 직접 펜던트나 브로치로 만들어 가슴 근처에 패용하면 음양기가 심장을 편안하게 하고, 마음을 진정시켜 준다. 보석은 아름다움 그 자체가 주는 심리적 만족보다 더 큰 가치를 우리에게 주고 있다.

보석의 치료효과는 보석이 지니고 있는 조화로운 기운이자 생명의 기운인 음양기에 기인한다. 보석으로 아픈 부위를 마사지하고, 우유나 와인에 보석을 담궜다 마시는 것은 보석이 가지고 있는 치유의 기운인 음양기에 의한 치료효과를 기대하는 것이다. 각각의 보석이 개별적인 특별한 치료효과를 낼 수 있는지에 대해서는 전문적인 연구가 필요하겠으나 세포를 건강하게 하는 음양기의 효과만큼은 의심할 여지가 없다고 생각한다.

(6) 건강과 명당

풍수명당과 불로장생

진시황도 누리지 못한 불로장생의 꿈이 현실에서 가능할까? 미국 캘리포니아 주에 있는 브리슬콘 소나무 숲에는 지구상의 최고령 나무들이 살고 있다. 강털 소나무라고 불리는 이 나무들은 박테리아조차도 살기 어려운 건조한 고산지대의 혹독한 환경을 견뎌내고 4,000년 이상 장수한다. 그린랜드 심해에 사는 상어는 500년을 살고, 북극해의 고래는 200년을 산다고 한다. 동아프리카에 사는 설치류인 벌거숭이두더지쥐는 수명이 30년 내외로 일반적인 설치류보다 10배 정도 오래 산다. 연구결과에 의하면 벌거숭이두더지쥐는 암과 노화에 내성이 있어 암에 잘 걸리지 않고, 오래 살아도 건강하다고 한다. 외모로는 이제 막 다 자란 쥐와 나이를 먹은 성체 쥐를 구분할 수 없을 정도이며, 죽는 원인 또한 어린 쥐나 나이 먹은 쥐가 특별히 다르지 않다고 한다. 건강하게 나이 먹는 동물, 노화가 사망의 원인이 되지 않는 동물이 있다는 사실은 인간에게도 시사하는 바가 크다. 이들이 장수하는 원인이 무엇이며, 늙지 않는 이유가 무엇일까?

과학자들이 장수하는 동물에 관심이 많다. 아마도 동물의 장수원인을 규명하다 보면 인간의 건강과 장수에 대한 실마리를 찾을 수 있을 것으로 생각하기 때문일 것이다. 벌거숭이두더지쥐를 연구한 과학자들은 그들이 병들거나 아프지 않고 노화가 없는 것은 장수유전자 때문이라고 한다. 장수유전자를 타고나지 못한 동물에게는 희망이 없다는 이야기인가?

많은 동물들이 음양기 즉, 명당의 기운을 선호한다. 육지에 사는 동물, 날아다니는 새들, 심지어 물속에 사는 어류들도 음양기를 선호한다. 음양기 위에 집을 지어 새끼를 키우고, 음양기 위에서 휴식한다. 먹이활동을 할 때조차도 음양기를 선호한다. 식물들도 음양기를 선호한다. 음양기가 발아 및 생장의 조건인 식물도 있다. 음양기를 특별히 선호하지 않을지라도 음양기 위에서 발아되어 성장한 식물은 다른 식물에 비해 크고 건강하게 자란다.

음양기를 선호하는 동물들이 천수天壽를 누리고 있는지의 여부에 관한 연구는 아직 보지 못했다. 아직 없다면 충분히 연구해볼 가치가 있다. 하지만 장수하고 있는 식물들은 우리 주변에서 가끔 볼 수가 있다. 같은 종의 다른 나무보다 특별히 장수하는 나무들이 있다. 스스로 이동할 수 없는 식물에 장수를 가져오는 요인이 무엇일까? 그것은 땅이다. 땅의 기운만이 성장에 차이를 가져오고, 결실에 차이를 가져오며, 수명에 차이를 가져온다. 국내에 300년 이상 장수하고 있는 나무들은 대부분 음양 기운이 발산되는 곳에 위치하고 있다. 특히 음양 기운이 교차하는 곳, 소위 '혈'이라고 불리우는 곳에 자라는 경우 예외 없이 장수한다. 식물의 경우, 음양기가 장수의 원인으로 생각된다.

식물에 장수를 가져오는 땅의 기운이 동물에도 영향을 미칠 수 있음은 당연하다. 식물이나 동물의 최소 구성단위는 세포이며, 땅의 기운인 미세에너지는 미시세계인 세포에 작용하는 기운이기 때문이다. 다만 동물은 이동할 수 있으므로 식물처럼 땅의 좋은 기운을 온전히 누리기는 어려울 것이다. 그렇지만 잠자리와 같이 오랜 시간을 보내는 곳만이라도 생명의 기운인 음양기가 발산되는 장소로 바꿀 수 있다면 장수조건의 절반은 획득한 셈이다. 잠은 생명활동을 가능케 하는 원기를 회복하는 시간이며, 음양기는 원기 그 자체이기 때문이다.

진시황이 원하던 불로장생의 핵심은 세포의 건강이다. 세포에 항상성을 주는 환경과 세포를 건강하게 하는 조건을 확보할 수 있으면 건강 장수할 수 있다. 음양기 위에서 잠을 자고, 휴식을 취하며, 음양기 위에서 자라나서 좋은 기운을 담고 있는 곡식과 채소 및 과일을 먹으면 된다. 그것이 세포의 항상성을 유지하는 일이며, 세포를 건강하게 하는 방법이기 때문이다.

건강의 조건 : 깨끗한 공기와 물, 균형 잡힌 영양소 그리고 음양기(陰陽氣)

과학자들이 다른 행성이나 위성의 생명체 존재 가능성을 확인할 때 물과 산소가 있는지를 살핀다. 물과 산소가 포함된 공기가 생명체의 생존조건이라고 생각하기 때문이다.

유기생명체가 생존에 필요한 에너지를 만들어내는 대부분의 화학반응은 수용액 상태에서 일어나므로 물은 생명체의 생존에 필수적인 요소이다. 또한 물은 비열이 다른 물질보다 커서 온도가 쉽게 올라가거나 내려가지 않는데, 일정한 온도를 유지하는 것은 생명체가 생명을 연장하는 데 매우 중요하다.

산소는 생명체가 흡수한 유기영양소와 반응하여 생존에 필요한 에너지를 생산해낼 수 있는 아주 유용한 물질이다. 안정적인 원소는 반응이 일어나기 어려워 에너지를 생산해내기 어렵고, 지나치게 불안정한 원소는 반응성이 강하여 유기생명체에 치명적일 수 있는데, 산소는 적당히 불안정하여 생존에 필요한 에너지를 안정적으로 생산할 수 있다.

생명체가 생존을 유지하기 위해서는 이 외에도 햇빛, 생존에 적합한 온도와 적당량의 영양소가 필요함은 물론이다. 그렇다면 생명체가 단순한 생존을 넘어 건강하기 위한 조건들에는 어떤 것이 있을까?

첫째, 깨끗한 공기와 깨끗한 물이다.

물과 공기가 생존의 필수요건이지만 신체 기능이 정상적인 작동을 하기 위해서는 깨끗해야 하며, 그렇지 않으면 건강을 보장할 수 없다.

둘째, 균형 잡히고 충분한 영양소이다.

이를 위해서는 필수 영양소를 골고루 갖춘 좋은 식재료로서 모양이 반듯하고, 빛깔이 좋으며, 속이 알찬 것이어야 한다. 생산량을 늘리고 품질을 좋게 하기 위하여 유전자를 조작하거나 성장촉진제를 사용하여 생산한 농산물이나 식품이어서는 안 되며, 화학비료와 농약을 사용하여 겉모습만 번지르르한 것이어도 안 된다.

셋째, 규칙적인 운동과 충분한 휴식이다.
신체 장기가 활력을 유지하기 위해서는 규칙적인 운동이 반드시 필요하고, 충분한 수면과 적당한 휴식 또한 당연히 필요하다고 하겠다.

넷째, 조화로운 기운인 음양기다.
지금까지는 생명의 근원 또는 생명에너지가 존재한다는 식의 인식만 있었을 뿐 실체를 확인하거나 영향을 직접적으로 증명할 수 없었다. 따라서 생명체의 건강에 미치는 영향도 전혀 고려하지 않았다. 하지만 자연계의 동식물들을 통해 미시세계의 기운인 음양기가 세포에 항상성을 부여하고, 세포를 건강하게 하는 필수적인 기운이라는 것이 밝혀지고 있다. 수면은 물론, 휴식도 조화로운 기운인 음양기 위에서 하는 것이 최선의 방법이다.

음양기는 3쾌를 가능하게 하는 기운

중국의 문학가이자 사상가인 노신魯迅. 1881~1936은 쾌식快食·쾌변快辯·쾌면快眠을 인생 3쾌라 했다. 음식을 즐겁고, 맛있게 잘 먹는 것을 쾌식快食이라 하고, 대소변을 시원하게 잘 보는 것을 쾌변快便이라 하며, 잠을 편안하게 잘 자는 것을 쾌면快眠이라 하여 이 3쾌가 일상 최고의 행복이라고 했다. 3쾌를 건강의 바로미터라고도 하며, 3쾌만 해도 우리 몸은 일단 건강하다고 할 수 있다.

흔히 스트레스를 만병의 근원이라고 한다. 과도한 스트레스가 있는 경우, 감정의 불균형으로 인해 입맛을 잃거나 위장장애 등으로 즐겁고, 맛있는 식사를 할 수가 없다. 또한 스트레스는 신체 장기의 기능을 떨어뜨리고, 장의 운동 저하를 가져와 변비를 유발하며, 결과적으로 배변을 어렵게 한다. 배변이 신통치 않으면 복부 불쾌감 등으로 음식을 맛있게 먹을 수 없다. 스트레스는 근심, 걱정을 유발하여 불면증을 초래하고 숙면을 방해한다.

스트레스가 3쾌를 가로막는 부정적 요인이라면 3쾌를 가능하게 하는 것이 있다. 바로 우주의 조화로운 기운인 음양기다. 음양기는 생명체가 지구에 탄생한 이후 모든 생명체에 항상성을 부여하는 기운이다. 생명체는 이 조화로운 기운에 적응하면서 진화해왔다. 음양기는 심신을 편안하게 하고 소화기관들이 정상적으로 기능하게 하여 쾌식을 가능케 한다. 야생동물이 먹이를 물고 가서 안전하고 편안하게 먹는 곳은 음양기가 흐르는 곳이다.

음양기가 흐르는 곳은 항상성이 유지되는 공간으로서 모든 신체 장기가 편안하게 휴식을 취할 수 있도록 하여 쾌면을 유도한다. 모든 야생동물들은 본능적으로 음양기 위에 집을 짓고, 그곳에서 휴식을 취하며, 그곳에서 잠을 잔다.

음양기는 신진대사를 촉진하고 생리현상을 원활하게 하여 쾌변을 가능하게 한다. 건강하게 생존하고 있는 대부분의 야생동물들은 음양기 위에서 대소변을 본다. 그곳은 배변 본능을 자극하는 공간이기 때문이다. 살아있는 생명체가 본능적으로 추구하는 기운인 음양기는 지구가 선사한 최고의 건강 파수꾼이다.

명당은 최고의 휴식처다

휴식休息의 한자를 풀어보면 '사람人이 나무木에 기대어 스스로自 마음心을 내려놓는 모양'이라 한다. 즉, 휴식이란 일상에 지친 심신의 회복과 재충전을 위해 대자연에 의지하는 무위無爲의 시간을 의미한다. 휴식의 방법으로 명상도 할 수 있고, 잠을 잘 수도 있다. 짧은 시간 쉴 수도 있고 장시간 휴식을 취할 수도 있다. 어떤 방식을 택하든 중요한 것은 휴식의 질이다.

심신의 기력회복과 재충전이라는 휴식 본연의 목적을 달성하고, 휴식의 효과를 극대화하기 위해서는 건강한 휴식이 반드시 요구되며, 건강한 휴식을 위해서는 휴식을 취하는 장소가 중요하다. 세상의 모든 동물들에게는 휴식이 필요하다. 잠을 자지 않고 살 수 있는 동물은 없다. 그래서 동물들은 반드시 잠을 잔다. 잠은 최고의 휴식 방법이고 원기회복 과정이기 때문이다.

병든 세포를 치유하고, 지친 세포에 휴식을 주며, 새로운 에너지를 충전시키는 힘은 대자연이 주는 음양기이며, 이 음양기가 발산되는 곳이 명당이다. 야생동물들이 먹이활동을 끝내고 휴식을 취하는 곳, 하루를 마무리하고 잠자러 들어가는 곳은 음양기가 흐르는 곳이다. 잠시 쉬더라도 조화로운 기운이 있는 음양기 위에서 쉬어야 한다. 휴식은 내키는 곳에서 내키는 대로 하라. 그게 본능이고, 그것이 몸에 좋은 것이며, 세포가 원하는 것이다. 주변의 동물들을 유심히 지켜보라. 고양이와 까치는 우리가 주변에서 쉽게 접할 수 있는 최고의 풍수전문가들이며, 명당을 잘 알고 있다. 집 안이라면 고양이와 자리다툼을 하고, 야외라면 까치둥지 아래 자리를 깔고 휴식을 취하자. 그곳은 어떤 휴양지보다 건강한 휴식을 보장하는 명당이다.

침대보다 침대 놓는 자리가 더 중요하다

'좋은 잠은 보약이요, 나쁜 잠은 독약이다.' 우리는 인생의 3분의 1을 잠을 자면서 보낸다. 개인에 따라 수면시간에 차이가 있을 수 있지만 잠을 자지 않고 살 수 있는 사람은 없다. 잠은 하루 24시간을 주기로 반복되는 생득적生得的 생체리듬이며, 건강한 신체와 정신을 유지하기 위한 필수과정이기 때문이다. 또한 잠은 하루 동안 활동하느라 지친 두뇌와 신체 및 각종 장기에 휴식을 주고, 소진된 원기元氣를 재충전하는 시간이다.

활동에 필요한 에너지는 건강한 음식을 섭취하면 된다. 그러나 생명활동에 필요한 원기는 잠을 통해서 충전해야 된다. 아무리 영양가 있는 음식을 먹어도 잠을 자지 못하면 정신을 똑바로 차릴 수 없으며, 자율신경이 정상적으로 돌아가지 않는다. 원기가 부족하기 때문이다.

원기는 잠과 휴식을 통해서만 충전된다. 그래서 잠을 잘 자고 나면 머리가 맑아지고 기분이 상쾌해진다. 원기를 원활하게 충전시키기 위해서는 반드시 원기의 근원인 음양기 위에서 잠을 자야 한다.

많은 사람들이 불면증으로 고생한다. 쉽게 잠들지 못하거나, 잠이 들어도 깊이 잠들지 못하고 뒤척이거나 자주 깬다. 자고 일어나도 머리가 멍하고 피곤하다. 불면증을 가져올 만한 특별한 원인이 없는데도 숙면을 취할 수 없다면 우선적으로 잠자리를 확인해볼 필요가 있다. 잠자리 아래로 우리가 수맥이라고 알고 있는 좌회전 음기가 지나갈 가능성이 있다. 좌회전 음기는 미시세계에서 작동하는 기운으로 인체를 구성하는 세포에 해로운 영향을 미친다. 단기적으로는 불면증을 유발하고, 중장기적으로 노출될 경우, 우울증이나 정신질환을 일으킬 수 있으며, 치명적인 세포이상 질환을 초래할 수도 있다.

개나 고양이가 침대 위에서 노는 것을 좋아하고 잠을 즐겨 잔다면 그곳은 특별히 문제가 없을 것으로 생각된다. 좌회전 음기가 흐르는 곳이라면 개나 고양이가 잠시도 그 자리에 머물지 않을 것이다. 현재의 잠자리에서는 숙면을 취할 수 없고, 개나 고양이도 그곳을 기피한다면, 안방에 개나 고양이가 즐겨 쉬는 공간으로 잠자리를 옮기는 것이 현명한 방법이다. 그곳은 음양기가 발산되는 곳으로 숙면을 취할 수 있을 뿐만 아니라 기력충전에도 도움이 될 것이기 때문이다.

좋은 비데를 쓰면 용변 후의 뒷처리는 깔끔하게 할 수 있지만 변비환자가 대소변을 잘 보게 할 수는 없다. 좋은 침대에서 잠을 자면 행복한 기분으로 잠자리에 들 수는 있겠지만 숙면을 보장할 수는 없다. 가볍고 포근한 좋은 이부자리와 좋은 침대보다 더 신경을 써야 하는 건 그것을 놓는 위치이다. 음양기가 발산되는 위치에 좋은 침대를 놓았다면 금상첨화라 하겠다.

제3절
흉지(凶地)란 무엇인가?

**흉지는 세포를 병들게 하는 기운인
음기(陰氣)가 성한 땅이다**

흉지란 생명에 해로운 기운이 흐르는 땅이다. 식물의 씨앗이 발아가 잘 되지 않고, 발아가 되어도 성장이 더디거나 정상적으로 자라지 못한다. 나무는 성장하면서 줄기가 세로로 갈라지고 가지가 뒤틀리며, 때로는 혹이 생기기도 한다. 기념식수처럼 나무를 이식하는 경우, 발근發根이 되지 않아 잘 살지 못한다. 동물은 흉지의 기운을 극도로 꺼려 하여 흉지에 가지 않으며, 가더라도 결코 오래 머무르지 않는다. 흉지에서 장기간 지속적으로 잠을 잘 경우, 불면증이나 우울증으로 고통받을 수 있으며, 정신질환에 걸릴 수도 있다. 스트레스나 만성질환의 원인이며, 각종 세포이상과 관련되는 질병을 일으킬 수도 있다. 임산부가 흉지에서 계속 거주하는 경우, 기형아나 발달장애아를 출산할 수도 있다. 흔히 흉가로 알려진 집들은 유달리 강한 음기가 흐르거나 음기가 교차하여 음기가 성한 집이다. 흉지란 이처럼 생명에 해로운 기운인 음기가 발산되는 땅으로 피하는 것이 최선의 방책이다.

동양철학에서 음양陰陽은 천지만물을 만들어내고 변화를 이끌어내는 상반된 성질을 가진 기운을 말한다. 음양은 서로 대립적인 존재이지만 상호 의존하고, 조화를 이루면서 성장 발전한다. 양이 밝음, 양지, 앞면, 남성 등을 상징하는 반면, 음은 어둠, 음지, 뒷면, 여성 등을 상징한다. 양이 적극적이고 긍정적인 측면을 드러내는 반면, 음은 소극적이고 부정적 측면을 드러낸다. 동양철학에서 말하는 음기는 양기의 상대적 개념일 뿐이다.

본서에서 말하는 음기는 동양철학에서 말하는 양기의 단순 대칭적 개념을 말하는 것이 아니다. 지구 내부에서 발산되는 좌회전 혹은 좌회오리 Left Vortex 기운이며, 생명에 고통을 주고 파괴적 특성을 보이는 해로운 기운이다. 동식물을 망라하여 생명체를 이루는 모든 세포에 작용하여 세포를 변형시키고, 세포를 병들게 하는 기운이다. 대지는 물론, 아스팔트나 모든 건축물에 작용하여 균열을 일으키는 기운이다. 소위 흉가凶家에서 감지되는 기운이며, 우리가 알고 있는 수맥에서 나오는 기운이다. 기의 변환과정에서 드물게, 한시적으로 양기로 바뀌기도 하지만 근본적으로 파괴적 특성을 가지며 살아가면서 반드시 피해야 할 기운이다.

수맥에 대한 오해

잘못된 정보로 인해 오해를 많이 받는 것 중의 하나가 수맥이다. 수맥 Water Veins은 서양에서 건너온 개념이다. 우리나라의 경우, 1830년대 초 프랑스 외방전교회 신부들에 의해 다우징 기술이 전파되면서 수맥을 찾는 기술도 전해졌다. 카톨릭 신부들에 의해 전수된 수맥탐사 기술은 군부대나 산간 오지마을의 우물을 찾는 데 많은 기여를 하였다.

전기 비저항탐사 등 과학적인 지하수 탐사방법이 개발되면서 수맥의 존재는 이제 보편적으로 받아들여진다. 그러나 수맥이 질병을 일으키는 해로운 파를 방사한다는 개념은 아직도 과학계에서 온전히 받아들여지지 않고 있다. 수맥이 건강에 유해하다는 수맥전문가나 의사들의 실증적인 많은 연구가 있지만 수맥의 발생원인이나 부정적 영향이 어떻게 작동하는지에 대해서 명쾌하게 설명하지 못하기 때문이다.

수맥전문가들은 고압 상태의 물이 지하 바위층 사이를 흐르면서 마찰을 일으키고, 이 마찰에 의해 생성된 전자기장이 정상적인 지구자기장을 변조 및 증폭시킴으로써 비정상적인 자기장을 만들어 인체에 유해한 영향을 미친다고 말한다. 이는 단지 추측일 뿐이고, 무리한 논리라고 생각된다.

수맥은 대략 지하 30미터에서 지하 수백 미터까지 광범위하게 존재하고 있다. 지하수 개발현장에서는 주로 첨단 탐사장비를 이용하여 수맥, 즉 대수층을 찾는다. 좁은 공간이나 지형상의 문제로 탐사 라인을 설치할 수 없거나 전봇대나 철심 등이 많아 탐사 오류를 유발할 수 있는 지역에서는 엘로드 등 간이 탐사도구를 사용하기도 한다. 엘로드 탐사는 유럽에서 지하수 심도가 낮은 지역에서 효율적인 탐사방법으로 알려져 있다.

엘로드 탐사의 경우, 지하수 부존 가능성이 높은 지역에서는 웬

만큼 파면 대개 물이 나오므로 별 문제가 없지만 지하수가 귀한 지역에서는 종종 문제를 일으킨다. 엘로드가 수맥을 감지했다고 확신하고 천공을 했는데, 물이 거의 없거나 소량인 경우가 종종 나온다. 경험상 엘로드로 찾은 수맥의 일부만이 개발할 가치가 있는 수맥이었다. 왜 이런 결과가 나오는 것일까?

수맥전문가들은 수맥 위에서 엘로드가 교차한다고 말한다. 하지만 그것은 엘로드를 잡는 방법에 의해 습관화된 현상일 뿐이다. 실제로는 좌회전하는 음기를 감지한 것이며, 엘로드는 측정자의 습관에 따라 교차할 수도 있고 좌회전할 수도 있다. 엘로드가 교차했다고 모두 지하수가 있는 수맥은 아니다. 수맥이라고 알고 있는 그곳은 파괴적인 좌회전 에너지, 즉 음기가 흐르는 곳이다. 음기는 음기가 흐르는 방향으로 대지에 균열을 일으키는데, 그 균열에 수십, 수백 년에 걸쳐 물이 스며들고, 지하 깊숙한 곳까지 흘러 들어가서 물줄기를 이룬 것이 수맥이다. 그러므로 지구 좌회전 에너지인 음기가 발산되는 맥 중에는 물이 거의 없거나 물이 적은 곳도 있고, 물이 많아 맥을 이루고 있는 곳도 있다.

엘로드가 교차하는 곳을 당연히 수맥이라고 생각하고, 그 장소에 기인한 부정적인 영향들을 수맥에 의한 것이라고 단정하다 보니 수맥은 무조건 해로운 것으로 각인되었다. 생명에 필요한 지하수가 흐르는 수맥이 해롭다는 생각은 그동안 수맥전문가들을 불편하게 하였다. 하지만 그것을 마땅하게 설명할 방법이 없었다. 구차하게도 지하에서는 해로운 음수요, 지상으로 올라오면 해롭지 않은 양수라 했다. 이 무슨 해괴한 설명인가?

수맥에 집착하는 한 수맥을 만드는 이 현상의 실체에 접근할 수 없다. 뿐만 아니라 명백하게 존재하는 자연현상을 미신이나 유사과학의 영역에 영원히 가두고 말 것이다. 수맥이 건강에 해로운 것이 아니라 좌회전 에너지인 음기가 해로우며, 수맥은 그 음기에 의해 만들어진 하나의 현상일 뿐이다. 수맥은 죄가 없다.

건강을 원한다면 음기로부터 멀어져라

원인이 없는 결과는 없다. 세상에 존재하는 모든 질병 또한 반드시 그 질병을 발생하게 하는 원인이 있다. 끊임없이 발전하는 현대의학이 대부분의 질병에 대한 원인을 밝혀내고 있지만 아직도 원인을 밝혀내지 못하고 있는 질병이 많이 있고, 계속해서 새로운 질병들이 생겨나고 있다. 질병을 일으키는 원인들이 다양하기 때문에 질병을 완벽하게 퇴치시키기는 어려울지도 모른다. 원인을 명확하게 밝혀내지 못하는 경우, 원인불명이라거나 유전병 등으로 포장되곤 한다. 지금까지 온갖 수단을 다 동원하였지만 원인을 밝히지 못했다면 한 번쯤 생각의 틀을 바꿔볼 필요가 있다. 의학계는 지금까지 인류가 안고 있는 질병들의 원인을 밝히거나 퇴치방법을 찾기 위해 동물들을 주로 이용하였다. 쥐, 토끼, 원숭이, 돼지 등에 질병을 일으키고, 경과를 지켜보면서 치료방법 등을 연구해왔다. 하지만 식물을 연구대상으로 삼지는 않았던 것 같다. 생물 분류체계의 맨 처음 단계에서 갈리다 보니 연관성이나 유사성을 찾을 수도 없고, 의미 없는 일이라 여겼을 수도 있다. 우리가 간과하고 있는 중요한 사실이 있다. 동물과 식물이 땅의 기운에 대해서는 유사한 방식으로 반응한다.

흔히 사람이 자주 병들어 죽거나 좋지 않은 일이 자주 생기는 집을 흉가凶家라고 한다. 음기가 성한 집이다. 그런 집은 예외 없이 좌회전 에너지가 강하게 흐른다. 흉지凶地에 자라는 나무는 바르게 자라지 못하고 뒤틀려서 자라거나 조직이 괴사하여 줄기가 썩기도 한다. 심한 경우 고사枯死한다. 이 또한 좌회전 에너지가 강하게 흐르고 있는 곳으로 음기가 성한 땅이기 때문이다.

땅의 기운은 미시세계에서 생명의 구성단위인 세포에 작용한다. 세포가 분열하고 성장하는 과정에 직접적으로 영향을 미친다. 동물은 자유롭게 이동할 수 있으므로 땅 기운의 영향을 적게 받을 수 있지만 식물은 이동하지 못하고 그 자리에서 성장하기 때문에 땅 기운의 영향을 고스란히 받는다. 성장과정을 지켜볼 수 있고, 현재의 상황도 정확하게 확인할 수가 있다.

지금껏 원인을 규명하지 못하고 있는 질병이나 유전질환으로 생각했던 질병 중 세포이상과 관련된 질병은 지구의 좌회전 에너지인 음기에 의해 자행된 일일 가능성이 높다. 암도 파괴적 기운인 음기에 의해 정상세포가 비정상세포로 변형되어 빠르게 분열하고 무제한으로 증식되면서 발생하게 된 것으로 생각된다. 음기는 모든 생명체의 건강에 치명적이다. 건강을 원한다면 일단 음기로부터 벗어나야 한다.

건축과 질병의 상관관계

인류의 많은 질병에 건축업자의 무지와 무책임이 큰 역할을 하고 있다. 불가피한 경우를 제외하고 야생동물들은 자유롭게 이동하면서 살아간다. 그들은 본능적으로 땅의 좋은 기운을 알아보고 그 위에서 휴식하고, 잠을 자며, 배설을 한다. 먹이활동을 하는 시간 이외에는 항상 좋은 기운 위에 있다. 때로는 먹이활동도 좋은 기운을 따라다니며 한다.

인간은 어떠한가? 문명이 발달하고, 의술이 발달하여 나날이 수명이 길어지고 있지만 질병 또한 끊임없이 생겨나고 있다. 식생활이 변화하면서 식생활이 원인이 되는 질병도 많아졌지만 불면증, 우울증, 만성질환, 암, 기타 원인도 알 수 없는 수많은 질병들로 인류는 고통받고 있다. 우리가 하루의 1/3을 보내는 잠자리가 이 질병들의 결정적인 원인이 되고 있다.

대부분의 야생동물은 자기가 살 집을 스스로 만든다. 좋은 기운이 있는 곳에 새끼를 낳아서 기르고, 잠을 자고, 휴식을 취한다. 오직 인간만이 타인이 지어준 집에 들어가서 산다.

건축업자들은 주어진 부지에 가장 경제성 있게 집을 지어 이익을 극대화하고자 한다. 규격화된 안방과 거실, 주방, 화장실이 있고, 각

방마다 침대가 들어갈 자리가 거의 정해져 있어 임의로 배치를 바꿀 여지도 별로 없다. 건축업자가 자라고 하는 데서 자고, 건축업자가 만들어 놓은 화장실에서 용변을 봐야 한다. 인간은 무의식중에 건축업자들이 만들어 놓은 공간에서 틀에 박힌 생활을 하며 온갖 질병을 얻으며 살고 있다.

안방 침실에 음기가 흐르면 부부의 금슬을 깨지고, 공부방에 음기가 흐르면 공부에 집중해야 할 아이가 정신이 산만하고 자주 짜증을 부리며, 화장실에 음기가 흐르면 화장실에 들어가자마자 변의便意가 사라지거나 화장실 가는 것이 편치 않다.

이제 우리는 제대로 설계되고 제대로 지어진 집에서 살 권리를 주장해야 한다. 좋은 기운이 있는 곳에 집을 짓게 해야 한다. 안방의 좋은 기운이 나오는 라인에 침대를 놓고, 좋은 기운이 나오는 라인에 아이들의 책상을 두며, 좋은 기운이 나오는 라인에 화장실을 두어야 한다. 냉장고와 정수기를 좋은 기운 위에 위치시키면 좋은 기운을 담은 음식과 물을 언제든지 먹을 수 있다. 거실의 쇼파에 좋은 기운이 흐르면 거실은 하루의 피로를 풀고 내일을 위해 에너지를 충전하는 힐링공간이 된다. 건축업자들은 깨달아야 한다. 그들의 손에 인류의 건강이 달려 있고, 건축의 미래 또한 달려 있다는 것을.

멘델레예프의 빈칸

멘델레예프는 원소의 분류방식 때문에 혼란스러워하는 사람들을 보면서 화학을 보다 쉽게 공부할 수 있도록 원소를 분류해보기로 마음먹었다. 알칼리 원소는 금속을 대표하고, 할로겐 원소는 비금속을 대표하므로 이 두 그룹을 양축으로 하고, 명확하게 구별되지 않는 원소들을 금속과 비금속 집단 사이에 넣기로 하였다. 그는 원소를 원자량 순서로 배열한 원소표를 만들면서 각 원소 아래에 이미 알려져 있거나 자신이 직접 실험한 결과를 적었다.

멘델레예프는 '원소를 원자량 순서로 배열하면 물질의 성질이 주기성을 갖는다.'는 사실을 확인했다. 멘델레예프 이전에도 원소들을 원자량 순으로 배열하면 여덟 번째마다 규칙적으로 유사한 성질을 갖는다는 뉴렌즈의 '옥타브 규칙'이 있었으나 그 규칙에 얽매이지는 않았다. 원자를 왼쪽 위에서 아래로 내려가면서 원자량의 순서대로 정리하다가 성질이 비슷한 원소가 나오면 옆줄에 오도록 배열하였다. 유사한 성질을 나타내는 원소가 없는 경우에는 그 자리를 빈칸으로 남겨두었다. 그리고 주기율표의 위치를 통해 그 원소의 성질을 예측하였다.

객관적인 근거를 제시하여 설명할 수는 없었지만 원소의 성질이 원자량에 따라 주기성을 갖는다는 믿음이 있었기 때문이다. 이런 그를 캘리포니아 대학교수인 에릭세리Eric R. Scerri는 "멘델레예프는 자연을 자신의 거대한 철학적 틀에 맞춰 집어넣으려고 노력했다."고 했다. 후에 멘델레예프의 예측은 정확히 들어맞았다.

세상에 존재하는 물질원소가 원자량에 따라 규칙성을 갖는다는 사실은 놀랍고도 신기한 일이다. 그 규칙성을 처음 발견한 과학자도 대단하지만 유연한 사고로 아직 발견되지 않은 물질을 위해 빈칸을 남겨둘 수 있었던 멘델레예프의 놀라운 통찰력이 없었다면 현재와 같이 체계화된 주기율표는 탄생하기 어려웠을 것이다.

멘델레예프가 만든 주기율표의 위대한 점은 예측 가능성이다. 주기율표에서 특정 원소의 위치를 보면 그 원소의 성질을 예측할 수 있다.

지구상에는 생명의 본질이라고 하는 기운들이 존재하고 있다. 그 각각의 기운들이 지구상의 모든 생명에 긍·부정의 영향을 끼치고 있다. 음기와 양기 그리고 음양기가 지구상의 모든 동식물에 끼치는 영향들은 실로 다양하고 분명하다. 음기가 보여주는 파괴적인 특성들, 양기가 보여주는 촉매적 특성들, 음양기가 보여주는 건설적이고 긍정적인 특성들을 확장해서 판단해보면 생명현상과 관련하여 지금까지 각 분야에서 규명되지 않고 있는 원인불명의 현상들, 즉 멘델레예프의 빈칸과도 같았던 것들의 해답이나 해결책이 나올 수 있을 것이다.

그동안 의학계에서도 많은 빈칸들을 남겨놓았다. 생식세포를 만들기 위한 염색체 분리과정에서 어떤 원인에 의해 염색체에 문제가 생겨 발생하는 염색체 이상 질환들, 어떤 원인에 의해 뇌의 신경세포가 쇠퇴하면서 뇌 조직이 소실되고 뇌가 위축되는 질환인 치매, 인체 내의 세포가 어떤 원인에 의해 무제한 증식하여 주위의 정상 조직을 침범하고 쉽게 전이하는 악성 종양인 암 등은 원인불명이나 돌연변이 혹은 유전병이라는 이름의 빈칸으로 아직 남겨져 있다. 흥미롭게도 전부 세포 관련 질병들이다.

의학 분야 문외한인 필자가 전문가의 영역에 의견을 제시하는 것이 주제 넘는 일이기는 하지만 지구 미세에너지의 동식물 영향에 대한 확신이 있기에 몇 가지만 조심스럽게 제안하고자 한다.

세포에 대하여

생물체를 구성하는 최소 단위는 세포이다. 세포는 독립된 생물로서의 특성을 갖고 끊임없이 물질대사를 한다. 외부 자극에 반응하고, 분화와 성장 및 증식을 하며, 끊임없이 생명활동을 한다. 세포는 손상이 되면 스스로 복구를 시도하며, 재생이 불가할 경우, 시스템에 의해 스스로 사멸하기도 한다. 세포는 진화과정에서 모든 상황에 효과적으로 적응해왔고, 필요한 경우 자신을 변화시키면서 항상성을 유지해왔다.

생명체의 역사는 세포 진화의 역사라고 봐도 과언이 아니다. 동물은 동물세포로 구성되어 있고, 식물은 식물세포로 구성되어 있다. 호흡을 해야 하는 동물세포는 세포 내 헴분자에 산소와 결합할 수 있는 철원자를 가지고 있고, 광합성을 해야 하는 식물세포는 광합성을 위해 마그네슘을 가지고 있다. 철과 마그네슘에 따라 동물이 될 수도, 식물이 될 수도 있는 것이다. 생명체의 최소 단위인 세포는 이렇게 동물이나 식물이나 크게 다르지 않다.

의학계에서 관심을 가지고 보아야 하는 것이 있다. 식물세포에 작용하여 식물을 병들게 하는 지구의 미세에너지인 음기다. 음기는 지구 내부에서 발산되는 좌회전하는 파괴적 미세에너지로 식물세포에 작용하여 식물을 변형시키고, 혹을 만들며, 조직을 괴사시킨다. 모든 종류의 식물에 일관되게 악영향을 미치는 좌회전 음기가 동물세포에도 악영향을 미칠 수 있음은 당연하다. 현재 원인불명의 질병들은 대부분 세포와 관련되어 있다.

세포에 긍·부정의 영향을 미치는 미세에너지인 기를 연구하는 사람으로서 세포가 좌회전 에너지인 음기에 장기간 지속적으로 노출될 경우, 세포이상에 따른 심각한 질병을 초래할 수 있다고 확신한다. 의료계에서 좌회전 음기와 세포 관련 질병들과의 상관관계를 반드시 연구해볼 것을 권한다.

자율신경에 대하여

자율신경계는 우리의 의식과는 무관하게 몸 상태를 파악하여 생명활동의 핵심인 호흡, 순환, 소화, 분비, 생식, 체온 등을 조절하여 몸이 항상성을 유지하도록 한다. 생명활동을 기적 그 자체라고 해도 과하지 않을 것이다. 과학은 결과는 존재하지만 원인을 명확하게 알 수 없는 이 현상을 자율신경이라는 이름을 붙여 인정하고 있다. 대뇌의 영향을 거의 받지 않고 자율적으로 작동하는 이 힘의 근원은 도대체 무엇이며, 자율신경에 영향을 미치는 것은 무엇일까?

본디 타고난 기운이며, 만물이 생존하는 데 근본이 되는 기운을 원기元氣라고 한다. 원기는 우리 몸이 항상성을 유지할 수 있도록 하여 지속적인 생명활동이 가능하게 한다. 원기가 소진되면 모든 감각기능이 약해질 뿐만 아니라 심혈관, 호흡, 소화, 배설 및 생식기관의 기능이 영향을 받을 수 있고, 발기부전, 실신, 동공이상 등의 증상이 발생할 수 있다.

배터리가 방전되면 충전을 해야 하듯이 원기도 소진되면 재충전하여야 한다. 잠과 휴식은 인간이 소진된 원기를 충전하는 방법이다. 음식을 통하여 얻는 영양소로 에너지 활동을 하듯이, 잠과 휴식을 통하여 얻는 원기로 생명활동을 한다. 잠을 통하여 원기를 충전하는 동안 인체는 충전모드로 들어간다. 뇌를 포함하여 신체의 모든 조직과 장기도 에너지 소모를 최소화한다. 만일 원기를 충전하는 시간에 각성 상태에 있거나 소화기관이 작동하는 경우, 원기충전이 원활하지 않을 뿐만 아니라 소화작용도 원활하게 작동하기 어렵다. 밤늦은 시간에 음식물 섭취를 자제해야 하는 이유이다.

숙면을 취하여 원기가 정상적으로 충전된 경우, 상쾌한 아침을 맞을 수 있다. 신체기능이 왕성한 청장년의 새벽 발기는 원기충전이 완료되었다는 신호이다. 숙면을 취하지 못한 경우, 이튿날 정신이 몽롱하고, 하루 종일 피곤하며 신체기능이 정상적으로 작동하지 않는다. 무의식적으로 하품을 자주 하는 것은 원기가 부족하다는 신호이자 원기를 충전하는 행위이다. 하품을 하면 정신이 맑아지는 현상을 두고, 하품을 할 때 턱 근육을 세게 움직이기 때문에 안면운동에 따른 각성효과가 있다거나 턱 근육의 자극이 뇌에 전달되어 뇌의 작용을 활발하게 함으로써 의식을 명료하게 한다는 이야기가 있으나 원기충전에 따른 자연스런 각성효과일 뿐이다.

철학적이며, 추상적인 용어인 원기元氣는 실제로 존재하는 기운이며, 수시로 확인할 수 있다. 그 기운은 지구에서 발산되는 기운 중 음양이 조화를 이룬 음양기陰陽氣다.

사람뿐만 아니라 많은 동물들이 무의식적으로 하품을 한다. 포유류뿐 아니라 조류, 파충류도 음양기 위에서 하품을 한다. 음양기 위에서 하는 무의식적인 하품이나 기지개는 부족한 원기를 충전하는 행동이다. 음양기는 자율신경에 영향을 주어 호흡을 편안하게 하며, 발기나 배변활동 등 순환기능을 용이하게 한다.

생명활동을 원활하게 하기 위해서는 반드시 원기를 충만하게 하여야 하며, 효과적인 원기충전으로 자율신경이 정상적으로 작동되게 하기 위해서는 반드시 음양기가 발산되는 곳에서 잠을 자고 휴식을 취해야 한다.

유전병이라 둘러대는 질병들

부모는 신체적으로나 정신적으로 전혀 이상이 없는데, 자녀가 발달장애를 겪고 있는 경우를 가끔 볼 수 있다. 도대체 어떤 이유로 이러한 일들이 생기는 것일까?

다운증후군이라는 선천성 질환이 있다. 다운증후군은 유전병일까? 아니면 환경병일까? 왜 건강한 부모에게서 다운증후군 같은 선천성 질환을 가진 아이들이 태어나는 것일까? 유전병은 "유전자나 염색체와 같은, 유전에 관련된 인자가 원인이 되어 일어나는 질환을 말하며, 어떤 가계에서 그 질환 발병률이 일반 인간 집단보다 높고 그 원인이 환경 때문이 아닌 질환을 말한다."고 한다. 여기서 말하는 환경이란 무엇을 말하는가? 세포분열이나 세포의 유전적 형질 변화에 영향을 미치는 특별한 기운이 있다면 이것은 환경으로 보아야 하지 않을까? 구분에 따라 유전자에 이상이 있는 것만을 유전병으로 보고, 염색체에 이상이 온 결과 유전자에도 문제가 생겨서 발생하는 선천성 질환인 다운증후군 같은 질환은 유전병으로 보지 않기도 한다.

다운증후군은 생식세포를 만들기 위해서 염색체가 분리되는 과정에서 특정 염색체가 제대로 분리되지 않아 염색체 수에 이상이 생기거나 염색체의 일정 부위가 결실되어 발생하는 질환이라고 한다. 수정 전에 정자나 난자가 어떤 영향을 받아 정상적으로 분열하지 못해서 생긴 질환이라는 것이다. 다운증후군은 가장 흔한 염색체 질환으로서 21번 염색체가 정상인보다 1개 많은 3개가 존재하며, 이로 인해 21번 염색체가 존재하는 신체 전반에 걸쳐 구조이상과 기능이상이 발생한다. 지적 장애, 신체기형, 전신기능 이상, 성장장애 등을 일으키는 질환이다. 신체 전반에 걸쳐 이상이 나타나며, 특징적인 얼굴 모습을 관찰할 수 있고, 선천적인 질환이며, 인종 간의 큰 차이도 없다고 한다.

전문가들에 의하면 이러한 일은 우연히 일어나며, 왜 그렇게 되는지는 아직 알려지지 않았다고 말한다. 부모에게서 유전될 수도 있고, 돌연변이로 새롭게 나타나기도 한다. 과거에 다운증후군 아이를 출산한 적이 있는 산모는 다음 임신에서 다운증후군 아이를 출산할 가능성이 있다. 예방방법은 없으며, 산모의 나이가 많거나 과거에 다운증후군 자녀를 출산한 적이 있는 경우, 가까운 친척에서 다운증후군의 가족력이 있는 경우에는 산전 검사를 받는 것이 중요하다고 한다. 예방방법이 없다는 말이 안타깝기도 하고 무책임하게도 들린다.

생명을 복제하는 수준에 이른 현대의학이 그 원인을 명확하게 규명하지 못하고 우연이나 돌연변이 또는 유전으로 그 원인을 돌리는 것이 안타깝다. 지금까지 고려해볼 수 있는 사항을 다 검토해보았다면 다른 곳에 그 원인이 있을 것이다.

에드워드 증후군Edward Syndrome, 파타우 증후군Patau Syndrome, 클라인펠터 증후군Clinfelter Syndrome, 터너 증후군Turner Syndrome, 묘성 증후군Cat-Cry Syndrome, 묘안 증후군Cat-Eye Syndrome과 같은 이름도 생소한 증후군들이 염색체 이상에 의한 질환들이라고 한다. 세포분열 과정에서 어떤 환경요인으로 염색체 이상이 생겨 질환이 생겼다면 의외의 곳에 원인이 있을 수 있고, 해결책 또한 있을 수 있다.

지구의 좌회전 에너지가 흐르는 음기 라인 위에서는 나무에 혹이 생기고, 가지가 뒤틀려서 자라며, 정상적으로 성장하지 못한다. 뿐만 아니라 목질이 제대로 성숙하지 못하여 비바람에 쉽게 부러지고, 땅에 제대로 뿌리를 내리지 못해 태풍에 쉽게 뿌리가 뽑힌다. 좌회전 에너지가 흐르는 음기 라인 위에서 세포배양을 해보라. 세포분열이 정상적으로 이루어지지 못하고, 기형세포가 생겨나기도 할 것이며, 더디게 성장하고, 건강하지 못할 것이다. 지금까지 원인을 알 수 없었던 많은 질환들과 돌연변이 또는 유전병으로 알려져 왔던 많은 세포 관련 질병들의 원인이 세포변형을 초래하는 음기 라인 위의 좌회전 에너지일 가능성이 있다.

다운증후군은 좌회전 에너지가 체세포 분열과정에 작용하여 염색체 분리이상을 초래하여 발생된 질환일 수 있다. 그렇다면 유전이나 돌연변이를 걱정할 일이 아니고, 나쁜 기운이 있는 잠자리를 피하면 된다. 예방방법이 없다고 포기할 것이 아니라 해결방법을 찾아보는 것이 중요하다.

좌회전 에너지가 흐르는 곳에 실험용 동물의 정자와 난자를 수정시켜 세포배양을 해보면 어떠한 일들이 발생하는지 확인해볼 수 있지 않을까? 어쩌면 기형이나 발달장애아 출산은 운명이 아니며, 잠자리만 조심하면 예방하고 피할 수 있는 일인지도 모른다.

(1) 원인불명의 질병

치매의 발생원인

치매는 '세상에서 가장 슬픈 질병'이라고 한다. 소중한 기억들이 사라지고, 하고 싶은 말을 제대로 할 수 없으며, 무엇보다 사랑하는 사람들을 잘 알아볼 수 없게 된다. 정상적으로 생활해오던 사람이 다양한 원인에 의해 뇌 기능이 손상되면서 기억력, 언어능력, 시공간 파악능력, 판단력 및 추상적 사고력 등 다양한 지적 능력이 서서히 저하되어 일상생활이 지장을 받게 된다.

전체 치매의 50% 이상을 차지하는 알츠하이머병은 뇌의 수많은 신경세포가 서서히 쇠퇴하면서 뇌 조직이 소실되고, 뇌가 위축되는 질환으로 원인이 명확하게 밝혀지지 않았다고 하며, 유전적 요인이 그리 많지 않다고 한다. 발생기전이 확실히 규명되지 않다 보니 확실한 치료법 또한 없는 실정이다.

야생동물이 길을 잃고 방황하거나 이상행동을 하는 것을 본 적이 없으며, 치매에 걸린 야생동물이 있다는 이야기도 듣지 못했다. 그런데 반려견은 치매로 알려진 '인지장애 증후군'이라는 질병을 앓는 경우가 있다고 한다. 평소에 항상 가지고 놀던 장난감을 잃어버리거나 익숙한 산책길을 잘 걷지 못하기도 한다. 야생에서는 발견되지 않는 질병이 인간과 함께 생활하는 반려동물들에서 나타나는 이유는 무엇일까? 아마도 집에 원인이 있을 것이다.

치매는 갑자기 오지 않는다. 오랜 기간에 걸쳐 신경세포가 서서히 쇠퇴하거나 죽으면서 발생한다. 젊은 사람에게서보다는 노인에게 치매가 많은 이유이다. 뇌세포를 서서히 병들게 하는 원인이 무엇일까?

지구의 좌회전 에너지인 음기는 서서히 장기간에 걸쳐 세포에 영향을 미친다. 침대의 머리 위치에 좌회전하는 음기가 흐를 경우, 불면증이나 우울증을 초래하고, 장기간 노출되면 뇌세포의 쇠퇴나 이상을 초래할 가능성이 있다. 야생동물은 결코 음기 위에서 잠을 자거나 휴식을 취하지 않으므로 치매에 걸리지 않을 것이다. 반려동물은 불가피하게 주인이 마련해준 수맥 위의 집에서 생활하고 원치 않은 질병을 얻을 수 있다. 땅 기운이 좋은 날 조화로운 기운인 음양기 라인과 음기수맥 라인 위에서 뇌세포 상태를 조사해보라. 전혀 다른 결과를 얻을 것이다.

치매는 예방이 최선이라고 했다. 두뇌회전을 많이 하는 놀이를 하기 전에 잠자리를 먼저 확인해보기를 권한다. 침대머리에 음기가 흐르지 않는지 조사해보고, 만일 음기가 흐르면 침대 위치를 바꾸는 것, 그것이 치매를 예방하기 위해 해야 할 첫 번째 방책이다.

암의 발생원인

인체 내의 세포가 각종 원인에 의해 무제한 증식하여 주위의 정상조직을 침범하고, 전이성이 높아 생명을 위협하는 악성종양을 암癌이라 한다. 암의 발생원인에 대해서는 직접적으로 밝혀진 것이 없다 하며, 역학적 연구를 통한 발암요인과 암 발생 간의 인과관계에 의해 위험요인을 밝히는 정도이다. 암 발생의 80~90% 정도가 생활습관 및 환경적 요인과 관련이 있다고 알려져 있다. 현재 의학계에서 암의 발생원인으로 생각하는 것은 발암 화학물질약 1,500여 종, 방사선, 계속적 자극 및 손상, 유전적 요인, 바이러스에 의한 것 등이다. 암은 정상적인 통제시스템을 벗어난 비정상세포 때문에 발생한다. 암세포는 성장 억제신호에 저항성을 가지게 되어 지속적인 성장과 분열을 하고, 세포가 망가지거나 제 역할을 하지 못할 때 스스로 사멸하여야 하나 세포사멸에 대한 저항 및 회피 능력을 가지며, 제한 없는 세포분열을 한다. 비정상세포는 왜 발생하는 것일까?

암 또한 단기간에 발생하는 질병이 아니다. 한시적 생활습관이나 환경적 요인보다는 미시적이고 장기적인 요인이 중요하다고 본다. 그런 점에서 세포에 작용하는 미세에너지에 관심을 가질 필요가 있다. 지구 내부에서 발산되는 미세에너지들은 지상에 있는 모든 생명체에 지속적인 자극을 통해 영향을 미친다.

우회전 에너지인 양기는 식물의 발아 직후 왕성한 세포분열을 일으켜 쌍둥이 가지를 만들어낸다. 양기가 발산되는 곳에서 보편적으로 관찰할 수 있는 현상이다.

음기와 양기가 조화를 이룬 음양기는 세포에 항상성을 주는 기운으로 주변의 다른 식물보다 건강하고 튼튼하게 성장하게 하며, 장기적으로 장수하게 한다. 100년 이상 장수하고 있는 나무는 대부분 음양기 위에 있다.

파괴적 미세에너지인 음기는 지상의 모든 생명체에 부정적 영향을 미친다. 현대의학이 암의 발생원인을 밝혀내지 못하고 있는 것은 암을 발생시키는 본질적인 원인인 지구의 파괴적 미세에너지인 좌회전하는 음기를 도외시한 채, 눈에 보이고 확인 가능한 현실에서만 원인을 찾기 때문이다. 음기에 노출된 나무는 줄기에 혹이 생기기도 하고, 조직이 찢어지고 괴사하며, 정상적인 성장을 하지 못한다. 동물의 경우, 본능적으로 이 기운을 피하지만 인간은 침대가 음기 위에 있을 경우, 이 파괴적 미세에너지에 장기간에 걸쳐 지속적으로 노출되어 정상세포가 비정상적인 세포로 변하게 된다. 결국 음기라는 미시적 원인에 의해 변형된 세포가 거시적 결과인 암을 발생시키는 것이다. 그러니 암이란 잠자리 때문에 발생할 수 있는 질병으로 보는 것이 타당하다. 그러므로 암을 치료하거나 재발하지 않게 하기 위해서는 치료와 함께 잠자리를 반드시 바꿔야 한다. 정착생활을 하지 않고 유랑생활을 하는 집시족이나 유목민족은 암의 발생원인인 '음기에 장기간 지속적 노출'을 하지 않으므로 암으로부터 비교적 자유로울 것이라는 추정이 가능한 이유이다.

(2) 음기의 영향

동물은 본능적으로 음기를 피한다

세포를 변형시키고 병들게 하는 음기를 좋아하는 동물은 없을 것이다. 국내 수맥전문가들이 고양이가 수맥을 좋아하고, 개미, 꿀벌, 바퀴벌레 등이 수맥을 좋아한다는 이야기를 많이 한다. 서양의 수맥 관련 서적들의 잘못된 정보를 그대로 받아들인 결과이다. 서양에서는 물론, 국내에서도 음기와 양기가 공존하는 음양기의 존재를 알지 못하는 것 같다. 수맥에 익숙해 있는 수맥전문가들이 음양기에서 음기를 감지하고서 고양이나 꿀벌, 개미가 수맥을 좋아한다고 한 것이다. 고양이가 수맥을 좋아하고, 수맥 위에 있는 꿀벌집의 꿀 수확량이 많다고 한 것은 틀린 이야기다.

　새끼를 밴 고양이는 한시도 음양기를 떠나지 않는다. 음양기 위에서 휴식을 취하고 있는 고양이를 쫓아내도 사람이 자리를 비우면 곧바로 그 자리로 돌아온다. 묶어 기른 개가 밥을 잘 먹지 않고 시름시름 앓거든 자리를 옮겨주던지 목줄을 풀어보라. 금방 활기를 되찾을 것이다. 반려견이나 반려묘에게 집이나 쉴 곳을 지어주려거든 주인 마음대로 하지 말고, 그들이 원하는 곳에 만들어주어야 한다. 야생동물들은 결코 음기 위에 집을 짓거나 음기 위에서 휴식하지 않는다.

음기 위에 있는 식물은 괴롭다

　식물은 동물과 달리 스스로 자리를 이동하지 못한다. 그렇기 때문에 땅 기운地氣의 영향을 그대로 받을 수밖에 없고, 성장과정에 지기地氣의 특성이 그대로 드러난다. 감나무나 뽕나무처럼 음양기 위에서 자생하는 나무도 있지만 우연히 음기 위에 자라는 나무도 있다. 음기 위에 자라는 나무는 음기가 흐르는 방향으로 줄기가 수직 방향으로 찢어지기도 한다. 가로수로 많이 심는 벚나무나 백합나무 등은 음기에 특히 민감하게 영향을 받는다. 벚나무나 백합나무를 음기 위에 심을 경우, 음기가 흐르는 방향에 수직으로 줄기가 찢어지며 좌회전하면서 자란다. 음기의 전형적인 특성이다.

　조직이 괴사하는 것도 음기의 영향 중 하나이다. 음기 위에 자리는 경우, 음기가 오는 방향의 줄기조직이 썩으며, 심한 경우 음기가 흐르는 방향으로 관통되기도 한다. 나뭇가지의 뒤틀림 현상도 있다. 소나무가 음기 위에 자라는 경우, 줄기는 물론, 가지가 뒤틀려 자라는 경우가 많다. 가지가 옆이나 위로 자라야 하는데, 거꾸로 줄기 쪽으로 자라기도 하고, 뱀이 똬리를 틀듯이 꼬여서 자라기도 한다. 나무에 혹이 생기는 것도 음기가 흐르는 곳에서 발생하는 현상 중의 하나이다. 음기 옆에 자라는 나무들이 음기 반대쪽으로 굽어져서 자라기도 한다.

또 다른 예는 봄에 나뭇잎이 나기 시작할 때 다른 나무보다 잎이 늦게 나오며, 나뭇잎의 성장속도도 더디다. 음기가 흐르는 경우, 땅의 균열로 인해 지표수가 지하로 빨리 스며들고, 뿌리가 수분을 유지할 수 없어 수분 부족으로 인한 영향도 크며, 심한 경우 나무가 고사하기도 한다. 음기는 식물의 생존에 치명적인 기운이다.

음기 위의 나무들

일산 EBS 뒤편에 조성된 한류수변공원의 마실다리와 한류테마파크 사이에 있는 도로변에는 벚나무가 가로수로 조성되어 있다. 그 벚나무에서는 특이한 현상을 볼 수가 있다. 7~8m 간격으로 심어진 벚나무가 바닥에서 나무 꼭대기까지 한쪽 방향으로 1자로 썩어 있다.

음기가 흘러오는 방향이 괴사된 벚나무들

 기이한 것은 1자로 썩은 줄기가 좌회전 방향으로 뒤틀려 있는 것이다. 처음 나무를 심었을 때 이런 나무들을 심지 않았을 터인데 어떻게 이런 동일한 현상이 생긴 것일까? 그곳을 산책할 때마다 궁금증을 갖곤 했었다. 원인을 찾아보고자 며칠 동안 주변을 면밀히 조사해보았다.

 남북 방향으로 뻗어 있는 도로변에 심어진 벚나무는 동서 방향으로 이어진 음기의 영향을 받고 있었다. 3~4m 간격으로 음기와 음양기가 교대로 지나가고 있었는데, 아이러니하게도 가로수는 음기가 지나가는 자리에 심어져 있었고, 좌회전하는 음기의 기운을 고스란히 받아 벚나무가 수직으로 균열되고, 좌회전 방향으로 뒤틀려 자라고 있었다. 가로수를 3~4m만큼 옮겨 심었다면 좋았을 텐데 좋은 기운이 나오는 곳을 띄우고, 좋지 않은 기운이 있는 곳에만 나무를 심었다. 일부러 그렇게 했을 리는 없겠지만 우연치고는 너무도 불행한 우연이었다.

길가의 가로수까지 좋은 기운을 가려 심는 것은 어려운 일일 수 있다. 하지만 공원이나 집 안에 심는 나무 정도는 확실히 기운을 가려 심을 필요가 있다. 선조들은 마을 어귀에 느티나무를 심을 때도 집 주변에 회화나무나 측백나무를 심을 때도 기운을 가려 심었다. 그래서 수백 년 후에 태어난 후손이 멋지게 잘 자란 고목의 운치를 느낄 수 있다.

음기 위의 건축물은 바닥과 벽에 균열이 가고 타일이 들뜬다

현상이 명백히 존재하고 눈으로 보면서도 인정하려고 하지 않는 것이 음기에 의한 건축물의 물리적 손상이다. 수맥, 즉 음기를 미신이나 사이비 과학쯤으로 생각하기 때문이다.

좌회전 에너지인 음기는 대지에 균열을 일으키고, 아스팔트 도로에 균열을 일으키며, 건축물에 수직 방향으로 균열을 일으킨다. 대부분의 건축물은 지은 지 3년 정도 되면 음기의 영향이 나타난다.

음기가 흐를 경우, 축대에 균열이 생기고, 보도블럭 가장자리가 뒤틀리며, 계단에 일정한 방향으로 균열이 생긴다. 음기가 흐르는 부분이 견고하게 만들어진 경우, 근처의 약한 부분에 영향이 미친다. 균열 부분을 시멘트 등으로 보수를 해도 일정 기간이 지나면 다시 균열이 생긴다. 이상한 일이라고 의심은 하지만 음기에 의한 현상이라는 것을 인정하려 하지 않는다. 구조물에 물리적 균열을 가져오는 힘은 지속적인 좌회전 에너지다.

음기가 지나가는 방향으로 균열이 간 보도(좌), (중간)와 들뜬 타일(우)

이 파괴적 에너지는 대형 참사를 초래할 수도 있다.

지속적인 좌회전 에너지가 지하에 매설한 대형 수도관 등의 연결부분 아래로 지나갈 경우, 잠재적인 수도관 파열 가능성이 있고, 위험물 저장탱크의 연결부 아래로 지나갈 경우, 위험물의 유출 가능성을 배제할 수 없다. 가스관의 연결구 아래로 지나갈 경우, 향후 가스 누출로 인한 폭발사고의 가능성이 있으며, 지진이라도 발생할 경우, 지속적인 음기로 인해 약해진 연결 부분이 연쇄사고의 도화선이 될 수도 있다.

한류수변공원에 있는 '마실다리'는 멋들어지게 만든 현수교다. 다리 가운데 부분은 철제빔 위에 목재를 얹어 운치를 더했고, 다리 가장자리는 고급스럽게 대리석을 깔았다. 놀라운 것은 땅바닥에서 1미터쯤 공중에 떠 있는 대리석이 다리를 수직으로 가로지르는 음기의 영향을 받아 맞닿은 부분이 일직선으로 위로 솟구쳐 있다. 보수공사를 하던 작업자들은 이해할 수 없다는 표정을 하며 대리석을 다시 깔았다. 아마도 그들은 3년쯤 지나 똑같은 보수공사를 하면서 또 고개를 갸웃거릴 것이다.

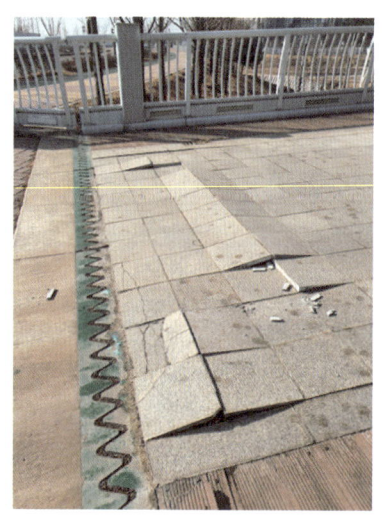 

음기가 지나가는 방향으로 들뜬 교각 위의 대리석

미세 좌회전 에너지에 안전한 정밀기기는 없다

　초정밀을 요구하는 기계장비나 전자장비의 경우, 설치 및 취급에 신경을 써야 한다. 정밀기기의 경우, 일정한 기간이 지나면 의무적으로 보정을 하거나 작동할 때마다 상태를 확인하고 사용한다. 하지만 아무리 신경을 써도 음기 위에 놓여 있을 경우, 안전을 보장할 수 없다. 음기는 완벽하게 건축된 건축물의 측벽을 균열시키기도 하고, 견고하게 쌓아 올린 축대를 균열시켜 우기에 붕괴사고를 초래하기도 한다. 오래된 산성이나 성곽에 쌓은 커다란 돌들을 균열시키기도 하는 음기의 파괴력은 순간적인 강한 힘이 아니고 지속적인 자극에 의한 힘이다. 음기의 이런 특성은 고가의 장비에 치명적 손상을 가져올 수 있다.

　전문가의 간단한 확인으로 방지할 수 있는 데도 불구하고 무지와 불신 때문에 고가의 정밀 장비를 손상시키는 우를 범해서는 안 될 일이다.

싱크홀과 액상화는 음기에 기인한 현상들이다

　2017년 11월 15일 경북 포항에서 규모 5.4의 지진이 발생하였다. 이는 기상청 관측 이래 우리나라에서 발생한 지진으로는 2016년 9월 경주에서 발생한 규모 5.8 지진에 이어 두 번째 규모라고 한다. 특히 포항 지진은 액상화 현상이라고 하는 지반 연약화 현상이 생기면서 주민들의 불안감을 가중시켰다. 해외에서도 액상화 현상으로 인한 지반 약화로 아파트 단지가 기울거나 무너진 사례가 있었기 때문이다. 전문가들이 나서서 액상화의 원인을 규명하고 대책을 수립하겠다고 하였지만 올바른 대책이 수립될지 의문이다. 왜냐하면 전문가들이 지구의 좌회전 에너지인 음기를 실질적인 액상화의 원인으로 보지 않기 때문이다.

싱크홀이나 액상화 현상은 지구의 좌회전 에너지인 음기와 직접적으로 관련이 있다. 지진피해 또한 음기와 관련이 있다. 지진은 지구 내부의 에너지 변화에 기인하는 마그마의 이동이나 단층작용 등에 의해 발생한다. 지진이 발생할 경우, 지각의 약한 부분이 영향을 받게 되는데, 지속적인 좌회전 에너지에 의해 균열이 간 음기 라인이 직접적인 피해를 입게 된다. 즉 지진이 발생하면 지구 내부에 있는 고압 상태의 유체가 분출구를 찾게 되고, 지각의 균열에 흐르고 있는 지하수를 강한 압력으로 지표로 밀어 올리는 과정에서 지하수가 중간 퇴적층에 있는 모래와 함께 지표로 분출된다. 이러한 액상화 현상은 음기 라인이 지나가는 곳에 일렬로 발생하는데, 이것은 지하수 개발과정에서도 가끔 경험하는 현상이다.

액상화는 일직선으로 발생한다. 이 라인은 수맥이 흐르는 곳이며, 음기 라인이 지나가는 곳이다. 음기 라인의 존재를 인정하여야 대책이 있을 수 있다. 이것을 인정하지 않으면 액상화 지역을 다 파헤쳐도 대책이 나올 수가 없다. 그렇다면 액상화로 인한 피해를 막기 위한 대책은 있는가? 자연재해 앞에 완벽한 예방대책은 있을 수 없다. 그러나 건축하기 전에 부지 내의 음기 라인을 측정해서 음기 라인이 있을 경우, 그 음기 라인을 피해서 건축하고, 음기 라인을 피할 수 없는 불가피한 경우에는 향후 음기 라인의 지반 균열을 예상해서 음기 라인이 흐르는 곳 주변의 지반을 보강함으로써 피해를 최소화할 수는 있을 것이다.

수맥에서 솟아오르는 샘물은 건강에 괜찮을까?

여름날 땀을 뻘뻘 흘리며 등산을 하다가 계곡 바위틈에서 솟아나는 샘물을 벌컥벌컥 마셨던 기억이 있다. 그때 마셨던 샘물은 이 세상 어떤 청량음료보다 시원하고 맛이 있었다. 바위틈에서 솟아나는 샘물은 용천湧泉으로 지하수맥에 있던 지하수가 압력에 의해 자연스럽게 지표로 분출한 것이다. 그런데 수맥에서 솟아오른 이 샘물이 건강에는 괜찮을까?

수맥은 좌회전하는 음기에 의해 땅에 균열이 생기고, 그 균열에 빗물이 오랜 기간에 걸쳐 스며들어 지하에 형성된 물줄기이다. 따라서 수맥에 있는 물은 좌회전 에너지인 음기의 영향을 받아 생명에 해로운 기운을 담고 있다. 사람은 체중의 70% 가량이 수분으로 되어 있다. 물이 없이는 결코 생존할 수 없다. 세포에 해로운 기운을 담은 물 또한 건강에 좋을 리가 없다. 바위틈에 솟아나는 샘물이 음기에 있었다면 자연스럽게 음기의 특성을 담고 있을 것이다. 그 물을 바로 마시는 것은 생명에 해로운 기운을 마시는 것이다.

일본 과학자의 실험에 의하면 얼고 있는 물에 희망적, 긍정적인 메시지를 주면 아름다운 얼음 결정을 맺었으며, 절망적, 부정적인 메시지를 주면 어둡고 칙칙한 얼음 결정을 맺었다고 한다. 물이 메시지 그 자체에 반응하였다기보다는 만물의 공통언어인 실험자의 감정에너지에 반응한 결과라고 생각되지만 매우 흥미로운 현상이다.

기氣는 동양에서 생명의 원천이라고 생각하며, 생명 그 자체라고도 할 수 있다. 기는 기장氣場 안의 모든 물질에 그 기운을 전파하는 특성이 있다. 물과 기의 특별함에 주목할 필요가 있다.

물은 순환과정에서 접촉한 물질들의 기운을 담고 있다. 따라서 양기를 띨 수도 있고, 음기를 띨 수도 있으며, 음양기를 띨 수도 있다. 다행히도 물이 좋은 기운을 띠고 있다면 더 이상 바랄 게 없겠다. 그럼에도 불구하고 마음 한구석에 수맥의 음기로 인한 불안함이 있거든 마시기 전에 좋은 기운이 있는 곳에 잠시라도 두었다가 마시자. 아니면 물에 희망적, 긍정적인 암시라도 주고 마시자. 기는 마지막 순간 가까이에서 접한 기운에 가장 큰 영향을 받기 때문이다.

엘로드 수맥탐사의 유용성

수맥水脈이란 서양의 수맥전문가들이 쓰던 Water Veins를 번역한 것으로 국내에서 수맥전문가나 풍수지리를 하는 사람들이 주로 사용하는 용어이다. 지하수 관련 업무를 하는 사람들은 지하수가 있는 지질층을 '대수층Aquifer'이라고 주로 부른다.

　지상에 내린 비는 초목과 대지를 적시고 지표면 층에 스며든 후 토양 속에 존재하는 미세한 공극을 통하여 중력 등에 의해 지하로 이동하게 된다. 이때 지각에 갈라진 틈이 있을 경우 더욱 쉽게 이동하며, 지하 깊은 곳에서 좁은 지층을 따라 수맥을 형성하게 된다.

　수맥의 생성원인은 보통 3가지인데, 첫째는 수성암 지대에서 볼 수 있는 경우로 투수성이 매우 높고 얇은 지층이 투수성이 좋지 않은 지층 사이에 끼어 있는 경우이다. 둘째는 화강암이나 화성암 중의 지하수로 지각의 갈라진 틈이나 단층에 지하수가 흐르는 경우이다. 셋째는 수성암이나 화산 쇄설암대에서 볼 수 있는 경우로 지하수면과 단층 또는 지각의 갈라진 틈이 연결되어 있을 경우이다.

　첫 번째의 경우는 전기비저항 탐사나 쌍극자 탐사 등을 통해 수맥을 찾아야 하며, 엘로드로는 감지되지 않는다. 두 번째나 세 번째의 경우와 같이 지각의 균열이나 단층에 형성된 수맥이 음기의 영향을 받아 생긴 것은 엘로드로 쉽게 찾을 수 있다.

엘로드는 지하 교차수맥도 찾을 수 있다

　전기비저항 탐사나 쌍극자 탐사의 경우, 탐사 범위 내에서 상대평가를 하여 가장 많은 지하수가 부존되어 있다고 판단되는 지점을 알려준다. 교차수맥이 있는지의 여부를 사전에 알 수는 없다. 운이 좋을 경우 교차수맥을 찾기도 하는데, 천공과정에서 보통 1미터 단위로 샘플을 채취하다 보면 몇 개 층에서 지하수가 발견되기도 한다. 지하수가 적은 지역에서는 단일 수맥의 경우 쉽게 고갈되어 버린다. 특히 사탕수수처럼 물을 많이 필요로 하는 작물의 경우 애써 개발한 관정이 지하수 고갈로 못 쓰게 되는 경우가 비일비재하다. 이때는 엘로드 수맥탐사가 매우 유용하다. 엘로드로는 교차수맥을 쉽게 찾을 수 있기 때문이다. 엘로드로 수맥을 발견한 후 그 수맥 라인을 따라서 탐지를 하다 보면 교차하는 수맥이 감지된다.

수맥이 교차하는 경우 대부분 수맥의 깊이가 서로 다르고, 수량 또한 많다. 100m 깊이의 관정에 2~3개의 수맥층이 교차하기도 한다. 따라서 한 층의 수맥이 소진되어도 다른 층 수맥에서 물을 공급받을 수 있으며, 그 사이에 소진된 수맥층에 물이 재충진되기 때문에 관정을 안정적으로 운영할 수가 있다.

염분이 많은 땅에서도 오류를 일으키지 않는다

전기비저항 탐사의 경우, 탐사지역 지하에 전류를 보내 전기저항을 측정한다. 건조한 지역은 전기저항이 크게 나오지만 지하수가 많은 경우, 전기저항이 작아 쉽게 전기가 통한다. 그런데 토양에 염분이 많을 경우 지하수가 조금만 있어도 전기가 잘 통하여 지하수가 많은 것으로 오인을 한다. 탐사결과를 보고 큰 기대를 갖고 천공을 했는데, 경제성이 없어 폐공을 해야 하는 경우도 많다. 물론 수량이 많아도 염분이 많으면 농업용수로 사용할 수가 없다. 염도가 다소 높아도 염분에 강한 작물을 재배하기도 하지만 농장주 입장에선 염도가 낮은 지하수를 선호한다. 물이 귀한 지역에서는 염분이 다소 높더라도 많은 양의 지하수를 원하는 경우가 있다. 이 경우 엘로드 탐사가 꽤 쓸모가 있다. 엘로드는 첨단 탐사장비와는 달리 염도가 높은 지층이 물로 포화되어 있어도 이를 수량이 풍부한 지하수로 오인하지 않으며, 좌회전 에너지가 강한 곳에서 반응을 하고, 그런 곳은 대체적으로 지각균열이 커서 지하수가 풍부한 경우가 많기 때문이다.

엘로드 수맥 찾기에 실패하는 이유

엘로드가 찾아낸 음기는 지각균열 가능성이 크고, 따라서 지하수가 부존되어 있을 가능성이 크다. 문제는 땅의 기운이 가끔씩 변하기 때문에 본의 아니게 실수를 하게 된다. 지상의 기운이 정상적으로 운행될 때, 즉 음기와 양기 그리고 음양기가 작동할 때 수맥을 찾아야 한다. 전체 기운이 음기로 변해 있을 때나 양기 혹은 음양기가 음기로 변해 있을 때 착오를 일으킬 수 있다. 또 한 가지 실수하는 경우는 음양기의 존재를 알지 못한 상태에서 음양기에서 좌회전하는 음기만을 느끼는 경우이다. 본인은 음기를 느꼈으므로 수맥이라고 생각하겠지만 좌회전하는 음기를 느꼈을 뿐 수맥은 아니다. 기운을 올바르게 이해하게 되면 이러한 실수는 하지 않을 것이다.

탐사도구의 한계,
수량이나 수맥 폭을 정확히 알 수는 없다

엘로드로 수맥을 찾는 사람들이 잘 저지르는 실수가 있다. 수맥의 폭을 예측하는 것이다. 문답식으로 엘로드에 물어서 확인하는 것은 객관적이지 않으므로 논외로 하자. 수맥이 흐르는 방향을 가로질러 왔다 갔다 하면서 엘로드가 X자로 교차되는 곳이 수맥 폭의 시작점이요, X자가 풀리는 곳이 수맥 폭의 끝점이라고 하여 엘로드가 X자로 교차되는 부분이 수맥의 폭이라고 한다. 지하 수십 미터에서 수백 미터에 있는 수맥의 가장자리 기운이 지상으로 그 폭을 유지하면서 올라온다는 것은 상식적으로 맞지 않는 얘기다. 땅의 기운은 변한다. 기운이 강할 때도 있고, 약할 때도 있으며, 거의 기운이 느껴지지 않을 때도 있다. 기운이 강할 때는 수맥 바로 위에서 음기가 느껴진다. 기운이 약해지면 수맥 바로 위에서 느껴지지 않고 몇 걸음 지나서 반응이 온다. 반대편으로도 마찬가지다. 땅의 기운이 약해질수록 수맥의 폭이 커지는 결과가 된다. 엘로드로 수맥의 폭을 맞추거나 수량을 알 수는 없다. 엘로드로는 단지 수맥의 존재 가능성만 확인할 수 있을 뿐이다.

제4절
풍수 처방

비보풍수의 허와 실

비보풍수는 나말여초의 고승인 도선의 비보사탑설裨補寺塔說에 그 연원을 두고 있다. 지기地氣는 왕성하기도 하고 쇠퇴하기도 하는데, 지기가 왕성한 곳에 자리 잡은 인간이나 국가는 흥하지만 쇠퇴한 곳에 자리 잡은 인간이나 국가는 쇠망하게 된다고 한다. 또한 지기에는 순처順處와 역처逆處가 있으며, 순처에 거주하면 좋지만 역처에 거주하면 해로우므로 산천의 역처나 배처背處에 사찰이나 탑을 건립해서 지기를 보완해야 한다는 것이다.

비보사탑설은 불교계에는 격변기에 왕권을 등에 업고 불교 교단을 재정비할 명분을 주었으며, 고려를 개국한 왕건에게는 당시 사원을 거점으로 정치, 경제적 활동을 주도하고 있던 지방호족들을 적절히 통제하고 규제할 수 있는 명분을 주었다.

비보풍수는 풍수적으로 부족한 부분을 전통풍수 원리에 맞게 보완하는 것이니 논리적으로 타당해 보인다. 배산임수에 맞게 뒷숲을 조성하거나 앞 물길의 방향을 순조롭게 바꾸고, 좌우가 허한 경우에는 좌청룡 우백호에 맞춰 좌우에 바람막이용 숲이나 조그만 언덕을 조성할 수 있다. 수구水口를 중시한 한국풍수는 수구가 조여 있지 않고 벌어져 있는 경우, 지기가 빠져나가기 쉽고, 나쁜 기운이 침범하기 쉽다고 생각하여 마을 앞쪽에 숲을 조성하는 조산造山 비보를 많이 하였다. 조산비보의 경우, 풍수 피해를 방지하는 등 자연재해를 조절하는 실용적 기능은 물론, 자연경관을 개선하여 환경심리적인 안정을 가져오는 순기능 역할을 한 측면이 크다 하겠다. 그러나 풍수비보의 원리를 적용한 조산비보는 엄밀히 말해서 풍수의 본질과는 거리가 멀다. 숲을 조성했다고 하여 땅의 기운이 달라지는 것은 아니기 때문이다.

한반도의 비보풍수는 음양오행 사상에 도참사상까지 결합되어 다양한 방식으로 전개되었다. 봉우리가 불꽃 모양인 서울 관악산의 화기火氣를 제압하기 위해 산 중턱의 샘에 구리로 만든 용을 집어넣고, 연주대 봉우리에 방화부 9개를 묻었다고 하며, 숭례문崇禮門의 현판을 세로로 한 것은 숭례문의 불길로 맞불을 놓아 관악산의 화기를 제압하기 위함이었다고 한다.

안동읍의 경우, 여근산이 읍내를 보고 있는 탓에 음기가 발동해 여자들의 음풍이 드세다는 이유로 산기슭과 이 산이 잘 보이는 읍내 2곳에 남근석을 세워 이를 진정시켰다고 한다.

풍수의 본질을 왜곡한 비보풍수의 폐해는 적지 않다. 음양오행 사상에 주술적 의미가 더해지면서 풍수는 신비주의에 빠지게 되었고, 미신으로 폄훼되는 수모까지 겪게 되었다. 풍수상으로 흉지일지라도 적절한 비보를 통해 길지로 바꿀 수 있다는 생각은 현대의 환경심리학이나 환경조경학적인 의미가 있을지는 모르나 풍수의 본질과는 거리가 있다.

풍수가 중국으로부터 전해졌으니 풍수에 관한 한 중국의 것이 정설이라는 생각이나 중국의 풍수 관련 고전들에 맹목적인 권위를 부여하는 풍수 사대주의적 발상은 옳지 않다. 옳든 그르든 체계적으로 정립된 풍수이론이 중국으로부터 전해진 건 맞다. 그런 의미에서 중국의 정통풍수와는 다른 도선의 비보풍수를 우리의 자생풍수라고 하는 것도 이해는 된다. 하지만 우리 조상들은 선사시대부터 땅의 기운을 알았고, 다산과 풍요의 기운인 양기가 있는 곳에 선사시대인의 무덤인 고인돌을 축조하였다. 음택풍수의 핵심인 양기를 묘지에 적용한 풍습은 고려를 이어 조선까지 이어졌다. 조선의 왕릉들은 주산이나 안산, 좌청룡 우백호에 정확히 맞추어 조성되었다기보다는 고인돌에 적용된 양기가 교차하는 곳, 즉 혈에 정확하게 조성되어 있다. 고인돌에서부터 이어져 온 풍수, 이것이 자생풍수가 아니고 무엇인가?

선사시대부터 이어져 온 자생풍수가 엄연히 존재하는데, 도선의 비보풍수를 한국의 자생풍수의 시원始原으로 규정하거나 비보풍수가 한국풍수에서 중요한 역할을 하였다 하여 한때 정략적으로 이용되어 지역 차별을 초래할 수 있는 단초를 제공한 도선의 비보풍수를 비판 없이 수용하는 것은 바람직하지 않다고 본다.

지구 내부에서 발산되는 본래의 기운은 인위적으로 조절할 수 있는 기운이 아니다. 태양으로부터 무한하게 제공되는 햇빛처럼 지구 내부에서 지속적으로 발산되기 때문이다. 생명에 해로운 음기가 흐르는 흉지에 비보라는 명분으로 산을 만든다거나 사찰 혹은 탑을 만드는 것은 풍수를 잘못 호도할 수 있으며, 풍수의 올바른 이해와 발전을 저해할 수 있다. 풍수의 본질인 기를 정확히 이해하는 것이 무엇보다 중요하며, 합리적이고 객관적인 방법을 통해 풍수 처방을 하는 것이 인간의 건강을 위해서나 풍수의 발전을 위해서도 필요한 일이다.

흉지는 피하는 것이 상책이다

대형 건물의 벼락 피해를 막기 위해 우리는 피뢰침을 설치한다. 벼락을 없애버리는 것이 아니라 벼락을 빨아들여 땅속으로 흘려보냄으로써 벼락으로 인한 피해를 막는 것이다. 악취가 나면 향수나 방향제를 사용하여 악취가 나지 않게 할 수 있다. 하지만 그것은 강한 향으로 악취를 잊게 할 뿐 악취 자체를 제거하는 것은 아니다. 향이 날아가고 나면 다시 악취가 날 것이다. 그것이 임시처방이기 때문이다.

음기가 해롭다고 땅속 수천 킬로에서 발산되는 음기 자체를 없애버릴 수는 없다. 음기가 어떤 메카니즘에 의해 생명에 해를 끼치는지에 대해서는 아직 알려져 있지 않다. 단지 생명체에 끼치는 결과만 확인할 수 있을 뿐이다.

생명에 해로운 기운이 발산되는 흉지는 영원하고, 누구도 그 흉지의 기운을 영구적으로 제거할 수는 없다. 부분적으로 좋은 기운이 있는 물질로 풍수 처방을 할 수는 있다. 그렇지만 풍수 처방에 의한 결과가 긍정적이라고 하더라도 어디까지나 임시적인 처방이다. 그 처방이 타인에 의해 훼손되면 복원된 음기에 의해 피해를 입을 수 있으므로 가능한 한 음기는 피하는 것이 최선의 방책이다.

풍수 처방은 해로운 기운을
좋은 기운으로 바꾸는 것이다

페루 람바예께 주의 뚜꾸메TUCUME에 다녀오는 길에 테스트를 해보고 싶어서 피라미드에서 흘러내린 아주 오래되어 보이는 회백색 돌멩이 하나를 주워왔다. 숙소에서 깨끗하게 씻은 뒤 거실의 아무 기운도 흐르지 않는 곳에 놓고 엘로드로 테스트를 해보았다. 반경 1미터 근처까지 사방으로 양기가 감지되었다. 음기나 음양기는 감지되지 않았다. 수맥이 흐르는 곳에 놓고 테스트를 해보았다. 돌이 없는 상태에선 엘로드가 평소와 다름없이 좌회전 반응을 보였는데, 그 돌을 수맥이 흘러오는 위치에 놓았더니 음기도 느껴지고, 양기도 느껴졌다. 음기를 없애버리는 것이 아니고, 마치 상생의 기운인 음양기에서 느껴지는 것처럼 음기와 양기가 같이 느껴진다. 특이한 것은 어떤 기운도 없는 곳에서는 양기가 돌 주변으로 반경 1미터까지만 느껴지는데, 수맥이 흐르는 곳에 놓으면 수맥 방향으로 선으로 양기가 느껴지며 상당히 먼 거리까지 음양기가 감지된다. 마치 도선으로만 전기가 흐르듯 수맥 방향으로 길게 느껴진다. 인체의 경락을 통해 기혈이 흐르는 것처럼 수맥 또한 땅의 기운이 흐르는 통로인 듯하다. 피라미드를 구성했던 돌멩이에 원래 양기가 배어 있었는지, 양기가 흐르는 피라미드에 있다 보니 양기를 띠게 되었는지는 알 수 없지만 피라미드에서 흘러내린 후에도 여전히 양기를 띠고 있었다.

음기에 의한 여러 가지 피해를 막으려는 시도로 음기가 흐르는 곳에 양기나 음양기를 띤 물질을 처방한다. 서양에서는 지구 침술 Earth Acupuncture이라고 하여 음기가 지나가는 곳에 구리나 크리스탈 지팡이를 박기도 한다. 도선이 시도한 비보풍수도 표면적으로는 사찰을 세우거나 탑을 세우는 것처럼 했지만 실제로는 해로운 기운이 흐르는 곳에 양기나 음양기를 처방함으로써 조화로운 기운으로 바꾸는 작업을 했을 것이다. 단순히 사찰을 세우거나 탑을 세웠다고 땅의 기운이 바뀌지는 않기 때문이다.

풍수 처방은 효과가 있을까?

지표면에는 기가 흐르는 수많은 라인들이 있다. 그 중에 생명에 해를 끼치는 음기 라인이 있다. 음기 라인을 피해 집을 짓는 것이 최선이지만 이미 살고 있는 집을 헐고 새로 지을 수는 없을 것이다. 차선으로 풍수 처방을 하여 해로운 기운을 좋은 기운으로 바꿀 수는 있다.

단, 처방을 정확히 하여야 한다. 음기의 위치를 정확히 확인하고, 음기가 들어오고 나가는 방향을 확실하게 알아야 하며, 음기가 들어오는 쪽에 처방을 하여야 한다. 기가 흐르는 라인은 전기가 흐르는 전선과 같아서 정확하지 않으면 아무 효과도 없다. 음기가 나가는 쪽에 처방을 하여도 효과가 없기는 마찬가지다. 풍수 처방을 정확히 한 후 엘로드로 확인해보면 음과 양이 조화로운 음양기의 특성을 보인다.

풍수 처방의 효과를 검증하기 위해 음양기 위에 거미줄을 치는 거미로 실험을 해보았다. 성체 무당거미를 잡아다 음기 위에 풀어 놓았을 땐 집을 짓지 않았다. 풍수 처방을 한 후 하루쯤 지나자 기운이 흐르는 방향에 직각 방향으로 집을 지었다. 몇 번을 반복하여 거미줄을 제거하였지만 매번 처방한 라인에 새로운 거미줄을 쳤다. 다른 거미로 테스트를 했을 때도 같은 결과였다.

인체에 해로운 음기가 흐르는 곳도 풍수 처방을 하면 명당처럼 조화로운 기운이 흐르며, 음양기를 선호하는 거미가 예측한 방향으로 거미줄을 치는 것으로 보아 풍수 처방은 효과가 있음에 분명하다.

단, 풍수 처방은 건강을 담보해야 하는 매우 중요한 일이다. 지구 내부에서 오는 불멸의 기운인 음기를 영원히 제거할 수는 없다. 풍수 처방이 타인에 의해 훼손되었을 경우, 원상회복된 음기의 해를 받을 수 있으므로 항상 주의를 하여야 한다. 기회가 되면 개나 고양이 등을 통한 추가적인 실험이나 식물재배 등을 통해 처방의 실효성을 좀 더 다양하게 검증해볼 계획이다.

제2부

다우징과 실용풍수

제1장
기(氣)와 교감하는 기술, 다우징

사람이 살다 보면 특별한 사건을 통해 삶의 변곡점이 생기기도 하지만 우연한 계기로 삶이 바뀌기도 한다. 삶을 대하는 방식에 있어 이전과 달라진 자신을 보는 것은 신선한 경험이다. 다우징을 통하여 대자연의 기운과 교감을 하게 되고, 새로운 시선으로 세상을 바라보게 되면서 이것도 하나의 깨달음이 아닐까 하는 생각을 하게 된다.

제1절
다우징은 대자연과의 교감이다

다우징은 기를 탐지하는 행위이다

다우징Dowsing이란 엘로드탐사봉나 펜듈럼탐사추 등의 도구를 사용하여 물체나 특정한 현상 등에서 발산되는, 오감五感으로 감지할 수 없는, 미세에너지인 기를 탐사하는 행위를 말한다. 엘로드가 움직이는 것을 무의식적 지식이나 신념이 신체의 근육에 영향을 미쳐 일으키는 운동반응이라고 보아 관념운동 반응Ideo-Motor Response이라고 주장하는 학자도 있다. 그러나 엘로드의 움직임은 다우저가 느끼는 미세에너지의 물리현상에 대한 반응이며, 다우징을 할 때 탐지하고자 하는 대상에서 나오는 기운과 다우저가 교감을 할 때 반응을 하는 것이다.

다우징은 의식과 무의식의 양쪽 영역을 활용하여 미시세계를 읽어내는 기술이다. 땅 기운이 강할 때는 기운의 특성을 느끼면서 다우징을 할 수가 있고, 기운이 흐르는 방향도 알 수가 있다. 땅 기운이 약한 경우에는 일반적인 방법으로는 기를 감지할 수 없고, 기를 감지하기 위한 특별한 의식Ritual을 행하거나 생각의 힘을 이용하여 기를 감지할 수 있다. 이러한 방식은 한시적이긴 하지만 다우저의 기에 대한 민감도를 증가시키는 것으로 생각된다.

현장에서 기를 감지하지 않고 도면이나 주소를 보고 측정을 한다거나 영적인 능력을 통해 다우징을 한다는 사람들이 있지만 이는 객관화하기가 어려우므로 논외로 하고자 한다.

음기 라인이나 양기 라인 또는 음양기 라인 등을 탐지할 때, 다우저의 몸은 기를 감지하는 민감한 센서 역할을 하며, 탐사도구는 다우저의 손을 통하여 그 라인에서 올라오는 미세한 좌회전 또는 우회전 에너지를 증폭시켜 주는 기능을 한다. 일부 전문가들이 이야기하는 것처럼 기가 발바닥을 통해서 감지되어 신경 전달물질에 의해 뇌로 전해지고, 다우저의 뇌가 명령하여 탐사도구가 반응하는 것은 아니다. 다우저가 쥐고 있는 엘로드는 다우저의 의지와 상관없이 감지되는 기운의 특성에 따라 손바닥에서 좌우 회전마찰을 일으키면서 좌회전 또는 우회전할 뿐이다.

다우징은 초자연적인 능력이다

다우저는 엘로드와 같은 탐사도구를 사용하여 지하수나 유전을 찾고, 지하광맥을 찾아낸다. 또한 지구상의 생명체에 영향을 미치는 땅의 기운들을 감지하기도 한다. 지하 수십에서 수백 미터 사이에 흐르는 물길이나 매장된 광물을 찾아내는 것은 분명 특별한 능력이다. 멀리 있는 사람과 정신적 교감을 하는 텔레파시나 눈을 사용하지 않고 다른 신체 부위로 글자를 읽거나 도형을 맞추는 투시처럼 다우징도 현대과학으로는 합리적으로 설명할 수 없는 초자연적인 능력이다.

   지구에 존재하는 모든 물질은 고유의 주파수를 가지고 있고, 그 주파수를 외부로 발산한다. 다우징은 그 수많은 주파수 중에서 찾고자 하는 주파수를 감지하는 기술이다. 아직까지 지구 내부에서 발산되는 미세에너지인 기를 정확히 탐지하거나 생명체에 영향을 미치는 각각의 기를 구분할 수 있는 장치는 없다. 그런 의미에서 초감각적 지각을 통해 미세에너지를 감지해내는 다우징은 초능력이라 할 수 있을 것이다.

다우징은 교감(交感)이고, 공명(共鳴)이다

   엘로드를 들고 아무 생각 없이 다우징을 하면 엘로드는 반응하지 않는다. 그냥 다우저가 흔드는 대로 움직일 뿐이다. 그러나 진심으로 느끼고자 하는 기운과 교감을 하면 엘로드가 반응을 한다. 그 교감이란 느끼고자 하는 기운에 자신의 기운을 맞추는 것이다. 즉, 주파수를 맞추는 것이며, 결과적으로 공명 상태가 되는 것이다. 처음에는 잠재의식의 힘을 끌어내기 위한 의식적인 노력이 필요하지만 숙련이 되면 엘로드나 탐사추를 드는 순간, 회로가 연결되듯 공명 상태로 들어간다. 이렇게 되면 지구 내부에서 나오는 다양한 기운을 감지할 수 있다.

   땅의 기운이 약하여 일반적인 방법으로는 지기를 감지하기 어렵고 엘로드도 반응하지 않는 날 인위적 교감을 통한 극적인 효과를 경험할 수 있다. 정신을 집중하고 땅의 기운과 교감하고 싶다는 생각을 하거나 교감을 위한 '동조화 의식'을 수행하면 짧은 시간이지만 공명을 경험할 수 있다. 동조화 의식이란 '교감의식' 혹은 '공명의식'이라고도 할 수 있으며, 감지하고자 하는 기운과 탐사자의 기운을 동조시키는 행동을 말한다.

다우징은 직관의 힘이다

직관력이란 감각이나 경험, 연상, 판단, 추리 등의 사유작용을 거치지 않고 대상이나 본질을 직접적으로 파악할 수 있는 능력을 말한다. 이러한 능력은 타고날 수도 있고, 수련에 의해 터득할 수도 있다. 직관에는 세 가지 유형이 있다.

첫째는 생존적 직관으로 본능적으로 위험을 느끼고 피하는 능력이다. 흔히 동물적 본능이나 초인적 감각이라고도 하는 이 능력은 지뢰나 독사를 밟기 직전에 위험을 직감하고 발을 뗄 때 위험을 모면하는 동물적 감각이다.

둘째는 창조적 직관으로 경험이나 지식에 기반한 직관이다. 창의적인 활동 시 신속한 정보의 재구성을 통해 탁월한 능력을 발휘해내는 능력으로 발명가나 벤처사업가 등에서 찾아볼 수 있는 능력이다.

셋째는 초월적 직관으로 경험이나 인식의 범위를 벗어나 무의식의 세계나 초자연적인 힘을 활용하는 능력이다. 의식과 무의식을 넘나들고, 사유작용 없이 본질을 파악하며, 미세에너지를 감지하고 분별할 수 있는 다우징은 초월적 직관의 힘이라 할 수 있다. 다우저는 이 직관의 힘을 통해 지하 수백 미터에 있는 지하수나 광맥을 찾아내기도 한다.

다우징은 미시세계(微視世界)를 읽는 기술이다

우리가 사는 세계는 거시세계와 미시세계가 공존하고 있다. 거시세계는 인간의 오감으로 인식할 수 있고, 원인에 대한 결과가 확실한 세계이며, 뉴턴의 운동법칙이 적용되는 세계이다. 뇌는 우리가 현실세계에서 경험한 것 중 의식할 수 있는 것은 외현 기억창고에, 나머지는 무의식이라는 암묵 기억창고로 보내 저장하기 때문에 우리는 거시세계에는 익숙하다. 하지만 미시세계는 우리가 인식할 수 없는 세계이므로 현실에서는 미시세계를 경험할 수 없고, 우리는 미시세계에는 익숙하지 않다.

미시세계는 양자의 세계이고, 소립자의 세계이다. 소립자는 전자와 같이 더 이상 쪼개지지 않는 물질의 최소 단위로, 물질을 구성하는 가장 기본이 되는 요소이다. 소립자는 거시세계 관점에서는 이해할 수 없는 몇 가지 특성을 가지고 있다. 관찰자의 관찰 여부에 따라 파동의 성질을 띠기도 하고, 입자의 성질을 띠기도 하는 소립자의 '이중성'이나 양자 차원에서는 사물의 위치와 운동량을 동시에 학정적으로 기술하는 것이 불가능하다는 '불확정성', 그리고 원자나

전자 등 미시세계에서 하나의 물체가 동시에 둘 이상의 상태로 있 거나, 둘 이상의 위치에 존재하는 '양자중첩' 등이 그것이다.

거시세계와 미시세계는 왜 이렇게 다를까? 그것은 우리가 거시세계에 적용하는 시간개념을 미시세계에 그대로 적용하기 때문이다. 미시세계를 측정할 때는 찰라와 같은 미시세계에 맞는 시간을 사용해야 되지 않을까? 소립자의 파동 측면과 입자 측면을 동시에 관찰하는 것이나 소립자의 위치와 속도를 동시에 측정하는 것이 불가능한 것은 그들이 매순간 변화하고 있기 때문이다. 양자중첩 또한 양자가 매순간 변화하고 있기 때문에 나타나는 현상이다.

이 우주는 뉴턴의 법칙이 적용되는 거시세계와 양자의 법칙이 적용되는 미시세계가 별개로 존재하는 것처럼 보이지만 결국 관점의 차이일 뿐이다. 거시세계는 거친 세계로 천천히 변하며, 미시세계는 섬세한 세계로 빠르게 변한다. 미시세계가 분명하지도 확정적이지도 않은 것처럼 보이는 것은 빨리 변화하는 속성의 미시세계를 거시세계의 시간으로 보기 때문이다.

미시세계에서 관찰자의 관찰행위에 의해 소립자의 특성이 바뀌는 것처럼 보이는 것도 같은 의미다. 미시세계에서 일어나는 일들은 현상적으로 드러나지는 않기 때문에 우리가 직접 볼 수는 없다. 그러나 거시세계가 원인과 결과가 분명한 것처럼 미시세계도 원인과 결과가 서로 연결되어 있으며, 미시세계와 거시세계도 서로 연결되어 있는 세계로 볼 수 있다.

미시세계와 거시세계의 연결고리는 시간이다. 미시세계의 원인에 의해 나타난 미시세계의 결과는 거시세계의 원인이 되며, 거시세계의 결과는 미시세계에서 일어나는 사건이 서로 연결되고 쌓여 겉으로 드러난 것이다.

미시세계에서 일어나는 일은 원인이 되고, 거시세계에서 일어나는 일은 결과가 된다. 거시세계는 미시세계가 축적되어 겉으로 드러난 것이므로 미시세계가 바뀌면 거시세계도 결과적으로 바뀌게 된다. 그러하니 거시세계를 이해하기 위해서는 미시세계를 정확하게 이해해야 되는 셈이다.

거시세계에서 원인불명이거나 원인을 명확히 규명하지 못하는 많은 질병들도 실은 미시세계에 대한 이해 부족에 기인할 수 있다. 질병의 원인이 세포이상이라면 세포이상을 초래하는 미시세계의 원인을 찾으면 된다.

다우징은 미시세계를 읽는 기술이다. 우리는 거시세계에 드러난 결과암에 대한 원인세포변이을 밝혀내기 위해 미시세계의 결과세포이상를 초래한 원인을기을 연구해볼 필요가 있으며, 다우징은 매우 간편하고 효과적인 방법이다.

기氣는 소립자적 특성을 보인다. 측정을 하지 않거나 측정을 하더라도 확인의 의사가 없을 때는 파동의 특성을 보여 감지되지 않는다. 그러나 관찰자로서 기를 감지하겠다는 의식을 하면 입자적 특성을 보이며, 측정 도구를 통해 반응을 보인다. 기는 양자의 또 다른 이름인지도 모른다. 향후 기의 종류별 특성이 과학적으로 명확하게 규명되면 다우징은 건강 장수와 세포이상에 기인한 질병의 원인을 가장 확실하게 검증해줄 수 있는 수단이 될 것이다.

제2절
다우징은 삶을 풍요롭게 하는 유용한 도구이다

직관을 믿어라

어떤 생각이 문득 떠올랐을 때 대부분의 사람들은 그냥 흘러버린다. 일부는 나중을 위해서 메모를 한다. 특별한 경우, 갑작스럽게 떠오른 생각을 바로 실행하는 사람도 있다. 오래전에 예약했던 비행기표를 갑자기 취소하기도 하고, 계획에 없던 여행을 하기도 한다. 멀리 살고 계신 부모님을 찾아가기도 하고, 오랫동안 못 만났던 친구를 방문하기도 한다. 문득 떠오른 그 생각 속에는 특별한 메시지가 담겨 있을 수 있다. 그 대상과의 교감이 있었을 수도 있고, 상대방의 신변에 뭔가 특별한 일이 일어날 징후가 예감되었을 수도 있다. 소중하지 않은 인연이 없듯이 의미 없는 교감도 없다. 갑작스럽게 스치듯 떠오른 생각들을 신중하게 관리할 필요가 있다. 신이 갑자기 당신을 통해 하고픈 일이 떠올랐을 수도 있고, 갑자기 당신에게 알려줘야 할 일이 생겼을지도 모르기 때문이다.

다우징을 하면 기도의 작동 메카니즘을 알 수 있다

기도는 정말 효과가 있을까? 효과가 없었다면 세상의 모든 종교는 진즉 사라지고 없을 것이며, 정화수 떠놓고 천지신명께 소원을 비는 민간신앙도 없을 것이다. 해마다 입시철만 되면 전국의 기도발 좋다는 기도명당들은 소원을 비는 사람들로 인산인해다. 수천 년 이어지고 있는 기도 풍습은 기도의 효험이 있다는 증거일지도 모른다.

서양의 양자이론이나 동양의 음양사상에서 우주만물을 구성하는 가장 기본이 되는 요소는 소립자이고, 기氣다. 소립자나 기는 입자의 특성도 가지고 있지만 파동의 특성도 가지고 있다. 물질과 비물질의 특성을 다 가지고 있다는 이야기다. 이들 소립자나 기는 모든 정보를 가지고 있는 에너지이며, 모든 가능성 또한 가지고 있다. 이들은 서로 장Field으로 연결되어 있고, 서로 소통한다.

인간의 기도는 뇌파를 통해 우주의 소립자 또는 기와 소통하는 행위이다. 강력하고 지속적인 기도는 미시세계가 작동하게 만들며, 미시세계의 축적된 결과는 거시세계의 원인이 되고, 궁극적으로 거시세계에 결과를 만들어낸다. 기도를 얼마나 집중해서 강렬하게 지속적으로 하느냐가 관건이다.

지구의 기운이 매우 약하여 전문가조차 기를 감지할 수 없는 상태에서도 고기능의 지기전문가는 염력念力, 생각의 힘으로 땅 기운을 감지할 수 있다. 그것이 약한 기운을 증폭시키는 힘이든, 자신의 기에 대한 민감도Sensitivity를 높이는 힘이든 그것은 기도의 힘이 분명하다.

명당은 '끌어당김의 법칙'이 작용하는 공간이다

페루에서 지하수 개발을 하던 시절, 작업을 하다가 점심때가 되면 농수로 주변에 있는 나무 그늘에 자리를 잡고 도시락을 먹곤 했다. 각자 마음에 드는 좋은 자리를 잡아 바닥을 정돈하고 매번 같은 자리에서 식사를 했다. 도시락은 현장에서 멀지 않은 마을에서 배달되어 오는데, 따가운 햇살 아래에서 땀 흘리며 일하다가 쉬면서 먹는 도시락은 그야말로 꿀맛이었다. 식사를 마치고 후식으로 마시는 구아바 쥬스의 상큼한 맛은 잊을 수가 없다.

어느 날 점심을 마치고 그 자리에 앉아서 쉬고 있는데, 왠지 편안하고 기분이 좋았다. 혹시나 하는 마음에 엘로드로 앉아서 점심을 먹었던 자리의 기운을 체크해보았다. 그런데 웬일인가? 며칠 동안 앉아서 점심을 먹었던 그 자리에 조화로운 기운인 음양기가 흐르고 있지 않은가? 어떻게 그 자리를 골라 앉았던 것일까? 우연이라고 생각은 했지만 기분은 좋았다.

부천에 있는 M마트에 물건을 납품하러 갔는데, 도착해보니 주차장이 꽉 차 있다. 어떻게 해야 하나 고민을 하는 순간 승용차 한 대가 후진을 하더니 주차장을 빠져나간다. 즐거운 마음으로 바로 주차를 하는데, 순간 요의尿意가 밀려왔다. 주차하는 자리에 생리활성에너지인 음양기가 흐른다는 신호다. 엘로드를 꺼내들어 기운을 체크해보니 역시나 음양기가 흐른다. 주차 고민을 하는 순간 주차장에 있던 차가 빠져나가는 것도 신기하고, 그 자리에 조화로운 기운이 흐르는 것은 더욱 신기하다.

같은 직장에 있는 K 이사랑 점심으로 바지락 칼국수를 먹기로 하고 승용차를 몰고 가오리역 근처의 Y 칼국수 집으로 갔다. K 이사가 먼저 들어가서 주문을 하고 자리를 잡는 동안 화장실을 다녀왔다. 칼국수를 맛있게 먹고 나오면서 슬쩍 엘로드를 꺼내 앉았던 자리의 기운을 측정해보았다. 음양기가 흐른다. K 이사가 자리를 잡았고, 난 그저 비어 있는 앞자리에 앉았을 뿐인데, 왜 내가 앉은 자리에 음양기가 흐르는 것인가? 천지의 조화로운 기운인 음양기에는 어떤 마법이 숨겨져 있기에 본인의 의지와 상관없이 자석처럼 끌어당기는 것일까?

다우징을 하면서 경험하는 것 중 가장 흥미로운 일은 차를 주차하는 일이다. 시내의 경우, 단속하는 CCTV가 많아 함부로 주차할 수도 없다. 많은 거래처를 다니다 보면 하루에도 10여 차례 이상 주차를 하게 되는데, 주변에 주차장이 없는 경우, 매번 고민을 하게 된다. 순간순간 고민을 하면서 재빠르게 주차를 하고 신속히 일을 보고 나서 주차한 자리의 기운을 확인해보면 항상 조화로운 기운인 음양기 위에 주차가 되어 있곤 했다. 초기엔 신기한 나머지 매번 엘로드로 측정을 하였지만 나중엔 순간적인 요의尿意로도 알 수 있었고, 잠시 앉아 있으면 호흡이 편해지는 것으로도 기운을 느낄 수 있었다. 본인의 의지와 상관없이, 마치 자석에 쇳가루가 끌리듯 항상 좋은 기운이 흐르는 음양기 위에 주차를 하게 되는 것은 무슨 까닭인가?

우주엔 '끌어당김의 법칙'이 존재하고, 음양 라인은 '끌어당김의 법칙'이 작동하는 공간이다. 음양기는 생명의 에너지를 주는 기운으로 음양기를 가진 생명체를 끌어들이고, 긍정적인 일들이 생기게 하는 마법의 기운이 틀림없다.

다우징은 수행자를 진화시킨다

사람이 살다 보면 특별한 사건을 통해 삶의 변곡점이 생기기도 하지만 우연한 계기로 삶이 바뀌기도 한다. 명상을 하다가 깨달음을 얻기도 하고, 고행을 통해서 득도를 하기도 한다. 독서를 통해 삶의 본질을 찾는 사람도 있고, 여행을 하다가 인생의 목적을 발견한 사람도 있다.

삶을 대하는 방식에 있어 이전과 달라진 자신을 보는 것은 신선한 경험이다. 다우징을 통하여 대자연의 기운과 교감을 하게 되고, 새로운 시선으로 세상을 바라보게 되면서 이것도 하나의 깨달음이 아닐까 하는 생각을 하게 된다.

일상에서 마주치는 우연적이고 긍정적인 신호들, 사물이나 현상을 대하면 떠오르는 직관적인 생각들, 개인의 의지에 의해 삶이 천천히 바뀌어가고 있음을 느끼고, 삶이 선택에 의해 바뀔 수 있다는 확신은 삶이 진화하고 있다는 증거이다.

다우징을 하면서 경험하고 있는 이 모든 것들은 이전의 자신에게서는 볼 수 없었던 일이다. 그런데 자신만 이 사실을 알 뿐, 세상은 어제의 나만 기억하고 있다.

생각이 에너지다

땅 기운은 참으로 변화무쌍하다. 엘로드만 들면 기다렸다는 듯이 반응하던 땅 기운이 전혀 느껴지지 않는 날이 있다. 음양기는 물론, 양기도 음기도 반응하지 않는다. 땅 기운이 사라져버린 것이다. 풍수지리 전문가들이 분명히 있었던 혈이 보이지 않는다고 하는 경우이다. 감춰둔 명당에 고객을 모시고 갔는데, 명당의 기운이 전혀 감지되지 않는다면 그 당혹감은 이루 말할 수 없을 것이다. 이럴 때 옛날 풍수사들은 '덕이 부족한 것 같다.'거나 이 자리의 '임자가 아닌 것 같다.'고 하였다. 참으로 기발한 둘러대기다. 땅의 사라진 기운을 불러내는 묘책이 있다. 마치 '알라딘과 요술램프'에서 낡은 램프를 닦아 램프의 요정 '지니'를 불러내듯이 말이다.

땅의 기운이 느껴지지 않는 날 엘로드를 손에 쥐고 정신을 집중하여 '이 땅의 기운을 느껴보고 싶다.'거나 '이 땅의 기운을 느끼게 해달라.'는 염원을 하면 신통하게도 엘로드가 반응한다. 마치 '주인님, 준비가 되었습니다.'라고 제스처를 취하는 것 같다. 염력念力이나 기도의 힘이 작동되는 것 같다. 양기와 음양기가 흐르는 곳에서 마치 진실을 드러내 보이듯이 반응한다. 강력하고 지속적으로 기원하는 동안만 유효하다. 생각이나 기원이 끊어지면 명령을 수행하고 사라지는 '지니'처럼 감쪽같이 사라져버린다. 홍미로운 것은 좌회전 에너지인 음기 위에서는 그 묘책이 작동하지 않고, 방금 전까지 작동하던 기운도 바로 사라져버린다. 생각의 힘이 작동되는 것도 신기하지만 그 힘이 작동되지 않는 공간이 있다는 것도 신기하다.

세상에서 가장 쓸모 있는 취미생활, 다우징

다우징은 무의식의 힘을 활용하는 기술이다. 무의식이란 자신의 행위에 대하여 자각이 없는 상태, 즉 자신의 행위에 대하여 지각작용이나 기억작용이 없는 의식 상태를 말한다.

지그문트 프로이트Sigmund Freud는 인간의 정신을 빙산에 비유하여 수면 위에 떠 있는 작은 부분이 의식이고 수면 밑의 큰 부분을 무의식이라 하였는데, 인간의 정신에서 대부분을 차지하는 무의식은 인간의 행동을 지배하는 힘을 지닌다고 하였다. 칼 구스타브 융Carl Gustav Jung은 무의식중에는 개인이 체험한 것 외에 어느 종족집단種族集團이 오랜 세월을 통해 체험한 것이 누적되어 종족의 성원成員이 공유共有하게 된 무의식도 있다고 주장하고, 전자를 개인적 무의식, 후자를 집단적 무의식이라고 하였다.

무의식을 활용한다는 것은 인간의 행동을 지배하는 힘을 활용하는 것이며, 개인 및 인류의 체험이 누적된 힘을 활용하는 것이다. 우리는 이 무의식의 힘을 활용하여 선사시대 조상들이 고인돌을 설치한 이유와 특정 지역에 있는 수목들이 수백 년 동안 죽지 않고 건강하게 살고 있는 이유를 이해할 수 있으며, 특정 위치에서 잠을 자는 사람들이 특별한 질병으로 고통받는 이유도 이해할 수 있다. 다우징은 무의식의 힘을 활용하는 좋은 예이며, 다우징을 하면 다음과 같은 유익한 점들이 있다.

다우징을 하면 직관력이 향상된다. 다우징을 하면 무한한 잠재력을 가지고 있는 무의식과의 교감을 통해 직관력이 생기게 되며, 다우징을 지속할수록 직관력이 향상된다. 다우징을 하면 대자연과의 교감이 가능해지고 삶이 풍요로워진다.

세상은 아는 만큼 보이고, 아는 만큼 느낄 수 있다고 한다. 다우징을 하면 지구의 기운에 반응하며 생장하는 수많은 동물과 식물들을 볼 수 있다. 새들이 특정 장소에 집을 짓고, 휴식을 취하는 이유를 알게 되며, 나무들이 장수하는 원인을 알게 된다. 한편으론 고통스럽게 뒤틀려 자라는 나무를 이해할 수 있으며, 어떻게 하면 그것을 벗어나게 할 수 있는지도 알게 된다.

다우징을 하면 자신감이 생긴다. 다우징은 특별한 기술이고 재능이다. 자신과 가족뿐만 아니라 타인을 위해 사용할 수 있고, 세상의 모든 식물과 동물의 건강한 생존을 위해서도 활용할 수도 있다. 이 얼마나 멋진 기술인가? 타인을 도울 수 있는 자신만의 특별한 능력을 갖게 되면 긍지와 자부심이 생길 뿐 아니라 매사에 자신감을 갖게 될 것이다.

다우징을 하면 세상을 보는 눈이 달라진다. 자연계에는 현상은 존재하지만 과학적으로 설명이 안 되는 일들이 많이 있다. 즉, 물리법칙이 지배하는 차원을 초월하는 영역이 있다. 다우징을 하면 그런 차원에서 일어나는 현상을 볼 수 있고, 느낄 수 있으며, 측정을 할 수도 있다. 노력할수록 자신의 기량이 향상되며, 자신에게 잠재되어 있는 무한한 가능성을 인지하게 된다. 미지의 세계에 대한 관심이 증대하고 두려움이 없어진다. 따라서 지금까지와는 다른 세상이 펼쳐지며, 세상을 보는 눈도 달라진다. 이 얼마나 멋진 일인가?

우리 집 명당 찾기

인간만 명당을 선호하는 것은 아니다. 동물들은 본능적으로 좋은 기운이 나오는 명당을 선호한다. 선호한다기보다는 삶 그 자체라고 보는 것이 옳을 것이다. 명당에는 죽은 사람을 위한 묏자리 명당이 있고, 사람이 살기 좋은 삶의 명당이 있다. 우리가 집에서 찾아야 할 명당은 당연히 생명에 유익한 삶의 명당이다.

동물들은 삶의 터를 고를 때 배산임수나 좌청룡 우백호를 따지지 않는다. 의미도 없고, 불필요한 일이기 때문이다. 인간들은 가끔 불필요한 것을 만들어 남을 구속하기도 하고, 스스로 속박되기도 한다. 하지만 동물들은 그냥 본능대로 한다.

제비가 처마에 집을 지었거나 비둘기나 까치가 베란다에 집을 지었다면 그 둥지를 가로질러 좋은 기운이 흐른다는 의미이다. 벽 귀퉁이에 벌이 집을 지어도 같은 의미이다. 집에 새집이나 벌집이 없다고 실망할 필요는 없다. 베란다에 나란히 놓인 화분 중에 오래도록 죽지 않고 잘 자라며, 특별히 더 생기 있는 화분이 있다면 그 화분이 있는 곳에 좋은 기운이 흐를 가능성이 있다. 아침에 일어나 창가로 다가가는데 자연스레 기지개가 켜지거나 소파에 앉아 TV를 보는데 자신도 모르게 하품을 한 적이 있다면 그 자리 또한 좋은 기운이 지나가는 곳이다. 음양기는 퇴화되었다고 생각하는 인간의 본능을 작동시키는 기운이기 때문이다.

지구상에는 동서남북, 사방팔방으로 에너지가 흐르는 라인이 있다. 그 라인 중에는 음기가 흐르는 라인도 있고, 양기가 흐르는 라인도 있으며, 음양기가 흐르는 라인도 있다. 좁게는 1~2m, 넓게는 7~8m, 평균적으로 4~5m 간격으로 이 기운들이 지나간다. 이 기운들 중 음기와 양기가 조화를 이룬 음양기가 생명에 이로운 기운으로 생명체를 건강하게 하는 명당의 기운이다.

집의 크기가 10평만 되어도 에너지 라인들이 최소한 몇 개는 지나간다. 그 중에 명당의 기운이 있을 수도 있고, 흔히 수맥으로 알고 있는 흉한 기운이 있을 수도 있다. 집에서 음기를 피하고, 음양기를 잘 활용하는 것이 건강하게 사는 비결이다. 풍수인테리어가 인기라고 하여 비싼 풍수인테리어를 사거나 분위기에 어울리지 않는 그림을 걸어놓을 필요도 없다.

지금 살고 있는 집에서 좋은 기운이 있는 곳을 찾는 데는 전통적 풍수의 어떤 것도 필요하지 않다. 집에서 키우는 반려동물이면 충분하다. 인간은 명당의 기운에 수동적으로 반응할 뿐이지만 동물들은 명당의 기운에 능동적으로 행동한다. 개나 고양이는 휴식이 필요하면 뚜벅뚜벅 걸어가서 명당 위에 그냥 털썩 주저앉아 쉰다.

개나 고양이는 최고의 풍수전문가다. 묏자리를 잡는 풍수를 말하는 것이 아니고, 생명에 유익한 명당을 찾는 고수이다. 집에 개나 고양이를 키운다면 유심히 관찰해보라. 고양이는 장소에 민감하고 집착한다. 특히 새끼를 밴 고양이는 휴식장소에 더 집착한다. 임신한 고양이가 자주 앉아서 쉬는 곳은 일단 좋은 기운이 흐르는 곳이다. 음양기를 알지 못하는 서양의 수맥전문가들이 음양기를 음기로 판단하여 고양이가 수맥을 좋아한다고 잘못 알려져 있지만 고양이는 생명의 에너지가 흐르는 음양기를 좋아한다. 개나 고양이의 능력을 잘 활용하면 불면증이나 우울증이 사라질 수도 있고, 변비가 사라질 수도 있다. 약국이나 병원에 가는 빈도가 줄어들 것이며, 건강 장수할 확률은 늘어날 것이다.

집안의 명당, 즉 좋은 기운이 있는 곳을 찾고자 한다면 꼭 다음과 같이 해보자.

첫째, 우선 좋은 기운을 찾고자 하는 방의 가재도구를 꺼내고 방을 비운다.

둘째, 집에서 키우는 개나 고양이를 그 방으로 데리고 와서 맛있는 먹이를 충분히 먹인 후 신나게 같이 놀아준다.

셋째, 휴식이 필요해진 개나 고양이가 휴식을 취하기 위해 눕는 장소에 문방구에서 산 색깔이 있는 스티커를 붙인다. 스티커를 붙인 자리에 물건을 놓아 그 자리에 눕지 못하게 하자. 그러면 다른 자리를 잡아 누울 것이다. 그 자리에 두 번째 스티커를 붙인다. 같은 방법으로 10회 정도 시행하면 한 줄기 또는 몇 줄기의 라인이 생길 것이며, 때로는 교차하는 라인이 생길 수도 있다. 교차하는 곳은 좋은 기운이 집중된 혈과 같은 곳이다. 그 라인이 그 방의 좋은 기운이 지나가는 곳이며, 명당 라인이다. 유심히 관찰해보면 개나 고양이는 항상 그 라인 위에서 휴식할 것이다. 다른 집에서 키우는 개나 고양이로 테스트해도 거의 같은 결과를 얻을 것이다. 임신한 고양이나 개는 좋은 기운에 더욱 민감해지므로 더 정확한 라인을 찾을 수 있다. 서재나 아이들 공부방도 마찬가지고, 거실도 같은 방법으로 찾으면 된다. 집에서 개나 고양이를 키우지 않으면 개나 고양이를 키우는 친구에게 부탁해서 같이 방문하라고 해서 같은 방법으로 찾으면 된다. 이 방법은 명당을 찾는 효과적이고 정확한 방법이다.

  개와 고양이가 알려준 라인에서 잠을 자보자. 가족 간의 정이 더욱 깊어질 것이며, 상쾌한 아침을 맞을 수 있을 것이다. 또 개와 고양이가 알려준 소파 위에서 휴식을 취해보자. 그 자리는 때때로 하품을 하거나 기지개를 켰던 자리이며, 자신도 모르게 호흡이 편해지는 자리이다. 어느 순간 거실이 휴양지처럼 느껴질지도 모른다. 개와 고양이가 알려준 자리에서 공부하는 아이들은 전보다 집중력이 좋아지고, 더 활기차지며, 더 원만한 성품을 갖게 될 것이다. 음양기는 그러한 특성을 갖는 기운이기 때문이다.

제2장
기(氣)를 통한 일상의 재발견

지구상에 존재하는 모든 생명체는 본능적으로 조화로운 기운이 있는 곳을 찾는다. 그곳은 생명의 항상성을 유지시켜 주는 곳이기 때문이다. 자유롭게 날아다닐 수 있고, 어디에든 앉을 수 있는 새들이 휴식하는 곳만큼은 반드시 가려서 앉는다는 사실은 단순히 쉬는 것 이상의 특별한 의미가 있는 것처럼 보인다.

제1절
기에 반응하는 우리 몸의 신호들

아는 만큼 보인다

미술사학자 유홍준 교수가 쓴 「나의 문화유산 답사기」에 보면 다음과 같은 말이 나온다. '아는 만큼 보인다.' 기의 세계를 접하면서 이만큼 적절한 표현이 또 있을까 싶다. 지구 내부로부터 나오는 여러 종류의 기운들은 책으로는 결코 배울 수 없는 신비한 기운들이다. 그 기운들을 느끼고, 구별하며, 기운들의 강도가 변하면서 기운이 바뀌는 것을 확인하는 것은 놀라운 경험이다. 게다가 각 기운들에 반응하는 동물의 행동이나 식물의 상태를 확인하는 것은 경이로움 그 자체이다. 지구의 기운을 알지 못하는 사람들에게는 우연이거나 그저 동식물의 습관적 행동이라고 생각할 것이다. 하지만 미시세계의 원인들에 의해 거시세계에서 일어나는 결과를 보는 것은 경험해보지 않은 사람은 결코 알 수 없는 신비로움이다.

본장을 읽다 보면 지금까지 우리가 무의식적으로 해왔던 행동들이나 동물들의 본능이라고 생각했던 습성들, 그리고 똑같은 관심과 정성으로 관리했던 농작물도 성장과 발육에 차이가 있는 것이 지구의 기운과 깊은 관련이 있다는 것을 이해하게 될 것이고, 땅의 기운에 의해 매순간 끊임없이 변화하는 세상이 새롭게 다가올 것이다.

세상은 아는 사람에겐 더 선명하게 보이는 마술이다.

변의(便意)의 변덕

어느 토요일 아침 김 과장은 와이프와 늦은 아침을 하고 탁자에 앉아 창밖을 보면서 커피를 마시고 있었다. 와이프와 시간 가는 줄 모르고 이야기를 나누다가 TV를 보려고 쇼파에 앉았다. 그런데 소파에 앉는 순간 갑자기 용변을 보고 싶은 생각이 들었다. 아침을 잘 먹었더니 용변을 보라는 신호가 오는구나 하고 화장실에 갔는데, 변기에 앉자마자 변의便意가 사라지고 아무리 용변을 보려고 애를 써도 소용없었다. 며칠 전에도 비슷한 일이 있었지만 그때는 억지로 용변을 조금 보았었던 것 같다. 뭔가에 홀린 듯한 생각이 들었지만 쥐고 있던 화장지를 내려놓고 그냥 방으로 돌아왔다.

누구나 가끔씩 경험하는 일이지만 대수롭지 않게 생각하고 지나친다. 왜 이런 일이 발생하는 것일까?

생명의 기운이자 생리활동을 원활하게 하는 음양기 때문이다.

우주의 조화로운 기운인 음양기陰陽氣는 대소변과 관련된 자율신경계에 영향을 미치는 것으로 보인다. 사실 생리활동을 활발하게 하는 것인지, 생리활동을 조절하는 기능을 무력하게 하는지 명확하게 이야기할 수는 없지만 그런 신비한 현상은 존재한다. 그래서 대소변이 어느 정도 차 있는 상태에서 음양기가 나오는 곳을 지나는 순간 갑자기 용변을 보고 싶은 생각이 드는 것이다. 막상 화장실에 가더라도 변기가 있는 곳에 음양기가 흐르지 않으면 아무 일도 없었던 것처럼 금방 용변을 보고 싶은 생각이 사라져버린다. 당황스럽기 그지없다.

갑작스럽게 똥이 마려운 것을 급똥이라 한다. 예상치 못한 장소나 시간에 변의便意가 밀려온다면 이 또한 난감한 일이다. 급똥은 음양기 때문에 발생한 것이므로 배탈 등의 특별한 경우가 아니라면 음양기 옆으로 장소를 조금 이동하면 변의가 사라질 것이다. 음양기는 참으로 신통한 기운이다.

변비 때문에 고생하는 사람도 많고, 평생 변비약을 달고 사는 사람도 있다. 음양기가 지나가는 곳에 양변기를 설치하면 대자연의 기운이 용변 보는 것을 도와줄 것이다. 만성이 되었다면 하루아침에 좋아지진 않겠지만 서서히 좋아질 것이며, 고통스럽던 화장실이 '쾌변실'이 될 수도 있다. 음양기 위에서 잠을 자는 산새들의 잠자리 아래 수북하게 쌓인 배설물은 음양기에 반응한 자연스런 생리활동의 결과이다.

참을 수 없는 마려움. 긴박뇨(尿), 절박뇨(尿)

코로나19가 창궐하던 2020년, 마스크 사업을 하는 지인의 요청으로 서울 시내와 수도권을 중심으로 거래처를 개척하고 있었다. 주로 대형마트를 거래하였는데, 위탁거래였기 때문에 입점을 하고 나서 일주일에 한 번꼴로 거래처를 방문하여 팔린 제품을 보충해주어야 했다. 그런데 항상 주차가 문제였다. 대형마트는 자체 주차장이 있거나 주변에 주차장이 있어 별 문제가 없었지만 중형급 마트는 주차장이 협소하거나 없어 주변을 돌다가 주차공간이 보이면 재빠르게 주차하곤 했다. 그런데 주차를 하고 시동을 끄는 순간 갑자기 소변이 마려웠다. 주차도 쉽지 않지만 화장실 찾는 것도 여간 힘든 일이 아니다.

80여 개쯤 되는 거래처를 관리하면서 그런 상황이 자주 반복되다 보니 걱정이 되었다. 나이 들어 몸을 돌보지 않고 일하다 보니 병이 생겼나 보다 하고 비뇨기과를 찾았다. 의사 선생님께 자초지종을 이야기하니 '긴박뇨' 같다면서 방광에 문제가 생겼는지, 요도에 문제가 있는지 정밀검사를 해봐야 하니까 시간 날 때 다시 오라고만 했다. 집에 돌아와 긴박뇨를 인터넷에서 검색해보니 '요도염이나 방광염의 증상으로 외요도 괄약근 조절이 미숙할 경우 발생하며, 요의를 긴박하게 느끼고, 참을 수 없는 현상'이라고 나온다. 나의 증세와 일치한다는 생각이 들자 걱정이 되었다.

병원은커녕 약국도 잘 가지 않을 정도로 건강하다고 자부해 온 터였다. 증세의 원인을 확인했으니 어떻게든 스스로 해결해보겠다고 마음먹었다. 그날 이후 그런 상황이 생길 때마다 인내심을 발휘해보았으나 불꽃처럼 솟아오르는 생리현상을 이길 수는 없었다. 도저히 참을 수 없는 끔찍한 경험을 몇 번 반복하자 절망감이 들었다.

고민이 깊어가던 어느 날 급하게 마트 화장실을 다녀온 후 혹시나 하는 마음에 엘로드를 꺼내들었다. 그날도 자동차를 주차하는 순간 긴박하게 요의尿意가 밀려왔었기 때문이다. 자동차 안이었지만 엘로드에 반응이 왔다. 차에서 내려 자동차를 한 바퀴 돌면서 기운을 체크해보니 운전석을 가로질러 한 줄기 음양기가 흘렀다. 좌우로 돌면서 몇 번을 반복해서 체크해보았다. 확실하게 음기와 양기가 감지되었다. 그동안 곤란한 상황을 겪었던 장소들을 떠올리며 그곳에 갈 때마다 자동차를 주차했던 곳의 기운을 체크해보았다. 확실하게 음양기가 지나가고 있었다. 드디어 긴박뇨의 원인을 찾았다. 나의 긴박뇨의 원인은 자연의 조화로운 기운이자 음기와 양기가 동시에 작동하는 음양기였다.

도대체 음양기가 배뇨기전의 뭘 건드린 건가? 음양기가 부교감신경을 자극시킨 것인가? 음양기는 세포를 활성화시키고 신진대사를 촉진시키는 기운이라고 믿고 있었는데, 생리현상을 촉발시키는 기운이 있음에 틀림없다. 땅의 기운과 배뇨기전 사이의 상관관계에 대해 의학계에서 관심을 가져보길 바란다.

필자의 긴박뇨는 질병이 아닌 음양기에 반응하는 생리현상임을 확인한 셈이고, 이후 요의를 느낄 때면 소변을 참지 않고 미리 화장실을 찾음으로써 스스로 조절 가능하게 되었음은 물론이다. 화장실에 가고 싶다고 느끼는 순간 배뇨하게 되거나, 참고 있던 소변이 화장실 문을 여는 순간 새어 나오는 것은 자연의 기운에 민감해진 사람이 음양기 위에서 겪을 수 있는 자연스런 현상이다. 지기地氣에 반응한 신체현상을 수술을 하거나 약물로 통제하는 것이 온당한 일인지 묻고 싶다. 산책하러 나온 개가 갈 길 바쁜 주인이 목줄을 끄는데도 음양기 위를 지날 때마다 허겁지겁 볼 일을 보는 모습이 눈에 아른기린다.

음양기는 신체와 교감하여 하품을 부른다

하품은 자율신경에 의해 무의식적으로 하게 되는 호흡이라고 한다. 표준국어대사전엔 '졸리거나 고단하거나 배부르거나 할 때, 절로 입이 벌어지면서 하는 깊은 호흡'이라고 정의되어 있다. 하품의 원인에 대한 의학계의 이론들도 다양하다. 산소를 크게 들이마셔 뇌의 온도를 낮추기 위한 목적이라거나 심장이나 뇌 등에 산소가 부족할 때 산소를 많이 공급할 목적으로 하품을 한다는 이론도 있다. 이 외에도 하품의 원인에 대한 다양한 의견들이 있다.

원인이 무엇이든 하품에는 조건이 필요하다. 지구의 조화로운 기운이자 생명의 기운인 음양기의 존재이다. 하품은 음양기 위에서 나온다.

하품은 수면부족으로 원기가 충분히 충전되지 않아 신체의 기력이 부족한 상황에서 지구의 음양기와 교감하여 음양기, 즉 원기를 받아들이는 행동이다. 그래서 하품은 그 기운이 발산되는 음양기 위나 음양기가 작동하는 기장氣場 안에서만 작동한다. 따라서 하품은 산소의 유입을 위한 호흡이라기보다는 지구의 음양 기운이 발산되는 곳에서 음양기를 받아들이는 행동이며, 하품에 동반되는 기지개는 신체에 있는 기의 통로를 열고 확장하는 행동이다.

지구의 음양 기운이 발산되는 라인 위에서 감각신경 세포들이 음양 기운을 감지하면 자율신경이 작동하면서 음양 기운을 받아들이기 위해 무의식적으로 하품을 한다.

하품은 억지로 되지 않는다. 졸리거나 고단하거나 기력이 없을 때, 휴식하고 있는 고양이를 다른 데로 보내고, 그 자리에 5분만 앉아 있어 보라. 고양이를 키우지 않으면 까치둥지 아래로 가서 방석을 깔고 5분만 있어 보라. 자신도 모르게 하품이 나올 것이다.

심호흡을 한다고 하여 마음이 상쾌해지거나 기분이 특별히 좋아지지는 않는다. 그러나 하품을 하거나 기지개를 켜면 순간 시원하고 상쾌한 느낌이 든다. 하품을 하면 세포를 각성시키는 지구의 조화로운 기운을 받아들이기 때문이다. 하품이 일반적인 호흡과 다른 이유이다.

하품은 왜 전염되는 것일까? 학자들의 연구결과에 의하면 하품 따라하기는 상대방에 대한 정서적인 공감의 표시이며, 자신과 친밀하거나 유대감이 깊은 사람일수록 하품을 따라할 확률이 높다고 한다. 한 실험에서는 종種이 다른 개를 모아놓고 하품을 했더니 70%가 넘는 개들이 하품을 따라했다고 한다. 이 실험결과를 상대방에 대한 정서적 공감이라거나 친밀함의 표시라고 할 수는 없을 것이다. 이탈리아 피사대학 동물행동학자인 엘리사베타 팔라기Elisabetta Palagi 박사 연구팀이 '사자들도 동료와의 유대강화 수단으로 하품을 따라하며, 이를 통해 집단 결속력을 높인다.'는 연구결과를 발표했는데, 그 논문은 국제학술지 '동물 행동Animal Behaviour'에 게재됐다.

앞에 언급한 바와 같이 하품은 지구 음양 기운에 대한 신체의 무의식적인 반응이며, 스포츠 경기 때 볼 수 있는 파도타기처럼 의식적으로 따라하는 것이 아니다. 인간이 아직 유지하고 있는 땅의 기운地氣에 대한 본능적인 반응이다. 개나 고양이 등 동물들은 음양기와 활빌하게 교김한다.

신생아는 동물들처럼 땅의 기운에 민감하게 반응한다. 그래서 신생아는 음양 기운 위에 있을 때 시도 때도 없이 하품을 한다. 신생아가 하품을 자주 하면 그곳은 좋은 기운이 있는 곳이니 안심해도 된다. 요람에 누워 있는 아이가 뒤척이고 불편해하면 개나 고양이가 앉아 있는 곳으로 요람을 이동해보자. 배가 고프거나 특별히 아프지 않는 한 하품을 하고 금방 새근새근 잠이 들거나 생글생글 웃게 될 것이다. 어른보다는 어린아이가 음양기에 민감하게 반응하여 하품도 잘한다. 가족과 같이 친밀한 사이에 하품 전염이 잘 되는 것도 타인들보다 기의 교감이 잘 되기 때문이고, 떨어진 공간에 있는 사람보다는 같은 공간에 있는 사람에게 하품 전염이 잘 되는 것도 같은 음양 기운 공간 안에 있는 사람끼리 기의 교감이 잘 이루어지기 때문이다. 지구상에서 가장 신비로운 것은 아마도 생명활동일 것이다. 자율신경은 대뇌의 판단이나 지시 없이 생명활동의 기본이 되는 중요한 기능들이 작동되도록 한다. 하품은 일상적으로 경험하는 자율신경의 작용으로 매우 신비로운 생명현상 중의 하나이다.

기지개를 부르는 기운, 세포를 깨우는 기운

자동차로 출퇴근을 하는데, 회사 근처에 들어서면 유달리 대기신호가 긴 곳이 있다. 유동인구도 없고 차량통행도 많지 않은데 왜 이리 신호가 길어야 하는지 모르겠다며 마음속으로 푸념을 하면서 신호가 바뀌기를 기다리는데, 자신도 모르게 양손이 머리 위로 올라가고 하품을 하면서 기지개가 켜졌다. 왠지 개운한 느낌이 들었다. 그런데 며칠 뒤 같은 장소에서 동일한 행동을 하고 있는 자신을 발견하였다. 이건 뭘까? 왜 이 자리에 오면 하품이 나고 기지개가 켜지는 것일까?

기지개는 잠을 푹 자고 일어나서 창가에 서성이다 보면 어느 순간엔가 하품을 하고 자신도 모르게 하는 행동쯤으로 알고 있다. 표준국어대사전에 '기지개'는 '피곤할 때에 몸을 쭉 펴고 뻗는 일'이라고 정의되어 있다. 깔끔하게 떨어지는 정의는 아닌 것 같다. 정작 피곤할 때엔 기지개를 켤 힘도 없다. 잘 자고 일어났으니 하품을 통해 몸속에 대자연의 기운을 듬뿍 집어넣고, 사지를 깨워 서서히 일을 시작해보자는 신호 같기도 하다. 그때 자신도 모르게 하는 기지개는 왠지 상쾌하고 시원하다. 의도적으로 기지개를 켜보라. 별로 상쾌하지도 시원하지도 않다. 왜일까? 기지개를 하는 장소에 비밀이 숨어 있다.

기지개를 켜는 장소는 음양이 조화를 이룬 음양기가 발산되는 곳이다. 그곳은 세포를 깨우고 세포에 활력을 주는 장소이다. 자신이 무의식중에 했던 행동들에 대해 조금만 더 관심을 가져보자. 그 행동들 중에 나의 의지와 상관없이 대자연의 신호에 반응하는 행동들이 있다는 사실에 놀라게 된다.

우리 몸은 물의 흐름에 반응한다

학창시절 단골로 다니던 이발소가 있었다. 50대 중반의 부부가 운영하였는데, 손님이 오면 번갈아 손님을 맞았다. 이발을 마치면 이발을 한 사람이 머리까지 감겨주었는데, 아저씨가 이발을 하면 꼭 아주머니에게 머리감기를 시키곤 했다. 손에 비누를 묻히기 싫어서 그러나 보다라고 생각했다. 그런데 뜻밖에 아주머니가 "우리 집 아저씨는 물을 만지면 소변이 마려워서 머리감기기를 안 하려고 한다."고 했다. "나도 그런 것 같은데." 하면서 같이 웃었다.

수도꼭지를 틀어 손을 씻다가 갑자기 소변이 마려워지거든 아직 본능이 살아있음을 기뻐하라. 그것은 지구의 좋은 기운을 느낀 내 몸이 그 기운에 반응하는 행동이기 때문이다. 음양기 위에서 하품을 하거나 기지개를 켜는 것처럼 기감이 예민한 사람은 자신의 의지와 상관없이 음양기에 생리활동이 영향을 받는다.

물과 음양기가 무슨 관련이 있을까? 물은 접촉하는 모든 물질의 기운을 담는다. 음기를 접촉하면 음기를 담고, 양기를 접촉하면 양기를 담는다. 공기 중에 흩어져 있는 땅의 기운들이 비에 스며 땅으로 떨어진 후 시냇물로, 강물로 흐르다가 땅 위의 조화로운 기운인 음양기를 띤 물질을 접촉하거나 음양기가 발산되는 곳을 지나게 되면 물은 음양기를 담게 된다. 음양기를 띤 물을 만지면 음양기 위에 있는 것처럼 그 기운으로 인해 발생되는 무의식적, 무의지적 행동들을 하게 된다. 자연의 기운에 민감해진 사람은 졸졸 흐르는 물을 보거나 물소리를 듣기만 해도 소변이 마려워질 수 있다. 그것은 물을 따라 흐르는 음양기와 교감이 되었을 때 나타나는 자연스런 현상이다. 폭포수 앞에서 기분이 좋아지고 활력이 살아나는 것도 생명의 기운인 음양기가 충만한 공간이기 때문이다. 우리 몸은 물을 따라 흐르는 기의 흐름에 자연스럽게 반응한다.

음기는 발목을 접질리게 한다

남대문 근처에 있는 직장에 다니던 때였다. 출근을 할 때는 항상 경의선 종착역인 서울역에서 내려 회사까지 걸어 다녔다. 빠른 걸음으로 10분 정도 걸으면 기분도 상쾌해지고 바쁘게 움직이는 시장 사람들을 보면 새로운 활력이 샘솟았다. 어느 날 평소처럼 빠른 걸음으로 걸어가다 남대문 근처에 있는 약국 앞에서 발목을 접질렸다. 보도블럭이 끝나고 아스팔트가 시작되는 곳이었는데, 발에 힘이 빠지면서 하마터면 넘어질 뻔했다. 다행히 통증은 없었고, 발목을 돌려보니 이상이 없는 것 같아 대수롭지 않게 넘어갔다. 일주일쯤 지났을까? 이번엔 퇴근길이었는데, 경의선 발차시간에 맞추기 위해 서둘러 걸어가다가 발목을 접질렸다. 순간 지난번 발목을 접질렸던 장소라는 것을 알았다. 같은 장소에서 두 번씩이나 발목을 접질리고 나니 조금 이상하다는 생각이 들었고, 혹시 수맥이 지나가는 자리는 아닌지 궁금했으나 바쁜 일상에 쫓겨 잊어버리고 있었다. 그러던 어느 날 불현듯 발목을 접질렸던 그곳이 궁금해졌다. 엘로드를 들고 지난번 발목을 접질렸던 곳으로 갔다. 대형빌딩을 신축하고 있는 곳이어서 위치를 정확하게 기억하고 있었다. 예상했던 대로 그 자리엔 수맥이라 부르는 좌회전 음기가 흐르고 있었다. 음기는 발목 등 관절에 작용하는 힘을 순간적으로 약화시키는 기운이 틀림없다. 그 이후로는 그곳을 지날 때마다 의식적으로 조심하다 보니 다시 발목을 접질리는 일은 없었다.

음기는 파괴적 특성을 가지는 좌회전 에너지다. 의식을 하고 조심하면 막을 수 있지만 무의식중이나 방심하면 언제든지 해를 끼칠 수 있다. 고층건물 공사현장에 이런 음기가 흐르는 곳이 있을 경우 조심해야 한다. 고층에서 작업을 하다 순간 발목에 힘이 빠지면서 추락사고로 이어질 수 있기 때문이다. 사고란 본인의 부주의로 일어날 수도 있지만 본인의 의지와 상관없이 일어날 수도 있다.

가끔 도로변에 '사고 다발지역'이란 팻말들이 걸려 있는 것을 본다. 사고가 빈발하는 곳이니 주의하라는 경고이다. 고층건물 공사장의 음기가 흐르는 지역에 '발목 접질림 주의지역'이라는 안내 팻말을 걸어두면 어떨까?

집 주변이나 자주 가는 곳에서 발목을 접질린 사람들은 그 장소를 기억해두고, 그곳을 지날 때 음기를 의식하라. 의식하면 절대 발목을 접질리지 않는다. 의식의 힘이 음기보다는 강하기 때문이다.

제2절
기에 반응하는 동식물들

기지개를 켜는 동물

　사람만 기지개를 하는 것은 아니다. 가끔 개나 고양이가 사지를 쭉 뻗고 늘어져라 기지개를 켜는 것을 볼 수 있다. 닭도 기지개를 켠다. 한쪽 다리와 날개를 쭉 펴고 기지개를 켠다. 전문가들이 이야기하는 개나 고양이가 기지개를 켜는 이유는 다양하다. 근육이완을 위한 스트레칭이라거나 같이 놀고 싶다는 의사표시라고 한다. 호감의 표현일 수도 있고, 또 공격할 수 있다는 경고의 의미라고도 한다.
　무의식중에 하는 기지개를 스트레칭이라고 할 수는 있겠으나 사람이 하는 기지개를 같이 놀고 싶다는 의미나 호감 또는 공격의 표현이라고 할 수는 없을 것이다. 기지개에 이어지는 동물들의 행동들 때문에 이런 오해를 가져오긴 하지만 그런 이유로 기지개를 켜는 것이 아니다. 하품을 동반하는 경우, 하품은 산소와 더불어 기를 받아들이는 행동이고, 기지개는 조화로운 기운인 음양기가 원활하게 흐를 수 있도록 기의 통로를 열어주는 동작이다. 음양기가 흐르는 곳에서 자연스럽게 나오는 기지개와 음양기가 없는 곳에서 인위적으로 하는 기지개는 상쾌함에서 전혀 다르다. 의심이 가거든 개나 고양이가 기지개를 켤 때마다 그 자리에 스티커를 붙여보라. 아마도 같은 자리이거나 동일한 라인일 것이다. 그 라인은 세포를 깨우고 심신을 편안하게 할 뿐 아니라 생리활동을 활발하게 하는 조화로운 기운인 음양기가 발산되는 라인이다.

새들의 은밀한 휴식처

이른 아침 주택가 근처의 공원을 산책하다 보면 다양한 종류의 새들을 만나게 된다. 아침 먹이활동이 끝난 새들은 제각기 선호하는 곳에 앉아 휴식을 한다. 나뭇가지나 전봇줄 위에 홀로 앉아 노래 부르기도 하고, 때로는 두 마리가 사랑싸움을 하기도 한다. 비를 맞으면서도 눈을 맞으면서도 휴식한다.

새들은 아무 데서나 쉬지 않는다. 지구의 음양기가 흐르는 곳에서 휴식을 취한다. 먹이를 먹다가 깜짝 놀라 나무 위로 날아올랐을 때조차도 곧바로 음양기가 흐르는 위치에 있는 나뭇가지에 앉는다. 먹이활동을 할 때를 제외하고는 항상 생명에 이로운 기운인 음양기가 흐르는 장소에서 생활한다.

지구상에 존재하는 모든 생명체는 본능적으로 조화로운 기운이 있는 곳을 찾는다. 그곳은 생명의 항상성을 유지시켜 주는 곳이기 때문이다. 자유롭게 날아다닐 수 있고, 어디에든 앉을 수 있는 새들이 휴식하는 곳만큼은 반드시 가려서 앉는다는 사실은 단순히 쉬는 것 이상의 특별한 의미가 있는 것처럼 보인다.

개와 고양이는 명당에서 용변을 본다

개나 고양이를 키워본 사람들은 가르쳐주지 않아도 그들이 용변을 항상 같은 곳에 보는 것을 알고 있다. 같은 곳에서 용변을 보는 것이 마치 그곳을 화장실로 정해놓고 보는 것 같아 신기해하기도 한다.

아침이나 저녁에 근린공원에 나가 보면 개를 산책시키는 사람들이 많다. 이리저리 개에 이끌려 다니다가 개가 용변을 보면 정성껏 치운다. 주객이 전도된 느낌이다. 개를 산책시키다 보면 개가 나무나 바위 또는 풀 등의 냄새를 맡고 용변을 보는 것을 볼 수 있다. 개들이 어떻게 음양기를 알아보는지는 알 수 없으나 냄새를 맡는 행동을 한 후 용변을 본다. 개가 용변을 보는 곳은 음양기가 흐르는 곳이다. 매일 산책을 하면서 개가 용변을 보는 곳을 체크해보면 항상 같은 곳에서 용변을 보는 것을 확인할 수 있을 것이다. 길고양이나 다른 야생동물들도 항상 같은 장소에 용변을 본다. 동물들은 집을 짓고 새끼를 키우는 곳과 같은 조화로운 기운이 있는 곳, 생리활동을 활발하게 하는 음양기가 흐르는 곳, 즉 명당에서 자연스럽게 배설을 한다.

송전탑을 두려워하지 않는 까치

화순 만연사의 배롱나무를 보러 갔다가 내려오는 길이었다. 서울 올라가는 길을 재촉하고 있는데, 논 가운데 세운 송전탑 꼭대기에 까치집이 눈에 띄었다. 송전탑 위의 까치집을 볼 때마다 궁금했었다. 까치는 왜 저 위험한 곳에 집을 지을까?

송전탑 위에 지어진 까치집

송전탑을 쳐다보면서 신기해하고 있는데, 논 근처에 사는 한 농부가 "그놈의 까치들이 아무리 쫓아도 소용이 없고 결국 집을 지어 버렸네요." 하면서 말을 건넨다. 송전탑 아래를 몇 바퀴 돌면서 기운을 체크해보니 까치집이 있는 방향으로 음양 기운이 흐른다. 기운의 방향은 동서 방향으로 만연사 배롱나무에서 범종을 가로질러 느티나무까지 이어졌던 동서 방향과 동일하다. 만연사 대웅전 왼편에 있던 커다란 감나무 두 그루를 관통하고 있던 음양기도 동서 방향이었다. 까치와 송전탑의 유해 여부를 다퉈봐야 무슨 실익이 있을까마는 인간보다 땅 기운에 예민하고 철저하게 좋은 기운을 찾는 까치가 송전탑에 집을 짓는 것은 어떻게 이해해야 할까? 인간들은 진실보다는 이해관계나 득실을 우선시하니 언젠가 진실을 알 수는 있으려나?

명당에서 겨울잠을 자는 동물들

높은 산엔 아직 잔설이 남아 있는 이른 봄, 채소라도 심을 요량으로 쇠스랑으로 밭을 일구다 깜짝 놀랐다. 파헤쳐진 흙속에 얼룩무늬가 선명한 개구리가 앉아 있지 않은가? 아마도 그곳에서 겨울잠을 자고 있었던 것 같다. 당황스런 상황에 눈만 껌벅일 뿐 움직이지는 않는다. 미안한 마음에 얼른 흙을 덮어주었다.

음양기 위에서 겨울잠을 자는 개구리

겨울잠을 자는 동물들은 유전자에 어떤 믿음이 있기에 목숨을 건

모험을 계속해 온 것일까? 겨울잠에도 자연의 섭리가 작동되고 있는 것은 아닐까? 겨울잠을 자는 모든 동물들은 가을 내내 몸을 충분히 살찌운 후 겨울잠을 자러 들어간다. 아무 데나 들어가는 것이 아니라 그들의 생명에 항상성을 부여하고, 모든 기관들을 최적의 상태로 유지시켜 주는 음양기가 흐르는 곳, 즉 명당으로 찾아들어 간다. 대자연의 조화로운 기운이 발산되는 곳에서 겨울잠을 잔다. 굴속이든, 바위 밑이든, 땅속이든 그들이 본능적으로 감지할 수 있는 기운인 음양기가 흐르는 곳에서 한겨울을 보낸다. 축적했던 에너지를 다 소비하여 체력은 떨어져 있지만 말쑥한 모습으로 새봄을 맞이할 수 있는 것은 대자연이 주는 생명의 기운인 음양기 즉, 원기를 통하여 생명활동을 하기 때문이다.

문득, 광산 지하갱도의 음양기가 흐르는 곳에 '생명존'을 만들어 평소엔 휴식공간으로 사용하고, 비상시에 대피소로 활용한다면 좋겠다는 생각을 해본다. 식량이 고갈되고 산소까지 희박한 극한의 상황에서도 겨울잠을 자는 동물들처럼 생명활동을 유지시켜 주는 생명의 기운을 이용할 수 있기 때문이다.

고양이는 아프면 명당으로 간다

고향집은 마을에서 1킬로미터쯤 떨어진 산자락에 있는 외딴집이다. 집을 지키는 믹스견인 진돗개가 한 마리 있는데, 어렸을 때 정을 주지 않아서인지 사람을 잘 따르지 않고, 닭이나 다른 짐승들을 물까봐 묶어놓고 기른다. 헛간엔 길고양이들이 가끔 드나드는데, 집에서 키우진 않지만 밖에서 살다가 가끔씩 들른다. 평소엔 낯선 이를 대하듯이 경계하고 피하는데 어떤 날은 다가와 몸을 부비기도 한다.

　어느 날 암고양이 한 마리가 괴성을 지르면서 헛간으로 들어가기에 따라 들어갔더니 앞 발목이 부러져 덜렁거린다. 깜짝 놀라 상태를 확인해보고 싶었지만 다가가자 다친 몸을 끌고 짐을 쌓아둔 헛간 안쪽으로 사라져버렸다. 며칠 뒤 헛간에 들어갔더니 한쪽 구석에 앉아서 다친 발을 혀로 연신 핥고 있었다. 살금살금 다가갔더니 다시 벌떡 일어나 달아나 버렸다. 뒤태를 보니 새끼를 밴 것처럼 배가 볼록하였다. 임신을 한 것 같은데 사고를 당해 마음이 아팠다. 그 뒤로도 가끔씩 헛간의 같은 자리에서 마주쳤다. 항상 앉아서 상처를 핥던 그곳의 기운을 확인해보니 음양기가 지나고 있었다. 원래부터 애용했던 자리인지는 알 수 없으나 사고가 난 이후 항상 그 자리에서 상처를 어루만지곤 했다.

　그 후 어느 날 헛간에서 가냘픈 고양이 새끼들의 울음이 들렸다. 혹시나 하는 마음에 급히 헛간으로 들어갔는데, 인기척을 느낀 어미와 새끼들이 재빨리 달아나 숨어버렸다. 안쓰러운 마음이 들어 먹이를 가져다주고 자리를 피해 주었더니 잠시 후 어미와 새끼들이 다시 돌아와 그 자리에 앉아 있었다. 고양이는 땅의 기운, 특히 음양기를 아주 선호하는 것 같다. 음양기가 흐르는 곳에 상처가 난 몸을 이끌고 와서 상처를 치유하고, 그곳에서 새끼를 낳아 키우고 있질 않는가?

야생동물 아지트

　도시생활을 하다 보니 물려받은 밭뙈기를 수년째 돌아볼 틈이 없었다. 모처럼 시간을 내어 시골집을 가는 길에 밭을 둘러보았다. 1,000㎡ 이상 되는 밭에 풀이 1미터 이상 자라서 밭 안으로 들어갈 엄두가 나지 않았다. 주인의 손길이 미치지 않은 밭은 불과 몇 년 만에 잡초만 우거진 황무지가 되어 있었다. 올해엔 새롭게 뭔가를 해야겠다고 다짐하고 밭 이곳저곳을 둘러보았다. 그런데 웬일인가? 풀밭 사이사이로 수많은 미로들이 나 있는 것이 아닌가? 그 몇 년 사이 덤불이 우거진 밭이 야생동물의 아지트가 되어 있었다. 야생동물들이 드나들던 개구멍이 좋은 기운이 흐르는 곳이라는 걸 알고 있었으므로 엘로드를 들고 미로들을 체크해보았다. 거미줄처럼 얽혀 있는 미로가 전부 좋은 기운들의 통로였다. 멧돼지와 너구리들이 드나들고, 족제비, 길냥이, 뭇야생동물들이 제집처럼 드나들던 길들이 아무렇게나 만들어진 길이 아니었다.

　야생동물들은 먹을 때를 제외하고는 항상 좋은 기운 위에서 살며, 하다못해 걸어 다닐 때조차도 좋은 기운이 흐르는 곳으로만 다닌다. 음양 기운이 끊어지는 곳에서는 어떻게 하느냐고 걱정할 필요는 없다. 음양 기운은 바둑판처럼 이어져 있고, 대각선으로도 이어져 있어 결코 끊어지지 않는다. 우거진 수풀 속의 미로들은 명당 길이었다.

뱀이 땅 기운을 알까?

1

고향집 밤 농장엔 유달리 뱀이 많다. 밤을 먹는 벌레들이 많다 보니 곤충도 많고, 개구리도 많다. 살모사와 꽃뱀이 특히 많은데, 살모사는 독이 있어 경계대상이다. 더구나 낙엽색과 구분이 잘 안 되어 갑작스럽게 발견하게 되는 경우 깜짝 놀랄 수밖에 없다. 유혈목이라고도 불리는 꽃뱀 또한 독이 있는 뱀인데, 초록 바탕에 목 부분이 검정과 빨강 빛깔로 눈에 확 띄는 데다가 긴장하면 코브라처럼 목 부위를 납작하게 하고 곧추서므로 섬찟하기까지 하다.

한 번은 알밤을 주우러 밤밭으로 가고 있는데, 길 위에 쉬고 있던 꽃뱀이 인기척에 놀랐는지 재빠르게 산비탈 아래로 도망을 간다. 재빠르게 쫓아갔지만 덤불 속으로 숨어버렸다. 처음 뱀이 있던 곳으로 올라와서 엘로드로 지기를 확인해보니 음양기가 감지되고, 뱀이 내려간 방향으로 흐르고 있다. 음양기를 따라 도망을 간 것 같다.

밤을 줍고 있다가 30분쯤 후에 다른 위치에서 또 꽃뱀을 발견하였다. 이번엔 뱀이 산 위쪽으로 도망을 간다. 재빠르게 뱀을 쫓아가는데, 뱀 앞쪽에 흙을 쌓아 올린 조그만 언덕이 있었다. 뱀이 더 이상 앞으로 도망갈 수 없게 되자 뒤로 돌더니 내 쪽으로 돌진해오는 것이 아닌가? 예기치 못한 상황에 화들짝 놀래 얼른 피했더니 처음 있었던 곳으로 쏜살같이 내려갔다. 흙언덕 옆으로 도망가지 않고 왜 왔던 길로 방향을 바꿨을까? 확인해보니 언덕 옆으로는 도망갈 음양기가 없었다. 뱀이 위험을 무릅쓰고 돌이선 이유는 생명의 길 그 자체나 다름없는 음양기 때문인 것 같다. 뱀에게 음양기는 곧 길이기에 음양기가 흐르지 않는 곳으로는 도망도 가지 않았다.

2

'땅에서는 귀뚜라미 등에 업혀 오고, 하늘에서는 뭉게구름 타고 온다.'는 처서處暑가 지나고 나니 하루가 다르게 아침, 저녁엔 쌀쌀한 기운이 돈다. 출근을 하여 건물 주변을 한 바퀴 돌고 사무실로 가기 위해 건물 안으로 들어오는데, 건물 안쪽 문틈에 지렁이처럼 기다란 것이 눈에 띄었다. 오늘은 비도 오지 않고 화창한데 지렁이들이 왜 들어왔을까 하고 문을 젖히다 깜짝 놀랐다. 지렁이가 아니라 20센티미터쯤 되는 새끼 물뱀이었다.

건물이 수변공원 옆에 있다 보니 가끔 뱀이 건물 안으로 들어오는 일은 있었다. 사람들이 오기 전에 서둘러 쓰레받기에 새끼 뱀을 담은 후 천변 풀밭에 놓아주었다. 어린 뱀은 풀어주자마자 풀밭을 1미터쯤 가다가 방향을 살짝 틀더니 10여 미터를 곧장 기어가다가 이내 나무 밑동 옆에 있는 구멍으로 들어갔다. 문득 전에 시골집 밤밭에서 뱀이 음양기를 따라 도망가던 일이 생각났다. 새끼 뱀이고 인간한테 잡혔다 풀려난 뱀이니 어떤 경로로 갔을까 궁금해졌다. 그래서 처음 놓아준 자리와 방향을 튼 자리, 마지막 구멍으로 들어간 자리를 돌로 표시하고, 사무실에서 엘로드를 가져왔다. 확인하는 과정은 항상 설렘 반, 걱정 반이다. 이전에 확인했던 사실들과 다른 결과가 나올지도 모르기 때문이다. 처음 놓아준 자리는 지기가 느껴지지 않았으며, 새끼 뱀이 방향을 튼 곳에서 음양기가 감지되었고, 마지막 구멍으로 들어간 곳까지 음양기가 직선으로 흐르고 있었다. 땅의 기운과 관련해서는 예외가 없는 것 같다. 생명이 있는 것들은 조화로운 생명의 기운인 음양기를 본능적으로 찾아간다.

새똥의 추억

고향집에 들렀다가 서울로 올라가는 길이었다. 어렸을 적에 살던 마을 아저씨뻘 되는 분이 차 한 잔 하고 가라 하기에 차를 동네 어귀의 다리 위에다 세워놓고 총총걸음으로 가서 구운 고구마에다 커피 한 잔을 마시고 나왔다. 그런데 어떤 새가 그랬는지 운전석 앞유리 위에 똥을 싸놨다. 서울까지 족히 5시간은 걸리기에 산뜻한 마음으로 드라이브를 하려고 깨끗하게 세차까지 했는데 이런 일이 벌어졌다. 헌데 기분이 나쁘지는 않다. 바쁜 마음에 서둘러 주차를 했었는데, 좋은 기운 위에 주차를 했다는 증거를 보았기 때문이다.

확인차 다리 위 주차한 자리의 지기를 체크해보니 운전석을 가로질러 음양기가 지나가고 있었다. 근처를 둘러보니 새는 보이지 않고 가까운 곳에 있는 전봇대 위에 까치집이 있는 것으로 보아 범인은 까치였나 보다. 아마도 못 보던 승용차가 깨끗하게 세차까지 되어 있어 호기심에 내려앉았다가 실례를 한 것 같다. 새들은 음양기 위에서 휴식을 취하고 배설을 한다. 새들의 배설물을 보고도 반갑게 느껴지고 기분이 좋아지는 것은 아직까진 음양기를 아는 자만의 특혜일 것이다.

혹시라도 야외 드라이브를 하다가 주차를 했는데, 운전석 앞유리나 차 위에 새의 배설물이 있거든 화내지 말고 기뻐하자. 명당의 조화로운 기운이 끌어당김의 법칙을 실행하여 당신을 그 자리로 인도하였고, 새가 그걸 확인시켜 준 것이다. 그런 일이 반복되거든 당신의 본능이 아직 살아있음을 기뻐하라.

(1) 지렁이와 지기(地氣)

지렁이를 사랑한 찰스 다윈

진화론의 창시자이자 '종의 기원'을 쓴 찰스 다윈은 40년이 넘는 긴 세월 동안 지렁이를 연구했다. 지렁이에 대한 지대한 관심과 깊은 애착이 없었다면 그토록 오랜 세월을 지렁이 연구에 매달릴 수 없었을 것이다.

다윈이 가족과 함께 거주했던 런던 남동쪽에 있는 다운 하우스의 집 거실 항아리엔 지렁이를 키우고, 집 근처 정원엔 지렁이를 풀어놓고 시간 나는 대로 지렁이의 습성을 관찰하고 지렁이가 어떻게 토양의 질을 변화시키는지에 대해 연구했다.

오랜 연구 끝에 다윈은 지렁이가 낙엽을 잘게 분해할 뿐 아니라 작은 돌까지 부수어서 똥으로 배출해 건강한 무기질 흙을 만듦으로써 토양을 비옥하게 한다는 것을 알게 되었다.

협심증을 앓고 있었던 다윈은 건강이 악화되자 그동안의 연구결과를 토대로 생애 마지막 작품인 지렁이에 관한 책의 집필에 들어간다. 그 책이 출간되고, 이듬해인 1882년 다윈은 향년 73세를 일기로 세상을 떠났다.

지렁이 때문에 작물이 잘 자라는가?
작물이 잘 자라는 땅이어서 지렁이가 사는가?

 음양 기운이 교차하는 곳에 심은 백일홍이 빨리 자라는 것을 확인한 후, 서둘러 엘로드로 새로운 음양 라인 교차점을 찾았다. 교차 지점에 직경 30cm 정도의 구덩이를 파는데, 구덩이마다 어른 새끼손가락만큼 큼직한 지렁이들이 연거푸 나온다. 우연이겠지 하면서도 가뭄 때문에 건조해진 땅에 지렁이가 살고 있다는 것이 믿기지 않았다. 지렁이는 원래 적당히 촉촉한 땅에 살고 있지 않은가? 뜻밖의 상황에 고개를 갸우뚱하고 있는데, 문득 친환경 농법 중의 하나인 지렁이 농법이 머리를 스친다. '지렁이는 토양을 비옥하게 하기 때문에 지렁이가 사는 토양은 작물이 잘 자란다.'고 했었다. 지렁이가 흙과 유기물 및 미생물 등을 섭취하여 배설한 것을 '분변토'라 하는데, 이것은 깨끗하고 안전한 천연비료로서 토양을 비옥하게 한다고 한다.
 게다가 지렁이가 땅속을 파고 다니면서 뭉친 흙을 풀어주고 공기와 수분이 잘 통하게 하여 토양 속 미생물들이 잘 살 수 있도록 하고 작물의 뿌리가 잘 자라게 한다는 것이다. 그런데 지금 보니 지렁이가 식물이 선호하고 잘 자라는 음양기가 흐르는 라인에 서식하고 있는 것이 아닌가?

지렁이는 땅속에서 평생을 살아간다. 그러므로 땅은 지렁이에게 삶의 터전이다. 지렁이는 땅속 환경에 가장 민감하고, 땅의 영향을 가장 많이 받는다. 그러니 지렁이는 땅 자체라고 하여도 무방할 것이다. 땅 위에 사는 모든 생명들이 삶의 최적 환경을 추구하듯이 지렁이도 최적의 땅속 환경을 추구할 것이다. 지렁이가 최적의 땅속 환경을 누리고 있으리라는 데 의심의 여지가 있을 수 없다.

지렁이는 땅속 환경의 바로미터이다. 지렁이가 살 수 없는 땅은 생명이 살 수 없는 죽은 땅이고, 지렁이가 잘 사는 땅은 음양기가 흐르는 곳으로 모든 생명이 좋아하고, 작물 또한 잘 자라는 환경이다. 지렁이도 다른 생명체처럼 그곳을 좋아하여 음양기가 지나는 곳에 살고 있을 뿐이다. 그럼에도 불구하고 다윈이 40년 동안 연구한 후 내린 결론처럼 지렁이가 배설한 똥으로 인해 비옥해진 무기질 토양이 작물이 잘 자라는 데 도움이 될 거라는 생각을 반박할 수는 없을 것 같다.

지렁이의 밤나들이

달빛이 구름에 가려 어슴푸레한 저녁 수변공원 산책을 나섰다. 천천히 발길을 옮기고 있는데, 발을 내딛는 순간 느낌이 이상하여 순간 멈칫하였다. 발 아래 가늘고 기다란 것이 천천히 지나가고 있는 것 같았기 때문이다. 확인하기 위해 휴대폰의 후레쉬를 작동시켜서 자세히 보니 뱀은 아니고 커다란 지렁이였다. 후레쉬 불빛에 반사한 지렁이의 몸이 영롱하게 반짝였다. 비 오는 밤도 아닌데, 이 큰 지렁이가 왜 땅 밖으로 나왔으며, 눈도 없는데 어디로 가는 것일까? 몸을 움츠렸다 폈다를 반복하며 천천히 어딘가로 가고 있었다. 직선으로 50cm쯤 가다가 방향을 틀더니 곧장 기어갔다. 순간 확인해보고 싶은 것이 있어서 돌멩이를 서너 개 주워 처음 지렁이를 발견한 곳과 방향을 튼 곳, 그리고 가고 있는 방향에 놓았다. 곧장 가던 지렁이는 배수로 덮개에 뚫린 구멍을 통해 배수로 안으로 미끄러져 들어갔다. 그 배수로 안에는 이름 모를 풀이 자라고 있었는데, 가끔 배수로 덮개뚜껑의 구멍으로 잎들이 삐져나오곤 하여 볼 때마다 삐져나온 부분만 제거하곤 했던 곳이었다. 빛도 거의 없는 배수로 속에서 자라는 게 신통하다고 생각하기도 했었다. 다음날 아침 엘로드를 들고 지렁이가 지나간 곳의 기운을 확인해보았다. 지렁이를 처음 발견했던 곳에서 음양기가 감지되었다. 방향을 틀어 배수로 안으로 들어간 곳에서도 음양 기운이 감지되었다. 배수로 안에서 잘 자라던 이름 모를 풀은 생명의 에너지가 흐르는 곳에서 자라고 있었던 것이며, 늦은 밤에 행차를 한 지렁이도 생명의 기운이 있는 곳으로 거처를 옮긴 것이었다. 아무 생각 없이 기어 다니는 것만 같았던 지렁이가 흐릿한 달밤에 배수로 안의 좋은 기운이 흐르는 곳에 이름 모를 잡초가 만들어 놓은 촉촉하고 기름진 환경으로 이사를 간 것이다.

코끼리 무덤과 지렁이의 죽음

코끼리는 죽을 때가 되면 스스로 무리를 이탈하여 코끼리 무덤으로 가서 죽는다는 이야기가 있다. 그런데 지금까지 그런 이야기만 있을 뿐 코끼리 무덤을 직접 본 사람은 없다고 한다. 코끼리가 어린아이 수준의 지능을 갖고 있다 하니 언뜻 그럴 수도 있겠다는 생각은 든다. 그런데 이것은 인간이 지어낸 이야기일 뿐 사실과는 다르다. 사냥이 금지된 지역에서 밀렵꾼들이 코끼리를 사냥하여 상아를 남획하고서 '밀림 깊은 곳에 있는 코끼리 무덤에서 가져왔다.'고 거짓말을 한 것인데, 이 말이 확산된 것이라고 한다.

비가 오면 아스팔트 위나 시멘트 포장된 도로 위, 심지어는 건물 복도까지 지렁이들이 기어 들어와 죽어 있다. 지렁이를 연구하는 사람들은 지렁이가 피부호흡을 하기 때문에 비가 많이 와서 땅속이 물로 포화되면 숨을 쉴 수 없기 때문에 숨을 쉬러 올라온다고 한다. 그러면 숨을 쉬고 땅속으로 들어가야 하는데 왜 그대로 땅 위에 죽어 있을까? 죽을 때가 되어서 이런 방식으로 죽음을 맞이하는 것인지, 죽을 수밖에 없는 불가피한 상황에 직면하여 어쩔 수 없이 죽은 것인지 정확한 이유는 알 수가 없다.

지렁이는 땅속 음양기가 흐르는 곳에 산다. 음양기가 교차하는 곳에 더 많은 개체들이 발견되는 것으로 보아 지렁이는 음양기가 교차하는 곳을 더 선호하는 것 같다. 놀라운 것은 땅 위로 올라와 죽는 지렁이들이 예외 없이 음양기 위에 죽어 있다는 사실이다. 상상 속의 코끼리 무덤처럼 한 곳에 모여 죽어 있는 것이 아니라 각자 음양기 위에 죽어 있다. 인간이 죽은 자의 무덤으로 생각하는 양기가 흐르는 곳이 아닌 살아있을 때 선호하던 생명의 공간인 음양기 위다. 처음엔 생전에 편안함을 주었던 삶의 공간에서 삶을 마감하고 싶어서 그러나 보다 했었다. 그런데 지렁이의 밤나들이를 반복해서 지켜보니 그들은 마지막 순간까지 음양기를 따라 새로운 땅속 거처로 들어가고자 하나 인간이 만든 시멘트 포장이나 보도블럭 때문에 삶의 공간으로 다시 들어가지 못하고 작은 틈바구니에서 발버둥을 치다 죽어갔다. 그러니 조화로운 기운인 음양기 위에서 죽는 것처럼 보였던 것이다.

두더지 미로의 비밀

장맛비가 내린 후 공릉천변을 산책하는데 천변을 따라 땅이 불쑥불쑥 솟아나 있다. 아마 두더지가 지나간 것 같다. 시골에 살 때 가끔 비 온 뒤 밭에 나가 보면 두더지가 밭 여기저기를 헤집고 다닌 흔적을 볼 수 있었다. 호기심에 두더지를 잡아보겠다고 지나간 길을 따라가 보곤 했지만 사방에 미로처럼 뚫려 있는 두더지 통로에서 두더지를 찾을 수는 없었다. 땅속 생활을 하는 두더지는 어떤 기준을 가지고 땅속을 파헤치고 다닐까? 캄캄한 땅속이니 눈은 거의 사용하지 않을 듯하고, 후각이 발달되어 먹이 냄새만 쫓아다니는 것일까? 그렇다고 하더라도 어떤 원칙이나 기준이 없으면 매순간 이리 갈까 저리 갈까 얼마나 고민이 될까? 이미 만들어진 길이 없으니 매번 수고스럽게 땅을 파헤쳐야 될 텐데……. 그런데 그런 걱정은 하지 않아도 될 것 같다. 직감적 판단으로 엘로드를 들어 두더지가 지나가는 통로를 체크해보니 두더지가 다니는 통로 방향으로 조화로운 기운인 음양 기운이 흐른다. 두더지는 땅속에 거미줄처럼 뻗어 있는 음양기 라인을 따라 다니는 것 같다. 그 음양 라인으로 다니면 두더지가 좋아하는 지렁이를 포함하여 애벌레, 번데기, 지네 등이 널려 있을 터이니 먹이 걱정을 할 필요는 없을 것 같다.

  동물들은 본능적으로 생명의 기운인 음양 기운을 선호하고, 그렇게 진화해 온 것 같다. 그러다 보니 천적관계에 있는 동물들이 같은 장소에 모여드는 아이러니도 발생하지만 이것 또한 개체 수를 조절하기 위한 창조주의 계획이 아닐까?

길이 아니면 가지를 말라

  이른 아침 근린공원 산책을 마치고 집으로 돌아오다가 신호등이 바뀌길 기다리고 있는데, 잿빛 들비둘기가 먹이를 찾아 부지런히 걸어 다니고 있다. 이미 사람에겐 익숙해 있는지 발부리까지 망설임 없이 다가온다. 분주히 발을 옮기는 비둘기의 뒷모습을 한참 동안 쳐다보고 있는데, 직선으로 가다가 오른쪽으로 가고, 그러다가 또 왼쪽으로 간다. 그냥 마음 가는 대로 발을 옮기겠지 하면서 하릴없이 엘로드를 들었다. 그런데 비둘기가 음양기가 흐르는 곳으로만 가고 있는 것이 아닌가? 순간 내가 너무 집착하다 보니 그런 것이 아닐까 하고 잠시 숨을 돌리고 나서 다시 한 번 비둘기를 따라가며 기운을 확인해보았다. 결과는 변함이 없었다. 비둘기는 음양 기운을 어떻게 감지하고 거침없이 그 길로만 걸어가는 것일까? 내 눈엔 보이지 않는 보랏빛 라인이라도 있는 것일까? 먹이활동을 하면서도 좋은 기운이 있는 길이 아닌 곳은 가지 않는다. 문득 주택가 근처에 있는 근린공원 산책길을 비둘기가 지나가는 길처럼 좋은 기운이 흐르는 곳으로만 내면 좋겠다는 생각을 해본다.

까치 빌라, 까치 아파트

둥지 때문에 말썽이 나기도 하지만 둥지 자체가 관심을 끄는 새가 있다. 우리 주변의 가장 흔한 새 중의 하나인 까치다. 둥지 모양이 둥근 데다가 크기도 비슷한 크기의 비둘기보다 10배 이상 커서 멀리서 보아도 한눈에 들어온다. 나뭇가지로 얼기설기 엮어 만든 둥지는 겉으로 보기엔 몹시 허술해 보이지만 웬만한 바람에는 끄떡도 하지 않는다. 그래서 까치를 대단한 건축가에 비유하는 사람도 있다. 전봇대 위나 철탑 등의 좁은 공간에 집을 지어내는 능력을 보면 그런 비유가 이해가 가기도 한다.

까치둥지엔 특별함이 있다. 대부분의 새들은 같은 나무나 서로 가까운 위치엔 둥지를 짓지 않는다. 알을 낳고 새끼를 기르는 기간엔 예민해지기 때문이다. 그런데 까치둥지는 같은 나무에 여러 개가 있는 것을 종종 볼 수 있다. 플라타너스나 소나무처럼 가지가 자유분방하게 자라는 경우, 서로 다른 가지에 둥지를 짓는다. 이름하여 전원주택형 까치집이다. 메타세쿼이아처럼 일직선으로 자라는 나무엔 그 나무에 어울리는 특별한 집들이 지어진다. 단독주택은 기본이고, 2층집, 3층집, 때로는 4, 5층집까지 지어진다. 까치 빌라라 불러야 할까, 까치 아파트라 불러야 할까?

까치들이 이렇게 둥지를 짓는 이유가 있을까? 물론이다. 까치들이 이렇게 집을 짓는 이유는 땅의 기운 때문이다. 플라타너스나 소나무에 둥지를 지을 때는 반드시 지구의 조화로운 기운인 음양기가 지나가는 각각의 라인 위에 있는 가지에 둥지를 짓는다. 메타세쿼이아의 경우, 곧게 자라는 나무의 특성상 가지에 둥지를 짓기는 어렵다. 그래서 나무 아래를 관통하는 음양기가 흐르는 경우, 그 나무의 줄기를 따라 3층이나 4층의 까치 아파트를 짓는 것이다. 30미터 안팎의 높이에서 땅의 기운을 느낄 수 있느냐고 반문할지 모른다. 지상으로 솟구치는 이 기운은 지하 수천 킬로에서 올라오는 기운이다. 그 정도의 높이쯤은 거침없이 올라갈 것이다. 까치는 이 생명의 기운을 감지하여 각종 나무는 물론, 전봇대나 통신중계기, 심지어 송전탑 꼭대기에도 둥지를 짓는다. 까치 아파트는 생명을 소중하게 생각하는 까치의 지혜의 산물이다.

음양기 위에 다양하게 지어진 까치집

처마 밑의 명당, 제비집

　60, 70년대에 시골에서 살았던 사람들은 초가집 처마에 지어진 제비집을 기억할 것이다. 시골 어느 집에나 제비집이 한두 개는 있었다. 제비는 따뜻한 열대나 아열대 지역에서 겨울을 보내고, 봄이 되면 우리나라 중국, 일본 등으로 날아와 번식을 하고, 가을엔 다시 따뜻한 나라로 돌아간다.

　집을 지을 때면 암수 한 쌍이 쉼 없이 논에서 진흙을 물어와서 처마 밑에 차곡차곡 쌓아 올려 어느 순간 아담한 집이 지어졌다. 그러면 집안 어른들이 재빠르게 제비집 밑에 조그만 판자를 받쳐놓았다. 그렇지 않으면 제비똥이 툇마루에 떨어져 툇마루가 더러워지기 때문이다. 제비집은 보통 전에 제비집이 있었던 자리에 짓기도 하고, 그 옆에 새로 짓기도 했다.

　제비도 여느 새들과 마찬가지로 땅의 기운을 감지하여 집 지을 장소를 정한다. 새끼들이 건강하게 자랄 수 있는 환경인 음양기가 흐르는 라인 위에 집을 짓는다. 그곳에서 부화되고 그곳에서 자라면서 새끼 제비는 자연스럽게 대자연의 조화로운 기운인 음양기가 몸에 배게 된다. 둥지를 벗어날 때가 되면 한 마리씩 둥지를 떠나 어미의 돌봄을 받는다. 잘 날을 수 없는 새끼가 가까스로 빨랫줄에 앉게 되면 서툰 옆걸음질을 하여 특정 위치에 자리를 잡은 후 어미가 먹이를 물어다 주기를 기다린다. 어느 새끼에서나 관찰되는 풍경이다. 새끼 제비는 편안함을 느끼는 음양기가 있는 곳으로 본능적으로 자리를 옮겨간다.

어느 집에나 있던 제비집, 어느 집 빨랫줄에나 앉아서 제비가 재잘재잘 노래 부른다는 것은 집집마다 좋은 기운이 흐르는 곳이 있다는 이야기다. 명당은 먼 곳에 있지 않고 바로 우리 가까이에 있다.

강한 생명력이란 강력하게 버텨내는 힘이다

생명력이란 생물체가 영양, 운동, 생장, 증식을 하면서 생명을 유지하여 나가는 힘을 말한다. 그런 의미에서 모든 생물은 생명력을 가지고 있다고 말할 수 있다. 그런데 우리는 생물체에 따라 생명력에 차이가 있음을 알고 있다. 환경이 조금만 바뀌어도 견디지 못하고 죽는 것이 있는 반면, 사막과 같은 척박한 환경이나 좁은 바위틈에서도 끈질기게 살아남는 생명체가 있다. 우리는 그런 생명체를 생명력이 강하다고 한다. 같은 종 중에서도 특별히 생명력이 강한 개체가 있다. 무엇이 이들에 특별한 차이를 가져올까?

원효봉 바위틈에 자란 소나무와 진달래 및 페루 쎄로 고르바초 산에서 자라는 선인장

생명에는 우연이 있을 수 없다. 우연히 건강하거나 우연히 장수할 수 없다는 얘기다. 그것에 합당한 이유가 반드시 존재한다. 페루의 고르바쵸 산에서 바위틈에 자라는 선인장을 처음 보았을 때 놀라움을 금할 수 없었다. 1년 내내 비가 오지 않는 척박한 환경에서 어떻게 좁은 바위 틈새에 뿌리를 내리고 살 수 있는지 궁금하였다. 북한산 원효봉의 바위틈에 뿌리를 내리고 사철 푸르름을 뿜내는 소나무들이나 바위틈에서도 때에 맞춰 꽃을 피워내는 진달래를 보면서도 놀라웠던 건 마찬가지다. 학자들은 바위틈에 뿌리를 내려 바위의 무기질 성분을 흡수하여 생존한다고 이야기한다. 암반의 무기질이 생존의 근거는 될 수 있을지언정 건강과 장수의 증거는 될 수 없을 것이다. 중요한 건 그들의 생존 자체가 아니다. 그들은 척박한 환경을 버텨내고 살아내는 힘이 강력하다는 것이다.

조금은 신기해 보이는 그들의 삶은 실은 지구에서 발산되는 생명의 기운인 음양기 덕분이다. 페루에서 보았던 선인장도 원효봉에서 보았던 소나무나 진달래도 예외 없이 음양기 위에 있었다. 부여받은 생명력으로 평균 수명은 살 수 있겠지만 특별한 건강과 장수를 가져오는 강한 생명력은 자신의 의지만으로는 가능하지 않으며, 생명의 기운인 음양기에 힘입음을 우리는 수많은 장수목에서 확인할 수 있다.

양기는 쌍둥이 가지를 만든다

우회전 에너지인 양기는 동식물의 세포분열 과정에 작용하여 세포분열을 촉진하는 특성이 있다. 세포분열이 왕성하게 진행되는 과정에서 세포가 분열에 그치는 것이 아니라 완전 분리가 되기도 한다. 나무가 양기 위에 정확히 위치하는 경우, 매우 특이한 현상이 발생한다. 나무의 씨앗이 발아되어 싹이 나고 줄기가 형성되는 과정에 강한 양기가 흐르는 경우, 양기 라인과 직각 방향으로 줄기가 같은 크기로 갈라진다. 마치 쌍둥이 가지처럼 양기 라인의 양쪽으로 나뉘어진다.

양기 라인 위의 나무들

발아 초기에 양기가 약한 경우에는 정상적으로 하나의 줄기로 자라다가 어느 시점 양기가 강해지면 그때 줄기가 쌍둥이처럼 양기 라인의 양쪽으로 나뉘어지기도 한다. 양기 라인이 교차하는 곳이라면 세 줄기 또는 네 줄기의 동일한 가지가 자라난다. 한 개의 양기 라인에 여러 그루의 나무가 있는 경우 재미있는 현상이 연출된다. 마치 나무들이 열병식을 하는 것처럼 같은 모양으로 줄을 지어 서 있게 된다. 지구의 특별한 기운과 그 기운에 반응하는 식물들의 행동이 경이롭기만 하다.

같은 날 심은 가로수도
땅 기운에 따라 성장속도가 다르다

남대문 근처에 있는 직장을 다닐 때 점심을 먹고 가끔 남산을 올랐다. 30분 정도 산책을 하고 오면 기분도 상쾌하고 업무에 능률도 오르는 것 같았다. 김구 광장 맞은편에 얼마 전에 심어놓은 느티나무엔 초록색 잎들이 무럭무럭 자라고 있었다. 그런데 대부분은 잎들이 적당히 자라 초록이 짙어가고 있는데, 나무 몇 그루는 아직 잎이 다 자라지 않아 연한 초록색을 띠고 있어 확연히 구별이 되었다. 같은 시기에 심은 나무들인데 왜 잎이 나는 시기나 잎 색깔이 변해가는 시기가 다를까?

공원이나 가로수를 조성할 때는 비슷한 크기의 같은 종류의 나무를 심게 된다. 세월이 지나면서 같은 수종인데도 나무마다 성장속도가 달라지는 것을 보게 된다. 이른 봄 나뭇잎이 움을 틔우고 연한 초록색 잎이 자라기 시작할 때 주변 나무들을 비교해보면 신기한 현상들을 발견할 수가 있다. 잎이 나는 시기도 다르고, 성장속도도 다르며, 나뭇잎의 색깔이 열은 초록에서 짙은 초록으로 변해가는 시기도 제각각이다. 왜 그럴까?

느티나무(좌)와 메타세콰이어(우)

생명의 기운인 음양기를 받고 있는 나무는 나뭇가지도 쭉쭉 활기차게 뻗고, 주변의 나무보다 빨리 움이 트며, 잎의 성장속도도 빠르다. 반면에 파괴적 기운인 음기를 받고 있는 나무는 줄기가 음기가 흐르는 방향으로 위아래로 갈라지기도 하고, 가지도 제대로 자라지 못할 뿐만 아니라 잎도 늦게 움이 트고 더디 자란다. 매년 봄 잎이 날 때마다 같은 양상을 보인다. 그렇게 성장하다가 음기 라인에 형성된 균열에 의한 탈수현상으로 지속적으로 수분이 부족하게 되고 음기의 파괴적인 기운을 감당하기 힘들게 되면 고사하고 만다. 나무를 옮겨 심을 경우, 나무는 땅의 기운에 영향을 받는다. 몇 년간 정성 들여 키운 나무들이 인간의 땅에 대한 이해 부족으로 고통받고 자라거나 말라 죽는 것은 안타까운 일이다. 공원을 조성하거나 가로수를 심을 때도 땅의 기운을 살펴서 심어야 하는 이유다.

좋은 기운과 나쁜 기운이 교차할 때 나타나는 현상

이천시 도립리에는 반룡송이라고 불리는 소나무가 있다. 신라시대 도선국사가 전국의 명당에 심은 나무 중의 하나라고 하는데, 그 가지 하나하나가 용트림을 하는 것 같다고 해서 붙여진 이름이다. 이천의 반룡송이 자라는 곳은 조화로운 음양 기운이 흐르는 라인과 파괴의 기운인 음기가 흐르는 라인이 교차하고 있다. 음양의 기운을 받아 장수하면서 수백 년을 푸르게 살고 있지만 음의 기운을 받아 꼬이고 뒤틀려 고통스럽게 자라고 있는 것이다. 아픈 몸으로 장수하고 있는 셈이다.

집 근처 근린공원에도 이런 소나무가 한 그루 자라고 있다. 처음 이 나무를 보았을 때 줄기에 찢긴 상처가 있고, 가지가 비정상적으로 뒤틀려 있었는데, 잎은 매우 푸르고 성성한 것을 보고 의아하게 생각했었다. 필시 해로운 땅의 기운을 받고 있으리라고 생각했었다. 상처가 난 방향인 북쪽 방향으로 음기 라인이 흐르고 있었기 때문이다. 이천 반룡송을 보고 온 후 몇 달쯤 지나서 문득 그 나무가 푸르른 것은 아마도 내가 감지하지 못한 좋은 기운도 받고 있을지도 모른다는 생각이 들었다. 지기地氣가 정상적으로 작동되던 어느 날 아침 그 소나무 아래를 면밀히 측정해보았다. 소나무를 좌우로 돌면서 확인을 해보니 음기가 흐르는 북쪽의 좌측, 즉 북서쪽 방향으로 조화로운 음양의 기운이 흐르고 있었다. 줄기의 상처와 뒤틀린 가지로 인해 선입견을 가졌기 때문에 바로 옆으로 지나가는 음양기를 감지하지 못했던 것 같다.

음양기와 음기가 교차하는 곳에 자라는 이천 반룡송(좌)과 근린공원 소나무(우)

반룡송과 같은 소나무는 의외로 많이 발견된다. 반룡송을 만들어 내는 조건인 강한 음양기와 음기가 교차하는 곳 위에 소나무를 심으면 자연스럽게 반룡송처럼 된다. 기이한 볼거리를 줄 수는 있겠지만 소나무에게는 고통스러운 일이다. 좋은 기운과 나쁜 기운이 교차할 때는 기운이 순화되지 않고 각각의 특성들이 명확하게 드러난다. 도선국사가 그것을 알고 반룡송을 심었는지 궁금하다.

쌍둥이 토마토

일산 호수공원 근처 한류천변에 있는 한 건물에서 일할 때였다. 건물 주변 공터에 고추와 토마토를 심기 위해 시장에서 고추와 토마토 묘목을 사왔다. 시에서 관리하는 곳이었지만 시의 승인을 받아 유채와 해바라기 및 백일홍 꽃밭을 조성하면서 고추와 토마토를 한 포기씩 심었다. 전에 양기가 흐르는 곳을 확인하여 표시를 해놓은 곳에 묘목을 심고 정성껏 물도 주고 조그마하게 울타리도 만들었다. 토마토와 고추가 자라는 모습을 보는 것이 하루 중 큰 낙이었다. 한 달쯤 지났을 때 예초기로 제초작업을 하는 사람들이 풀을 베다가 20cm쯤 자란 토마토를 싹둑 베어버렸다. 안타까웠지만 어쩔 도리가 없었다. 그로부터 일주일쯤 지났을까? 우연히 토마토가 자란 곳을 보니 잘린 줄기 옆에서 조그만 싹들이 나오는 것이 아닌가? 반갑기는 했지만 시원찮게 올라오는 새싹에 큰 기대는 하지 않았다. 생명이란 참으로 신비하다. 생명력이 아직 남아 있었기 때문인지 싹둑 잘린 줄기에서도 새싹을 내고 있질 않는가? 바쁜 일과로 잊어버리고 있다가 2~3주쯤 지난 후 문득 토마토가 궁금하였다. 그런데 그 사이 줄기가 자라 토마토가 주렁주렁 열려 있지 않은가? 그것도 두 개, 4개씩 짝을 지어 열려 자라고 있었다. 양기가 줄기를 쌍둥이 가지로 자라게 하는 것은 이미 많이 보아온 터였지만 열매를 쌍으로 맺게 하는 것은 보지 못했다. 양기는 진정 쌍둥이를 만들어내는 힘인가?

죽어가는 금전수를 살리는 기운

갈비집을 운영하던 정 사장은 개업식 때 받은 금전수의 뿌리가 썩어버리자 절반 정도를 뽑아서 버렸다. 남은 절반도 줄기가 드러누워 살아날 기미가 보이지 않자 식당 밖 복도에다 내놓았다. 풍성하게 잘 자란 금전수에 신경 써서 물을 자주 준 것이 원인이었다. 바쁜 일상 때문에 관심을 두지 않고 있었는데, 한 달쯤 지났을 무렵 복도를 지나다 문득 금전수를 보니 죽지 않았고, 오히려 잎이 제법 싱싱해져 있었다. 드러누워 있는 줄기를 일으켜 세우려 하는데, 누운 상태로 뿌리가 활착이 되어 움직이지 않았다. 누워 있는 줄기 옆에 새로 난 싹도 반듯하게 올라오고 있었다. 반가운 마음에 지지대를 만들어 반듯하게 세워 놓았다. 보름 정도 지난 후에 지지대를 제거하였고, 금전수는 언제 그랬냐는 듯이 반듯하게 잘 자라고 있다. 정 사장은 관심을 두지 않았더니 오히려 잘 자란다고 싱글벙글한다.

　살리기를 포기하고 복도에 내버려둔 그 자리에 우연하게도 음양기가 흐르고 있었다. 죽어가던 금전수가 회복하는 데 한 달이면 충분했다. 가끔 그 식당을 지나다 보면 화분이 옆쪽으로 옮겨져 있곤 한다. 아마도 청소하면서 화분을 옆으로 옮겨 놓은 듯하다. 그럴 때면 화분을 음양기가 있는 곳으로 슬쩍 옮겨 놓는다. 사람들을 이해시키는 것이 생각보다 어렵기도 하고, 때로는 부질없어 보이기도 해서다.

천자암의 감나무

　송광사 천자암 쌍향수를 보러 갔다가 범종 옆에 오래전에 베어버린 아름드리 감나무 둥치에서 새싹이 나오는 것을 발견하였다. 어떤 연유로 베었는지 모르지만 그대로 죽지 않고 싹을 틔우는 것을 보고 '이 감나무는 생명력이 강한가 보다.'라고 생각했었다. 그런데 호기심에 들이댄 엘로드에 음양기가 감지되었다. 스님 얘기로는 베어버린 지 3년이 조금 넘었다고 했다. 단지 우연일 거라고 생각했지만 고목 둥치에서 자라난 싹이 뇌리에서 사라지지 않았다.

그 후 야산이나 들판에 자생하고 있는 감나무를 보면 항상 엘로드로 땅 기운을 확인했다. 놀랍게도 자생하는 감나무는 거의 대부분 생명의 기운인 음양기 위에 있었다. 천자암의 베어버린 감나무 둥치에서 싹을 틔우는 힘은 음양기였다.

송광사 천자암 범종 옆 베어버린 감나무 둥치에 새로 난 감나무

추억 속의 억새

초등학교나 중학교를 시골에서 다녀본 사람들은 가을소풍 갔을 때 억새꽃을 앞에 두고 친구들과 사진을 찍어본 기억이 있을 것이다. 억새는 한반도 전 지역에 자생하는 다년생 초본식물로 우리에겐 매우 친숙한 식물이다. 억새는 군락을 이루고 있어 특히 꽃이 필 땐 장관이다. 산들바람이라도 불면 일제히 흔들리는 자태가 아름답기 그지없다.

야산에라도 가야 볼 수 있는 억새가 가끔 도시 화단이나 건물 담벼락 밑에서 자라는 것을 볼 수가 있다. 어울리지 않는 장소에 생뚱맞게 잘 자란 억새를 볼 때면 신기하고 궁금하다. 어떻게 저런 곳에 뿌리를 내릴 수 있었으며, 누가 비료를 주지도 않았을 텐데 저렇게 무성하게 자라는 것일까?

나 홀로 잘 자라고 있는 억새들을 엘로드로 확인해보면 하나같이 음양기 위에 자리하고 있다. 억새는 야생동물이나 야생조류가 번식시키는 식물은 아니다. 억새꽃이 만개한 후 꽃씨가 바람에 날려 번식된다. 사방으로 날라간 억새씨가 적당한 조건이 되면 발아되어 번식이 된다. 억새가 음양기를 선호하는지는 알 수 없으나 음양기 위에 자라고 있는 경우, 튼실하게 자라며 왕성한 번식을 하는 것은 분명하다. 군락을 형성한 경우에도 음양기가 지나가는 곳에 있는 억새는 유달리 크게 잘 자란다.

담벼락 아래를 흐르는 음양기 위에 한 무리를 이뤄 자생하는 억새

많은 약용식물들이 음양기 위에 자생하고 있음은 수없이 확인한 바 있다. 음양기 위에 자라는 억새가 이뇨작용이 있다니 흥미롭다. 음양기는 생리작용을 활성화시키는 특성이 있어 개나 고양이는 항상 음양기 위에서 용변을 보지 않았던가? 뿐만 아니라 음양기 위에 자생하는 억새의 줄기나 뿌리에 어혈을 풀고, 기혈을 통하게 하며, 이뇨작용을 돕는 등 음양기의 특성이 그대로 배어 있는 것 같아 신기하다.

결초보은의 풀 수크령

은혜가 사무쳐서 죽어서도 잊지 않고 갚는다는 고사성어에 나오는 풀이 수크령이다.

춘추전국시대 진晉나라 군주 위무자에게는 애첩이 있었다. 병을 얻은 위무자는 어느 날 아들 위과를 불러 자신이 죽으면 서모庶母를 재가시키라고 말했다. 시간이 흐르고 병세가 위독해진 위무자는 자신이 죽으면 서모도 같이 묻으라는 유언을 남기고 세상을 떠났다. 돌아가신 아버지가 남긴 두 가지 유언 사이에서 고민하던 위과는 서모를 순장殉葬하는 대신 다른 곳에 시집 보내면서 자신은 아버지가 맑은 정신에 남긴 유언을 따르겠다고 하였다. 세월이 흐른 후 이웃나라인 진秦나라가 침략을 해왔다. 한 전투에서 위과가 진나라 군사를 격파하고 적장 두회의 뒤를 쫓아가는데, 도망가던 두회의 말이 묶여 있는 풀에 걸려 넘어져 두회를 사로잡을 수 있었다. 그날 밤 한 노인이 위과의 꿈에 나타나 "나는 당신이 아버지의 유언대로 죽이지 않고 재가시킨 당신 서모의 아비요. 오늘 풀을 묶어 당신의 은혜에 보답한 것이오."라고 말했다.

고사성어 결초보은結草報恩의 풀이 수크령이다.

음양기 위에 자생하는 수크령

시골에서 초등학교 다닐 때 남자애들이 학교 가는 길가에 있는 길게 자란 풀들을 서로 묶어 여자아이들이 풀에 걸려 넘어지는 것을 보고 깔깔대며 도망치곤 했던 일이 생각난다. 발에 밟혀도 쉽게 죽지 않고 질경이처럼 모질게 자라던 그 풀들이 수크령이다. 우리나라 어디에나 잘 자라는 흔한 풀이다. 수크령의 꽃이삭을 화병에 다른 꽃들과 함께 꽂아놓으면 잘 어울리고 운치를 더해줬던 이 수크령의 꽃씨들이 자연 상태에서는 조화로운 기운이 지나는 곳에서만 발아되어 자란다. 해마다 수크령이 주변으로 번져가는 것을 보는 일은 큰 기쁨이고 즐거움이다. 전원주택을 지을 곳에 수크령 씨앗을 뿌려보면 생명의 에너지들이 지나가는 라인을 알 수 있을 것만 같다.

명당 백일홍 일기

1

수령이 수백 년 된 나무들은 한 줄기의 음양 라인 위나 음양 라인이 교차되는 곳에 있다. 들판이나 야산에 유달리 싱싱하게 잘 자라고 있는 초목도 확인해보면 그 아래 음양 라인이 흐르고 있다.

산천초목이 기지개를 켜는 4월 초 생명이 선호하는 음양 라인에 직접 백일홍을 심어보기로 했다. 작년에 시에서 분양받아 온 백일홍 씨앗을 친구가 직접 심었는데, 보름이 지나도록 발아가 되지 않아 걱정을 많이 했었다. 그래서 올해는 발아에 도움이 될까 하여 육

묘 재배용 모종판에 백일홍 씨를 심어 음양 라인이 지나는 곳에 두었다. 4/10 좋은 기운 위에 두어서인지 일주일이 되기 전에 싹이 나왔다.

　백일홍을 심을 공터의 기운을 측정해보니 북서에서 남동 방향으로 음양기가 지나간다. 건물이 정북향이므로 건물에 사선 방향이었지만 비스듬하게 30센티미터 폭으로 5미터씩 고랑을 파고 백일홍을 옮겨 심었다. 5/1 일주일이 지났는데도 척박한 땅에 봄 가뭄까지 와서 그런지 좀처럼 새순을 내지 못했다. 모종을 옮겨 심은 후 2일에 한 번씩 물주기를 하였는데, 2주쯤 지나자 반응이 오기 시작했다. 음양기 라인 위에 옮겨 심은 백일홍들이 새잎을 내기 시작했다. 그런데 일정한 간격을 두고 폭발적인 성장을 하는 개체들이 눈에 띄었다. 같은 음양 라인이 지나는 곳에 심었으므로 동일한 결과를 기대했는데, 어찌된 일일까 궁금해졌다. 혹시나 하는 마음에 백일홍을 심은 라인과 직각이 되는 방향으로 기운을 측정해보니 북동에서 남서 방향으로 1미터 간격으로 음양 기운이 감지되었다. 음양 기운이 교차되는 곳에 심은 백일홍들이 유달리 빨리 성장을 한 것이다. 미처 예상치 못한 흥미로운 발견이었다.

　옮겨 심은 지 한 달 보름쯤 지나자 음양기가 교차되는 곳에 있는 백일홍들이 먼저 꽃망울을 터뜨렸다. 6/15 척박한 땅이지만 음양 기운이 교차하는 곳에 심은 백일홍이 빠르고 튼실하게 자랐고, 꽃도 빨리 피었다. 화무십일홍이라 했지만 백일홍은 꽃을 오랫동안 볼 수 있다. 본 줄기 옆에 새 가지가 나와서 계속해서 새로운 꽃봉우리를 맺기 때문이다. 그러니 본 줄기가 튼실하게 자라면 오래도록 꽃을 볼 수 있다. 7월 말이 되자 처음 피었던 꽃들은 시들면서 꽃씨가 여물어가고, 새로운 가지가 나오면서 계속 내어 꽃망울을 틔웠다. 며칠 만에 꽃대가 쑤욱 올라오면서 꽃이 피는 것이 신기하다.

　백로, 추분이 지나니 아침저녁으로 쌀쌀한 기운이 완연하다. 처음 꽃이 핀 이후 100일이 지났는데, 아직 백일홍의 기세는 수그러들지 않았다. 특히 음양 라인이 교차하는 곳에 있는 백일홍들이 지속적으로 꽃을 피우고 있다. 일반적으로 백일홍의 크기는 60cm에서 90cm 정도라고 하는데, 음양 라인 위에 있는 백일홍들은 평균 120cm에서 130cm쯤 되고, 큰 것은 160cm나 된다. 꽃봉우리도 10개 내외로 많은 것 같다. 처음 꽃망울을 터뜨린 이후 4개월이 지났지만 계속해서 꽃대를 올리고 꽃을 피운다. 기세가 약해진 백일홍들이 마지막 남은 힘을 다 쏟아 한 송이씩 꽃을 피우더니 갑작스럽게 다가온 영하 7도의 추위에 꽃대가 얼어 올 한해를 마무리했다. 11/30 처음 꽃망울을 터뜨린 지 5개월하고 보름이 지났다. 대자연의 음양 기운은 진정 생명의 기운이다.

　2

　거래처 송 사장 물류창고 귀퉁이에는 조그만 화단이 있다. 몇 년 동안 관리를 하지 않았는지 오래전에 심은 나무는 제멋대로 자란 가지들만 무성하고, 무성한 잡초 때문에 발을 디딜 틈이 없다. 그 틈바구니에 빨간 꽃과 분홍빛 꽃을 피운 백일홍이 세 그루가 눈에 들어왔다. 그동안 수없이 다녔어도 보이지 않았는데, 꽃을 피우니까 눈에 들어온다.

　직원 이야기로는 일부러 심지는 않았고, 작년에 피었던 백일홍

씨가 떨어져서 난 것 같다고 하였다. 잡초들 사이에 군계일학처럼 우뚝 솟아 있는 백일홍 한 그루가 예사롭지가 않았다. 이 백일홍은 180cm 가까이 되는 데다 가지도 많고, 가지마다 피어 있는 꽃이 20개쯤 된다. 이미 꽃이 지고 씨가 여물고 있는 것이 10개이고, 피어날 준비를 하고 있는 꽃봉우리가 10개가 넘는다. 좀처럼 보기 힘든 거대 백일홍이다. 옆에는 1m 정도의 키에 꽃이 예닐곱 개 피어 있는 백일홍이 있고, 한쪽 구석 나무 사이에는 40cm 정도의 자그마한 키에 꽃이 2개 피어 있는 백일홍이 있다.

음양기 위의 백일홍(사진 중앙 빨간 꽃)과
평범한 곳에 자란 백일홍(사진 우측 분홍꽃)

한눈에 커다란 백일홍 아래로 생명의 기운인 음양기가 지나가고 있음을 느낄 수 있었다. 엘로드로 확인해보니 확실하게 음양기가 감지되었고, 꽃 반대편 쪽으로 가보니 음양기 라인을 가로질러 큼지막한 왕거미가 거미줄을 쳐놓았다. 거미도 음양 기운을 선호하여 음양 기운이 지나가는 곳에 거미줄을 치므로 검증은 왕거미가 해준 셈이다.

좋은 기운을 찾아가는 두릅나무

　시골집 앞 텃밭에는 농사를 짓는 동생이 산에서 옮겨 심은 두릅나무들이 많이 자라고 있다. 두릅은 뿌리로 번식하는데, 번식력이 좋아 해가 지날 때마다 주변으로 계속 번져서 텃밭 가장자리는 물론 길가에까지 뻗어 나와 자라고 있다. 동생은 봄이 되면 예쁘게 자란 두릅 순들을 따서 곱게 포장하여 보내주곤 하였다. 야생에서는 두릅나무들이 음양 기운 위에 자생하므로 몸에도 좋을 텐데, 옮겨 심은 두릅들은 자생하는 두릅보다 약성이 떨어지지 않을까 하는 염려가 있었다. 다음에 시골에 갈 땐 음양 기운이 있는 곳을 표시해서 그 자리에 두릅을 심도록 해야겠다고 생각했다.
　10월 시제를 지내러 시골에 내려갈 때 마침 땅 기운도 좋고 하여 마음먹고 음양 라인을 알려주려고 두릅나무가 심어진 밭을 둘러보았다. 생명의 기운이 흐르는 음양 라인을 확인하다가 깜짝 놀랐다. 동생이 옮겨 심은 두릅에서 새로 뻗어 나온 두릅나무들이 모두 음양 기운 위에 자라고 있었다. 옮겨 심을 때는 듬성듬성 대충 심었다는데, 뿌리로 번식하는 두릅이 좋은 기운을 찾아가서 자라고 있는 것이 아닌가? 음양 기운이 있는 곳을 애써 찾아서 알려주지 않아도 되었다. 자연이라는 것이, 생명이라는 것이 알면 알수록 신비하기만 하다.

제3절
기와 관련된 일상들

고양이 곁으로 다가가라

　거실에서 휴식을 취할 때 곁에 있는 고양이가 귀여워 보인다고 고양이를 자신이 앉아 있는 자리로 끌어오지 말자. 대신 고양이가 앉아 있는 자리로 가서 그곳에서 고양이와 같이 휴식을 취하자. 고양이가 앉아 있는 곳은 좋은 기운이 있는 곳이므로 당신의 몸과 마음을 편안하게 하고, 활력을 충전시켜 줄 것이다.
　평소에 고양이가 쉬는 공간으로 자주 가게 되면 당신 몸에 조화로운 기운이 배게 된다. 어느 순간 자신도 모르게 고양이와 자리다툼을 하게 될 것이며, 문득문득 호흡이 편해짐을 느끼고 덩달아 기분도 좋아질 것이다. 몸과 마음이 편안해지면 매사에 올바른 판단과 의사결정을 하게 된다. 음양 기운은 끌어당김의 법칙이 작용하는 기운이다. 좋은 기운이 있는 곳에 자주 가게 되며, 좋은 기운을 가진 사람들이 당신 주변으로 모이게 될 것이다. 하는 일마다 잘 될 뿐 아니라 좋은 일들이 자주 생기게 될 것이다. 때로는 세상이 당신을 중심으로 돌고 있는 것처럼 느끼기도 할 것이다.

일정한 간격으로 흐르는 음양기 위에서 쉬고 있는 4마리의 고양이(좌),
잠시 후 네 번째 고양이가 세 번째 고양이 옆으로 자리 이동을 함(우)

반려동물에게 선택권을 주자

 고양이가 우울증에 빠졌거나 신경이 날카로워졌다면 그의 본능을 방해하는 주인의 탓일 가능성이 크다. 야위거나 비만에 걸려 있어도 마찬가지다. 매사를 본인 기준으로 생각하고 행동하는 사람들 때문에 반려동물들의 건강이 점점 더 나빠져 가고 있다. 동물병원엔 각종 질환으로 병원을 찾는 반려동물이 많다고 한다. 땅의 기운을 고려하지 않고 지어진 획일화된 주택들 때문에 수맥 위에 살면서 수맥의 음기로 인해 질병에 걸려 고생하는 사람들이 많다. 마찬가지로 반려동물들이 주택에 갇혀 살면서 질병이 많아지고 있고,

질병 또한 인간을 닮아가고 있다.

휴식을 취하는 공간만큼은 반려동물에게 선택권을 주자. 예쁜 집을 사왔다고 무조건 그 집에 들어가서 자라고 허세 부리지 말자. 반려동물이 평소 자주 쉬는 공간에 집을 살짝 놓아두자. 귀여운 용변기 사왔다고 무조건 거기서 용변 보라고 억지 부리지 말자. 평소에 용변을 보던 곳에 용변기를 놓아두자. 휴식공간과 용변공간, 이 두 가지 선택권만 반려동물에게 주어도 그들은 충분히 행복해하고, 질병으로 고생하는 일이 훨씬 줄어들 것이다.

돌부처의 코를 갈아 마시고 자식을 얻었다는 속설

여자가 자식을 낳지 못하면 칠거지악이라 하여 쫓겨나도 할 말이 없던 황당한 시대가 있었다. 지금 생각하면 말이 되지 않는 이야기지만 남존여비의 유교문화가 보편화된 시절엔 그랬다. 아이를 갖지 못하는 것이 여자의 탓만은 아니건만 책임은 오롯이 여자가 져야 했었다. 아이를 낳지 못하는 여자라는 멍에를 홀로 짊어지고 산속 돌부처를 찾아가 소원을 빌었고, 돌부처의 코를 갈아 물에 타서 마시면 아이를 갖는다는 속설을 믿고 밤새도록 돌부처의 코를 갈아야 했다. 그 여인네들 때문에 전국 돌부처의 코가 성한 것이 드물 정도다.

정말 돌부처의 코를 갈아 마시면 아이를 갖게 될까? 현대과학의 입장에선 말이 안 되는 이야기다. 그런데 효험이 없었다면 전국 돌부처의 코가 죄다 닳도록 이런 속설들이 어떻게 지속될 수 있었을까?

코가 닳아 없어진 돌부처들

선사시대에 만들어진 거석유물들은 풍요와 다산은 물론, 신성神聖의 특징을 갖는 양기 위에 세워져 있다. 고대 인류는 양기의 특성을 잘 알고 있었으며, 모든 인류의 이상이자 꿈인 풍요와 다산의 실현을 위해 양기를 적절하게 활용해왔다. 돌부처 또한 대부분 양기가 흐르는 곳에 위치하고 있다. 돌부처의 정중앙에서 몇 날 며칠 동안 돌부처의 코를 갈다 보면 풍요와 다산의 기운인 양기 위에서 많은 시간을 보내는 것이니 그 양기 덕분에 배란이나 세포분열이 원활해져 임신이 수월해졌을지도 모른다. 중요한 것은 돌부처의 코가 아니고 돌부처를 관통해서 흐르는 양기다.

왜 사람들은 반시계 방향으로 돌까?

근린공원 아침산책을 나섰다가 공원 입구에서 잠시 고민에 빠졌다. 오른쪽으로 돌까? 왼쪽으로 돌까? 망설이다 익숙한 느낌대로 왼쪽으로 한 바퀴를 돌았다. 다른 사람들을 관찰해보니 90%는 나처럼 반시계 방향으로 돈다. 그러고 보니 학교운동장에서 중장거리를 뛸 때도 시계 반대 방향이다. 아마도 오른손잡이가 많다 보니 대부분 오른발이 왼발보다 튼튼하여 코너를 돌 때 땅을 박차는 힘이 강해서 그런 것이 아닐까 하는 생각을 해본다. 누가 처음으로 왼쪽으로 도는 이런 규칙을 정했을까?

적도 근처에서 발생하여 해마다 북반구의 동북아시아에 큰 피해를 주는 태풍은 반시계 방향이다. 거대한 태풍이 좌회전을 하면서 올라오는 모습은 경이롭다. 거시세계의 기운인 태풍은 북반구에서 좌회전을 하는 에너지다. 미시세계에서 작용하는 힘으로 건축물에 균열을 일으키고, 나무를 뒤틀리게 하며, 동물의 세포를 병들게 하는 음기도 좌회전하는 에너지다. 우연의 일치일 수도 있지만 혹시라도 우리가 무의식적으로 반시계 방향으로 도는 것이 지구의 기운에 부정적인 영향을 미치는 것은 아닐까? 그저 기우이길 바랄 뿐이다.

자연산의 진정한 의미

1

7월 중순, 국지성 호우가 지역을 돌아가며 무섭게 내렸다. 퍼붓던 소나기가 멈추고 모처럼 화창한 하늘이 열리자 많은 사람들이 주택가 근처 공원으로 나와 산책을 하면서 초여름의 따사로운 햇살을 즐기고 있었다. 공원 근처의 풀숲엔 하루가 다르게 쑥쑥 자라는 풀들로 발 디딜 틈이 보이지 않는다. 인근에 살고 있는 듯한 아낙네가 풀숲에서 무언가를 연신 따서 광주리에 담는다. 다가가서 무얼 그리 열심히 따느냐고 물었더니 고들빼기라고 했다. 비 온 뒤라 싱싱하고 좋아서 고들빼기김치를 담을 거라면서 서둘러 자리를 옮긴다. 잎이 창처럼 갈라지고 약간 쓴맛이 나는 이름 모를 채소를 시장에서 사서 쌈싸 먹었던 기억이 있다. 그게 고들빼기였나 보다. 그런데 그것이 눈앞에 지천으로 널려 있지 않은가? 옛날부터 민간에서 즐겨 먹었고, 입맛 없을 때 먹으면 입맛이 돌아온다고 한다. 잎을 따니 하얀 진이 나오고 약간 씁쓸한 맛이 있어 혹시 약성이 있지나 않을까 하여 엘로드로 기운을 확인해보니 고들빼기가 자라는 곳으로 음양의 기운이 흐른다. 주변의 다른 고들빼기도 확인해보니 음양의 기운이 지나가는 곳에 있다. 꽃씨가 바람에 날려 사방으로 갔을 텐데, 어찌하여 음양 기운이 있는 곳에서만 자랄까?

인터넷을 검색해보니 생긴 모양이 고들빼기가 아니고 왕고들빼기이며, 인삼처럼 사포닌이 많이 함유되어 있다고 되어 있다. 우리나라 전역에 걸쳐 적당한 햇빛과 적당한 습기만 있으면 들판이고,

초지草地고 할 것 없이 어디에나 잘 자란다. 한자로는 산와거山萵苣라 하는데, '야생에서 나는 상추'라는 의미이며, 한해살이인데도 성장 속도가 빨라 큰 것은 2미터까지도 자란다. 생명의 기운인 음양 기운을 받고 자라니 성장속도도 빠른가 보다. 혹시 그 기운이 이파리에 배어 있지는 않을까 궁금하여 엘로드로 왕고들빼기 이파리를 확인해보니 음양기가 감지된다. 땅의 기운이란 참으로 신비하다. 왕고들빼기의 부드러운 윗부분만 따왔는데, 땅의 기운이 잎에 고스란히 스며 있지 않은가? 자연산이란 단지 인간이 재배하지 않았다는 것만을 의미하지는 않을 것 같다.

2

시골집 밭에는 단감나무가 여러 그루 있다. 부모님이 자생하는 고염나무에 단감나무 접목을 한 것들이다. 관리를 하지 않은 지 오래되었고, 과실도 볼품이 없어 그동안 눈길도 주지 않았었다. 덕분에 매년 겨울 근처에 사는 산새들은 풍족한 겨울을 보냈을 것이다.

최근에 들이나 야산에 있는 자생 감나무들이 생명의 기운인 음양기 위에 있음을 알게 되었고, 그 감나무에 열린 감에도 음양기가 배어 있다는 것을 확인하였다. 시제 때 시골에 갔다 오면서 설레는 마음으로 단감 1박스를 따왔다. 농약을 하지 않아 병충해를 입었는지 모양이나 상태가 양호하지는 않았지만 좋은 기운을 담고 있으니 기운을 느끼며 먹어보고 싶었다.

직장에 나가는 길에 단감 몇 개를 가지고 갔다. 마침 사무실에 인근 식당 사장이 집에서 키운 거라며 가져다준 모양이 예쁘게 생긴 단감들이 있었다. 동료에게 "이형, 내가 우리 집에서 가져온 단감을 알아맞힐 테니 두 가지 단감을 그릇 속에 따로따로 감춰보라."고 했다. 동료직원이 감을 번갈아 그릇 속에 감췄고, 그때마다 엘로드로 기운을 확인하여 집에서 가져온 감을 알아맞혔다. 직장동료는 어떻게 자기 집 감을 알 수 있느냐며 놀라워했다. 집에서 가져온 감은 야생에 자생한 감으로 좋은 기운이 배어 있으니 그 기운을 확인하면 되는 것이었다. 자연산, 특히 음양 기운 위에 자생하는 먹거리가 특별한 의미로 다가온다.

좋은 기운이 있는 곳에 자란 나무에 열리는 과일이 좋은 기운을 담고 있다는 사실은 꽤 흥미롭다. 좋은 기운이 생명에 미치는 긍정적인 효과들을 눈으로 확인할 수 있기에 과학적으로 규명하는 것도 그리 어렵지 않을 것이다. 진시황이 찾고자 했던 불로장생의 식품들이 눈에 보이는 듯하다.

국물 속에 기운이 담겨 있다

한민족은 국물을 좋아하는 민족이다. 그래서인가? 우리의 식생활에서 국이나 탕은 빼놓을 수 없는 존재이다. 국이나 탕의 재료는 먹을 수 있는 거의 모든 것이라고 해도 과언이 아닐 것이다. 한의학의 탕약은 또 어떠한가? 온갖 종류의 생약재가 탕약으로 달여져 몸을 보하거나 각종 질환에 이용되었다. 쌍화탕, 십전대보탕, 총명탕 등 귀에 익은 명칭 말고도 수많은 한약들이 있다. 그 외에도 우리 선조들은 각종 제철 과일이나 약재 등을 효소나 청 또는 담금술로 담아 오래오래 두고 먹는 삶의 지혜를 발휘해왔다.

국물이나 탕약, 효소 등에는 어떤 진실이 숨어 있을까? 각종 국물에는 원재료가 가지고 있는 맛과 향은 물론이고, 각종 영양소와 유효성분들이 들어 있다. 국이나 탕은 풍미를 살리기 위해 식재료 넣는 순서를 달리하고, 불의 강약을 조절하여 영양소의 파괴를 최소화하면서 최상의 맛을 추구하고자 했다.

탕약의 경우에도 식물의 잎이나 꽃과 같이 쉽게 우러낼 수 있거나 열로 인해 변성되기 쉬운 생약 등은 침제浸劑라고 하여 가열과 방치 등을 통해 유효성분을 충분히 우러낼 수 있도록 하였다. 약재용 나무의 껍질이나 뿌리, 열매 등 장시간 달여야 하는 대부분의 한약은 전제煎劑라고 하는 방식으로 적정한 열과 가열시간 등을 조절해 유효성분을 효과적으로 우려내었다. 효소, 청 및 담금술 등도 원재료가 가지고 있는 맛이나 유효성분을 추출하였을 뿐 아니라 발효과정을 거쳐 원재료에 없던 유익한 성분까지 생성케 하고, 변질되지 않게 보관하면서 먹을 수 있도록 하였다.

언젠가 산에서 취득한 영지를 집 근처 학교운동장에 가지고 가서 음양 기운이 전혀 없는 곳에 놓고 기운을 측정해본 적이 있다. 양의 기운인 우회전 에너지가 명확하게 감지되었다. 양기 라인에서 자란 영지가 양의 기운을 담고 있었던 것이다. 집으로 돌아와 영지를 깨끗이 씻은 후 약탕기에 넣고 30분 정도 달였다. 재탕, 삼탕을 한 후 약탕기에서 꺼낸 영지의 기운을 확인해보니 여전히 양기가 감지되었다. 더욱 놀라웠던 건 영지를 달인 물에서도 양기가 감지되었다.

국이나 탕에는 넣고 끓인 재료의 맛과 향 및 유효성분뿐만이 아니고 재료의 기운까지 담고 있다. 영지를 달인 물에서 감지되는 양기는 그것을 마신 사람들의 몸속에서 양기의 특성을 발휘할 것이고, 왕고들빼기를 달인 물에서 감지되는 음양기는 음양기의 특성을 발휘할 것이다.

우리 민족이 즐겨 먹는 국물이나 탕에는 식자재가 가지고 있는 맛과 향 외에 식자재 각각의 기운이 고스란히 담겨 있고, 탕약에는 약재의 유효성분뿐만 아니라 약재 각각의 기운이 담겨 있다.

우리가 먹는 것이 우리 몸을 만든다고 한다. 우리의 조상들은 재료를 먹을 수 있는 것은 직접 요리해서 먹고, 재료를 직접 먹을 수 없는 것도 국이나 탕으로 끓여 먹으면서 건강과 장수의 기운까지 취하는 지혜를 가지고 있었다.

생명 태동 순간의 중요함에 대하여

흔히 우유나 달걀과 같이, 건강상 필요로 하는 영양소를 모두 지니고 있는 단독식품을 완전식품이라 한다. 우유와 달걀의 차이라면 달걀은 생명력을 갖고 있지만 우유는 생명에 필요한 영양소이지 생명력 그 자체는 아니라는 점이다. 물론 유정란은 병아리로 부화될 수 있으므로 생명력을 지녔다고 할 수 있지만 무정란은 부화할 수 없으므로 생명력을 갖고 있다고 할 수는 없을 것이다. 생명력 여부와 관계없이 영양적인 측면에서 유정란과 무정란은 별 차이가 없다고 한다.

　냉장고에 있는 달걀을 꺼내어 지기가 느껴지지 않던 주방 싱크대 위에 올려놓고 엘로드로 좌회전, 우회전 에너지를 확인해보았다. 양기와 음기 양쪽 모두 반응한다. 다른 달걀로 바꿔가며 확인해 보았지만 모두 동일한 결과이다. 다시 달걀을 치우고 엘로드로 확인해보니 역시나 반응하지 않는다. 확실히 달걀은 좋은 기운을 지니고 있다. 그래서 사람들이 멍이 들면 달걀을 멍든 부위에 대고 문지르는 것인가?

　달걀이 좋은 기운을 담고 있다면 어느 시점에 그 기운을 담게 된 것일까? 시장에서 사온 무정란이었으므로 그 기운이 생명력을 가지고 있느냐 여부와는 관계가 없는 것 같다. 양계장에서 산란된 달걀이므로 알을 낳는 곳 또한 닭이 선택할 수 없으며, 각기 다른 곳에서 낳았는데 모두 좋은 기운을 담고 있다면 산란장소는 분명 기운과 상관이 없다. 그렇다면 달걀이 조화로운 생명의 기운을 담은 시점은 언제일까?

　양계장이라는 좁고 한정된 공간이지만 생명의 기운인 음양기는 동서남북 사방팔방으로 흐른다. 먹이활동을 하는 시간이 지나면 닭들은 각기 휴식을 취하든, 무리지어 놀든 좋은 기운이 흐르는 곳으로 간다. 산란기에 접어든 닭들의 난소는 지름이 1~35mm 가량 되는 수많은 난포로 이루어져 있으며, 이 난포가 성숙하여 배란과정을 거친다. 난포 속에 들어 있는 난포세포가 후에 정자와 수정하면 유정란이 되고, 정자와 수정이 이루어지지 않으면 무정란이 된다. 따라서 무정란이나 유정란이나 난포가 만들어지는 시점에 닭이 있는 장소가 중요할 것 같다. 다만 유정란의 경우에는 난자와 정자가 수정되어 세포분열이 시작되는 시점 또한 중요한 것으로 판단된다.

미루어 짐작컨대, 인간도 난자와 정자가 수정되어 세포분열이 시작되는 시점부터 자궁 내벽에 착상을 하고 신체 장기가 생겨나는 임신 초기가 한 인간의 운명을 좌우할 정도로 중요하며, 사람들이 중요하게 생각하는 태어난 장소는 크게 중요하지 않을 것으로 생각된다.

야생동물과의 동거

파주에서 마트를 운영하는 A 사장은 평창 가리왕산 근처에 별장을 하나 가지고 있다. 가끔 휴식이 필요하다고 느낄 때면 가족과 함께 별장을 찾곤 한다. 인근에 왕소나무가 많아 운치도 있고, 별장 분양을 했던 사장이 그곳이 마음에 들어 본인의 별장도 가지고 있다 하니까 그 말을 믿고 한 채를 분양받았다. 그런데 A 사장이 별장을 찾을 때마다 깜짝깜짝 놀라곤 한다. 한 번은 별장 밖에 놓아둔 박스를 치우려고 박스에 손을 떼는 순간 고양이가 튀어나와 소스라치게 놀랐다. 박스 안에는 새끼 고양이들이 놀란 얼굴로 어쩔 줄을 몰라 했다. 또 한 번은 베란다 문을 여는데, 어떻게 들어왔는지 새가 집을 지어놓은 것이 아닌가. 집 주변에 새똥과 검불들이 많이 떨어져 있어 새집을 치워버렸는데, 그 다음에 갔을 때 또 새집이 지어져 있었다. 치워야 할지 말아야 할지 고민이 되었다. 언젠가는 낮잠을 자려고 집 앞마당에 만들어 놓은 정자에 올랐더니 서까래 밑에 큼지막한 말벌집이 있었다. 낮잠은커녕 벌에 쏘일까봐 무서워서 근처에도 갈 수가 없었다.

야생동물도 새끼를 키울 때처럼 예민한 시기만 아니라면 사람을 먼저 공격하지는 않으니 너무 걱정하지 말라고 했다. 차라리 공생하는 방법을 찾아보는 것이 더 현명한 방법이다. 야생동물들은 조화로운 기운이 있는 곳에 집을 짓는다. 그러니 야생동물이 집에 들어와 산다는 것은 집에 좋은 기운이 있다는 증거이다. 내가 기거하는 곳에 명당의 기운이 있어 야생동물이 들어와서 살고 있는데, 이를 내쫓을 필요가 있겠는가? 오히려 번성하여 여기저기 집을 짓고 사는 것을 보는 기쁨이 훨씬 클 것이다. 좋은 기운의 산 증거이니 말이다.

링곤베리와 코리언 블루베리, 정금나무

출근 전 막간을 이용하여 TV를 켜는데, '슈퍼푸드의 힘'이라는 프로를 하고 있다. 핀란드 국민들은 30년 전만 해도 고지방식으로 인해 비만이 많았는데, 링곤베리라는 열매를 먹고 비만문제를 해결했다는 것이다. 야생에 있는 여러 종류의 베리 중 링곤베리는 특히 안토시아닌이 많아 항산화 효과가 뛰어나고, 지방 축적을 막아줄 뿐만 아니라 체지방 감소를 도와주며, 셀룰라이트로 인한 염증을 제거하는 데 도움이 된다는 내용이었다. 비만으로 고생하는 사람들에겐 귀가 솔깃할 만한 내용이었다.

　대량으로 재배하거나 외국에서 수입한 식품들을 사먹는 우리 입장에서 핀란드인들이 들판에서 자연스럽게 베리를 채취하는 모습은 다소 낯설게 느껴졌다. 하지만 현대병이라 불리는 고혈압, 당뇨 및 비만 등이 인스턴트 식품의 보편화와 무관하지 않고, 이의 해결책으로 자연주의 식단을 선호하는 사람들이 많아지는 것을 볼 때 자연산 제품에 대해 관심이 가는 것은 어쩌면 당연한 일일지도 모른다.

　블루베리를 포함한 베리류들은 춥고 척박한 환경에서 자라는 것으로 알려져 있다. 악조건에서 살아남기 위해 스스로 방어물질을 만들고, 치유에 도움이 되는 성분들을 생성해낸다고도 한다. 일견 이해가 되기도 하지만 그것만이 전부는 아닐 것이다. 동양에서 약용식물로 알려져 있는 많은 식물들이 음양기 위에 자생하고 있다. 물과 적당한 영양소와 햇빛에 의해 생존하고 있는 식물들이 특별한 약성을 지니기 위해서는 뭔가 다른 특별한 요인이 필요하다. 지구 내부에서 발산되는 음양기이다. 약성이 있는 대부분의 식물은 음양기 위에 자란다. 링곤베리가 항산화 효과가 뛰어나 활성산소를 제거하고, 셀룰라이트를 분해할 뿐만 아니라 염증을 제거한다면 분명 음양기 위에 자생할 것이다.

　어렸을 적에 부친을 따라 가을 산을 다니면서 까맣게 익은 정금나무 열매를 자주 따서 먹었다. 부친께서 어렸을 땐 먹을 것이 귀해서 산이나 들에서 나는 먹을 수 있는 것은 다 따서 먹었다고 하셨다. 머루와 다래는 기본이고, 부드러운 칡넝쿨이나 찔레나무 어린 순도 많이 먹었고, 산딸기나 정금도 많이 따서 먹었다고 하셨다. 생각해보니 시큼달콤한 정금이 베리류와 모양도 닮았고, 맛도 비슷한 것 같다. 서양의 블루베리, 블랙베리, 링곤베리에 자극을 받은 국내 학자들이 정금을 연구해보니 항산화 효과도 탁월하고, 당뇨나 비만의 예방효과가 있을 뿐만 아니라 이뇨효과와 변비예방 효과도 있었다고 한다. 음양기에 자생하고 있는 약용식물들이 보편적으로 가지고 있는 특성들임을 고려할 때 정금나무 또한 음양기에 자생할 것으로 보인다. 세상의 이치는 그리 복잡하지 않다. 결과가 있으면 이치에 합당한 원인이 있다. 언젠가는 자생 정금나무의 기운을 확인하고 무릎을 치게 되리라.

붕어즙 에피소드

물류업무를 하는 거래처 박 사장은 호리호리한 몸매에 참나무처럼 단단한 몸매를 지니고 있고, 항상 활력이 넘친다. 가끔 물류창고를 방문할 때면 자신이 애용한다는 붕어즙을 한 봉지 준다. 자신이 20년을 감기 한 번 안 걸리고 살아온 비결이라면서 입에 침이 마르게 자랑을 한다. 검정콩과 도라지, 기타 몇 가지 약재를 넣었다고는 하지만 뭐가 그리 대단하다고 저렇게 자랑을 할까? 언젠가 건네준 붕어즙을 마시고 돌아서서 붕어즙 비닐봉지를 엘로드로 측정해보았다. 혹시나 특별한 기운이 있을까 해서다. 그런데 먹고 난 비닐봉지에서 음양 기운이 감지되었으며, 1미터 떨어진 곳에서도 그 기운이 느껴졌다. 반신반의하면서 몇 번을 확인해보았으나 확실하게 음양 기운이 느껴졌다. 수산시장에 가게 되면 꼭 붕어의 기운을 한 번 확인해보리라 마음먹었다.

그로부터 일주일쯤 지났을까? 우연히 EBS 방송국 뒷편에 있는 한류천 마실다리를 산책하다가 민물 가마우지가 다리 난간 위에서 삼키다 떨어뜨린 붕어를 발견했다. 20cm쯤 되는 큼지막한 붕어였다. 가마우지에겐 미안했지만 반가운 마음에 붕어를 사무실로 가져와서 기운이 없는 곳에서 엘로드로 기운을 확인해보았다. 놀랍게도 2m 떨어진 거리에서도 음양 기운이 감지되었다. 손맛을 중시하는 낚시꾼들이 왜 붕어를 선호하는지 알 것 같다. 박 사장이 자기 몸이 말을 한다며 그토록 자랑하는 것도 이해가 간다. 다음에 붕어낚시를 가게 되면 음양기가 흐르는 방향으로 낚싯대를 던져야 할 것만 같다. 음양기가 몸에 배어 있다면 당연히 음양기가 흐르는 곳에 살고 있을 테니까.

물에 대한 특별한 실험

풍수에서는 득수得水, 즉 물을 얻는 것을 명당의 중요한 요건으로 보았다. 물을 재물로 표현하기도 하며, 물을 중요시하였다. 이유가 뭘까?

『금낭경』은 '무릇 음양의 기는 뿜으면 바람이 되고夫陰陽之氣 噫而爲風, 오르면 구름이 되며升而爲雲, 내리면 비가 되고降而爲雨, 땅속으로 흘러 돌아다니면行乎地中, 곧 생기가 된다則而爲生氣.'고 하였다. 바람과 구름과 비와 지하수, 즉 물의 순환과정을 기의 흐름으로 보았다. 기의 흐름이 엄연히 있는데, 왜 물을 기와 동일시하는 이런 생각을 하게 되었을까? 이것은 모든 것을 수용하는 물의 특별한 성질 때문이다. 한약재를 약탕기에 넣고 달인 탕약에는 약재 각각의 성분뿐만 아니라 약재가 띠고 있는 기운까지 배어 있다. 모든 것을 받아들이는 물의 특성 때문일 수도 있고, 기장氣場 안에 있는 모든 물체에 기를 전사轉寫시키는 기의 특성 때문일 수도 있다. 어떻든 물은 접촉하는 모든 물질의 기운을 담는다. 그 물이 증발하여 바람이 되고, 모여 구름이 되며, 비가 되어 지상에 떨어지고, 땅속으로 스며들어 흘러 다니니 그것을 기의 흐름이라고 한 것 같다.

문득 물에 대한 궁금증을 확인해보고 싶어 특별한 실험을 시도했다. 8개의 종이컵에 물을 2/3씩 채우고 금반지, 은, 백원짜리 주화백동, 구리선황동, 희토류 광석, 금광석, 매미허물선태, 산수유 열매음양기 위에 자란 것를 넣고 2시간 동안 방치 후 엘로드로 각각의 기운을 확인해보았다. 양기의 화신이라 할 수 있는 매미의 허물을 담근 물에서는 양기가 감지되었다. 나머지 전부에서 음양기가 감지되었으며, 감지되는 범위는 1미터에서 2미터 범위였다.
시간과의 관련 여부를 확인하기 위해 2차 실험을 시도하였다. 새로운 종이컵에 다시 물을 채우고 동일 샘플을 담궜다가 바로 빼낸 후 기운을 확인하였다. 동일한 결과가 나왔다. 생명에 긍·부정의 영향을 미치는 기운들이 즉각적으로 물에 전사된 것이다. 금광석은 물론이고, 제련된 금, 은, 동과 희토류 광석, 음양기 위에서 자란 산수유 열매까지 음양기의 기운을 물에 전사시켰다.

한때 세간의 관심을 끌었던 에모토 마사루의 '물은 답을 알고 있다'에 나오는 물의 신비한 능력이나 김현원 교수에 의해 주장된 '물의 기억력'은 물에 전사된 음양기가 가지고 있는 특성인 셈이다. 힐데가르트 수녀가 시도했던 보석을 물이나 우유 또는 와인에 담갔다가 마시는 치료방법도 보석이 갖고 있는 음양기를 물에 전사시킨 후 그 기운의 치유효과를 활용한 것으로 생각할 수 있다.

우리가 마시는 물은 그냥 단순한 물이 아니다. 우리 앞에 한 잔의 물로 다가오기까지 수많은 물질들을 접촉하고, 다양한 기운들을 만났을 것이다. 어쩌면 우리 자신을 거쳐갔던 물이었는지도 모른다. 중요한 것은 물은 마지막으로 접한 기운을 담게 된다. 그런 의미에서 물을 마시기 전에 먼저 물의 기나긴 여정에 경의를 표하고 감사하자. 지금 마실 물에 긍정적 메시지를 보내는 것은 마지막 순간 내 몸의 세포를 건강하게 하는 특별한 기운을 담는 행위이다.

굴에 얽힌 사연

입춘이 지나고 나니 한낮에는 제법 날씨가 따뜻하고, 양지엔 겨우내 움츠리고 있던 식물들이 고개를 쑥 내밀고 봄볕을 쬐고 있었다. 모처럼 산책을 하고 싶은 생각이 들어 서둘러 점심을 먹고 있는데, 젓가락으로 잡은 굴이 눈에 쏙 들어왔다. 동서양의 수많은 유명인들이 굴을 즐겨 먹었다는데, 혹시 굴에 좋은 기운이 있는 것은 아닐까? 갑자기 굴의 기운을 확인해보고 싶어졌다. 평소 기운이 없는 곳에 굴을 놓고 확인해보니 엘로드에 음양기가 느껴진다. 검증을 위해 수맥이 흐르는 곳으로 가지고 가서 확인해보았다. 항상 음기가 흐르던 그곳에서도 음기는 사라지고 조화로운 기운이 흐른다. 굴에는 생명에 이로운 기운이 배어 있음에 틀림없다.

카사노바나 프랑스의 소설가 발자크는 굴 애호가로 유명했고, 독일의 철혈재상 비스마르크도 굴을 무척 좋아했다고 한다. 그 외에도 명사들의 굴에 관한 일화는 수없이 많다. 그들이 굴을 먹고 경험한 긍정적인 효과 때문에 굴 애호가가 되었는지는 알 수 없지만 굴에 생명의 기운이자 조화와 균형의 기운인 음양기가 배어 있는 건 확실하다.

굴 양식업자들에 따르면 굴 유생종자 또는 씨앗이 특별히 잘 모이는 곳이 있다 한다. 굴 유생이 잘 모이는 곳은 지구의 조화로운 기운이 발산되는 장소가 분명하다. 굴 양식업자들은 굴 유생을 채취하기 위해 그곳에 채묘연을 설치한다. 음양기를 띠고 있는 어미 굴이 산란한 유생 또한 음양기를 띠고 있을 것이며, 바닷물을 따라 떠다니다가 굴 양식업자들이 매달아 놓은 채묘연에 부착하게 된다. 그 후 몇 단계를 거쳐 선별된 굴 유생은 바다 수하식 양식장에 옮겨져 성패가 될 때까지 자라게 된다. 음양기를 띤 굴 유생이 인공 양식장으로 옮겨져서 성장할지라도 생명의 기운을 담고 있을 것이다. 자연산 굴이라면 당연히 음양기 위에 있는 돌에 부착되어 자랄 것이며, 생명의 기운을 고스란히 담을 것이다.

기는 선택적 감지가 가능하다

많은 사람들이 좋아하는 해조류인 다시마나 미역에는 어떤 기운이 담겨 있을까? 전복에 음양기가 있음을 확인한 터라 전복의 먹이인 다시마와 미역의 기운이 궁금하였다. 퇴근길에 마트에서 소금간이 되어 있는 다시마와 미역을 한 팩씩 사왔다. 깨끗이 씻은 후 싱크대 옆에 올려놓고 기운을 측정해보았다. 다시마에선 음양기가 감지되었으나 미역에선 음양기가 감지되지 않았다. 다시마와 미역을 번갈아가면서 확인했지만 동일한 결과였다. 선반에 있는 김을 꺼내 엘로드로 확인해보았으나 기운이 느껴지지 않았다. 같은 해조류인데 왜 다른 결과가 나올까 생각하다가 깜짝 놀랐다. 엘로드로 기운을 측정했던 곳은 음양기에서 자란 산수유로 만든 산수유 발효액을 넣어 놓았던 싱크대 서랍 위였다. 음양기가 발산되는 산수유 발효액 위에서 측정했으므로 전부 음양기가 감지되었어야 한다. 그런데, 다시마는 음양기가 감지되었고, 미역과 김은 감지되지 않았다. 기가 산수유 발효액에 영향받지 않고 독립적으로 감지된 것이다. 특정 기장氣場에서 수행하더라도 그 기장에 영향받지 않고 측정하고자 하는 기운만 선택적으로 측정이 가능하다는 이야기는 측정자가 측정하고자 하는 물질의 고유 주파수에 동조되었기 때문이리라.

다우저가 특정 물체에서 나오는 기운을 감지하고, 멀리 떨어져 있는 곳에서의 원격 감지가 가능한 이유는 시공을 초월하는 기의 특성 때문인 것 같다.

제3장
풍수의 현대적 활용

초자연적 현상이나 초능력의 존재 가능성 및 객관성 여부는 이미 오랫동안 관련 연구를 하는 학자들 사이에서 검증되어 왔다. TV 등 공중파를 통한 공개검증 등을 통해 일반인들도 보편적으로 받아들이고 있는 실정이다. 지금까지는 초자연적 현상이나 초능력이 특별한 환경이나 특별한 존재에게만 국한된 것으로 인식되고 있었다. 그러나 초능력을 연구하는 학자들에 의해 보통사람들도 얼마든지 초능력을 발휘할 수 있다는 것이 밝혀졌고, 지하 수백 미터에 있는 수맥을 찾거나 광맥을 찾는 일이 훈련에 의해 가능하다는 것을 우리는 알고 있다.

필자의 경험으로 볼 때, 우리가 인식하고 있지는 못하지만 자연현상 중에도 기 현상과 같은 초자연적인 현상들이 일상적으로 일어나고 있다. 또한 생명활동을 하는 모든 생명체에는 우리가 초능력으로 인식할 만한 능력들이 잠재되어 있다. 그러한 잠재능력은 개발하고 연마하면 언제든지 발현될 수 있다. 지금 우리가 관심을 갖고 고민해야 하는 것은 초상현상이나 초능력이 우리에게 어떤 의미이며, 어떤 메카니즘을 통해 이러한 현상들이 작동되는지를 밝히는 일이다. 이를 통하여 이들 초자연적 현상이나 초능력을 인류의 미래를 위해 실용화하는 일이다.

본장에서는 지구의 미세에너지인 기를 통하여 건강을 유지하고, 기와 관련된 신사업을 추진하는 등 풍수를 실용화할 수 있는 방안들을 제시하고자 한다.

제1절
건강과 풍수

일상의 대전환

고대인들이나 현대인들이 신성시하는 건축물이나 구조물에는 실제로 특별한 기운이 있을까? 신비의 영역으로 사람들의 외경심을 불러일으켰던 그곳에 기운이 있다면 어떤 기운이 있을까? 흥미로운 사실은 그것을 누가 만들었든 그곳이 죽은 자들을 위한 공간일 경우, 강한 양기가 흐르는 라인이 있고, 산 자들을 위한 공간일 경우, 강한 음양기가 흐르는 라인이 있다. 그 특별한 기운들이 실제로 어떤 영향을 주는지 과학적으로 밝혀지지는 않았지만 그 기운들에 반응하는 동물들의 행동이나 식물의 생태는 확인할 수가 있다.

향수를 가까이하면 향기가 배어 향기가 나고, 오물을 가까이하면 몸에서 악취가 난다. 마찬가지로 좋은 기운을 접하면 좋은 기운이 몸에 배고, 나쁜 기운을 접하면 나쁜 기운이 몸에 배게 된다.

자화磁化란 평소에는 자성을 띠지 않던 물질이 큰 자기장 안에 두면 자석의 성질을 갖게 되는 것을 말한다. 물질을 구성하는 원자 내 전자가 큰 자기장의 영향을 받아 일정한 방향으로 배열되어 일어나는 현상이다. 기氣 또한 유사한 현상을 보인다. 어떤 물질을 양기가 발산되는 곳에 두면 우회전 에너지가 흐르면서 양기의 특성을 보이고, 음기가 흐르는 곳에 두면 좌회전 에너지가 흐르면서 파괴적인 음기의 특성을 보인다. 반면에 조화로운 음양기가 있는 곳에 두면 그 물질은 좌회전, 우회전 에너지가 공존하면서 조화로운 음양기의 특성을 보인다.

음양기는 지구상의 모든 장수하는 나무의 아래를 지나가는 기운이며, 알을 낳고, 새끼를 치는 모든 동물들이 집을 짓고 휴식을 하는 공간에 흐르는 기운으로 모든 생명체에 생명력을 주는 기운이다.

우리의 일상에서 가장 중요한 것들을 조화로운 기운이 발산되는 곳으로 옮길 필요가 있다.

좋은 기운을 얻겠다고 집을 헐고 새로 지을 수는 없다. 그러나 쉽게 옮길 수 있는 가재도구들이 있을 것이다. 전문가를 통해 우선 집 안의 조화로운 기운이 어느 방향으로 흐르는지를 파악하자. 주변에 전문가가 없다면 고양이나 개에게 물어보면 된다. 그들은 명당 기운이 지나가는 라인을 알려주지는 않지만 그 기운이 흐르는 지점 Point은 정확하게 알려줄 것이다. 특별한 지역이 아닌 한 어떤 집이든 생명력이 솟아나는 몇 줄기의 라인은 있다. 소위 명당의 기운이 있는 곳이다.

가장 먼저 할 일은 침대를 그 라인으로 옮기는 일이다. 한 달이 채 지나기 전에 상쾌한 아침을 경험하고, 새로운 활력을 느끼게 될 것으로 확신한다. 명당 라인이 없더라도 최소한 음기 라인이 있는지 확인하여 그곳은 일단 피해야 한다. 그곳은 질병을 일으키고, 생명을 단축하는 라인이기 때문이다.

두 번째, 아이 공부방 책상을 명당 라인으로 옮겨야 한다. 산만하던 아이가 점차 차분해지고, 집중력이 몰라보게 좋아질 것이다.

세 번째, 일용할 양식이 있는 냉장고와 쌀통, 정수기를 명당 라인으로 옮겨야 한다. 인체에 유익한 에너지가 나오는 토션필드 관련 제품들이 판매되고 있지만 지구가 주는 생명을 살리는 기운과 비할 바가 아니다. 당신과 가족들이 먹는 음식은 보약이 지니고 있는 기운을 담게 되고, 물은 생명수가 될 것이다.

네 번째, 당신이 잠들기 전에 하루 종일 만지작거리는 휴대폰과 지갑, 안경 등을 명당 라인에 올려놓아라. 당신이 그것들을 만지는 매순간 당신에게 좋은 기운을 전해줄 것이다.

그리고 마음의 여유가 있거든 집 안의 화초를 명당 라인으로 옮기자. 수분만 적당하다면 화초들이 생기를 되찾고 매일 아침 싱그러움을 선사해줄 것이다.

이러한 일들을 하나씩 실행해보라. 한 달이 지나기 전에 당신의 하루가 즐거워지고, 기분 좋은 일들이 생길 것이다. 1년 정도 지속하면 당신은 만나면 기분이 좋아지는, 만나고 싶은 사람이 될 것이다. 당신 주변에 이미 그런 사람이 있다면 그는 자신도 모르게 그러한 삶을 살고 있는 사람이다. 우주의 조화로운 기운인 음양기는 그러한 특성을 가진 기운이다.

조화와 균형의 기운이자 생명의 기운인 음양기는 창조주가 지구에 살고 있는 생명체에 무제한으로 제공하고 있는 사라지지 않는 향기와 같은 특별한 선물이다. 음양기와 친해지는 것은 자신을 사랑하는 일이며, 가족과 이웃을 사랑하는 일이다.

명당에서 휴식하기, Well-Relaxing

비원이라고도 불리는 창덕궁 후원은 숲과 연못, 정자 등이 잘 조화를 이루고 있다. 이곳에는 각종 희귀한 수목이 우거져 있으며, 많은 건물과 연못 등이 있다. 조선시대 왕과 왕비들은 이곳에서 여가를 즐기고 심신을 수양하거나 학문을 닦고 연회를 베풀었다.

후원이 인위적인 요소를 최소화하면서 자연환경을 잘 살려 조성했다는 것은 익히 잘 알려져 있는 사실이다. 그런데 특기할 것은 후원을 만드는 과정에서 주변의 환경만 잘 활용한 것이 아니라 땅의 기운을 잘 활용하여 정원을 조성했다는 사실이다. 연못을 만들 때 자연지형과 잘 어울리게 하되, 음양기의 흐름이 연못 가장자리와 나란하도록 못을 팠고, 음양기의 흐름이 정자의 수중에 있는 두 개의 석주를 지나도록 하였다. 휴식을 취하는 사람이 정자 난간에서 우주의 조화로운 기운인 명당의 기운을 받을 수 있도록 했다. 건강한 휴식을 위해 인간 친화적인 정원을 만든 것이다.

조선 중기에 건축된 한국 전통의 별서정원別墅庭園*인 담양 소쇄

....

* 별서정원 : 세속의 벼슬이나 당파싸움에 야합(野合)하지 않고 자연에 귀의하여 전원이나 산속 깊숙한 곳에 따로 집을 지어 유유자적한 생활을 즐기려고 만들어 놓은 정원이다.

원 또한 자연을 훼손하지 않으면서 계곡 비탈에 축대를 쌓아 올려 정자를 짓고 길을 내었는데, 인위적인 요소가 자연스럽게 녹아들어 전혀 부자연스러움을 느낄 수 없다. 정자 자체가 마치 자연의 일부인 듯한 착각을 일으킬 정도다. 맑은 물이 흐르는 계곡을 사이에 두고 양쪽에 엇갈리게 정자를 지었는데, 한 폭의 멋진 동양화를 보는 것 같다. 본래 은둔을 목적으로 지었지만, 빼어난 풍경 덕분에 수많은 문인들이 이곳을 찾아 문학과 학문 연구의 산실이 되었다. 계곡 옆에 지어진 광풍각은 정자 정중앙 앞뒤 방향으로 음양기가 흐른다. 계곡 10m쯤 위쪽 맞은편에 있는 대봉대도 정자 중앙을 가로질러 제월당 중앙으로 한 줄기 음양기가 지나간다. 소쇄원의 모든 정자들은 정자의 앞뒤 방향으로 조화로운 기운이 지나가도록 하였다. 풍류를 위한 목적이든 학문을 위한 목적이든 조선의 정자들은 자연과 잘 어울리도록 하였을 뿐만 아니라 조화로운 기운이 지나가는 곳에 지어 심신의 편안함도 추구할 수 있도록 하였다.

근자에 지자체별로 도심 속 테마정원 조성사업이 활발하다. 각 지역의 유휴 부지나 자투리땅 등을 활용한 생활 속 정원문화가 확산되어 가는 추세이다. 신도시가 조성되거나 택지개발지구 등이 개발되면 대규모 공공공원이 조성되기도 하고, 소규모의 근린공원이 조성되기도 한다. 이제 주택가 근처엔 어디에나 근린공원 한두 개는 있다. 해가 갈수록 공원의 숫자는 늘어가는데 천편일률적인 인조공원의 느낌을 지울 수 없다. 아름드리 고목도 옮겨와 심고, 희귀목도 심는다. 많은 비용을 들여가며 조성한 과시용 공원개발은 위화감만 조성하고 감동이 없다.

바야흐로 Well-Being에 이어 Well-Relaxing의 시대이다. 더 좋은 휴식이 더 좋은 건강을 가져오고, 더 높은 효율과 생산성을 가져온다. 지금이라도 Well-Relaxing을 가져올 수 있는 자연 친화적이고 인간 친화적인 공원의 조성에 신경을 써야 한다. 인간의 눈으로, 인간의 관점에서 예쁜 그림을 그리듯이 조경하지 말고 식물의 관점에서 대자연의 관점에서 조경해야 한다. 수백 년이 흐른 후 후손들이 선조들이 가꾼 정원에 감동하고 감사할 수 있도록 자연의 소리에 귀 기울여야 한다. 식물이 원하는 조화로운 기운이 있는 곳에 꽃과 나무를 심자. 갓난아이가 엄마의 심장소리에 안정을 찾고 편안해지듯이 대지의 평화로운 숨소리가 들리고 우주의 조화로운 기운이 맴도는 곳에 벤치를 만들고 산책길을 만들자. 대자연의 구성원인 식물과 동물 모두가 선호하는 환경은 음양기가 흐르는 곳이다. 조선시대의 정자들처럼 음양기가 무한히 발산되는 곳에 휴식공간을 만들어 지친 심신을 쉬게 하고 내일을 위한 에너지를 재충전할 수 있도록 하자.

산후조리원과 명당

산고産苦를 겪어보지 않은 사람은 산모의 고통을 이해할 수 없다. 이 세상에서 가장 숭고한 고통인 산고를 치르고 회복하는 기간도 고통이 지속된다. 최소한 한 달에서 두 달은 산후조리를 하지만 몸은 쉽게 원래의 상태로 돌아가지 않는다. 교통사고나 큰 사고를 겪고 재활을 하는 경우도 마찬가지다. 마음은 급하지만 한 번 무너진 건강은 쉽게 원래대로 돌아가지 않는다. 의사선생님이 처방해주는 약의 힘을 빌리기도 하고, 따로 보약도 복용하면서 재활을 재촉하지만 마음대로 건강은 회복되지 않는다.

아파트에 살다 보면 가끔씩 시들어버린 식물을 1층 화단에 심어놓은 것을 보게 된다. 식물을 키우는 것도 아이를 키우는 것처럼 쉽지가 않다. 어느 날 문득 상태가 나빠져 가고 있는 식물을 발견하고는 안타까운 마음에 며칠간은 살려보려고 애를 써보지만 도저히 안 되겠다는 생각이 들면 버리거나 화단에 옮겨 심는다. 죽어도 할 수 없고, 살아나면 다행이라는 생각이다. 화단에 심을 때는 대부분의 식물들이 이미 잎이 많이 시들어 있거나 잎이 많이 떨어져 깃털 빠진 새처럼 보기가 흉한 경우가 많다.

관심을 갖고 화단에 심어놓은 식물들을 관찰하다가 놀라운 사실을 확인하게 되었다. 잊고 지내던 어느 날 문득 화단의 식물이 생기를 되찾고 잎이 무성해져 있는 것을 발견한 것이다. 조심스럽게 화단을 엘로드로 측정을 해보니 싱싱하게 회복한 나무가 심어진 자리로 음양기가 흐르고 있었다. 음양기가 흐르는 곳의 식물이 곧게 잘 자라고 장수하는 것은 수없이 보아왔지만 기력을 잃은 식물이 이렇게 완벽하게 회복한 것은 너무 신기한 일이었다. 식물을 다시 화분에 옮겨 심는 주인에게 좋은 기운이 있는 곳에 심어서 회복이 잘 된 것이라고 했더니 신기해하면서도 믿기지는 않는다는 표정이다.

식물의 재활에 땅 기운이 이토록 큰 영향을 준다면 동물에게도 긍정적인 영향을 미칠 수 있지 않을까? 경치가 좋고 환경이 좋은 곳에 산후조리원을 지으면서 땅의 기운이 좋은 위치에 산모의 침대와 아이의 요람이 놓이도록 설계하면 산모의 회복은 물론, 아기의 건강에도 더없이 좋을 것이다. 산후조리원 창밖으로 음양기가 흐르는 라인을 따라 소나무나 메타세쿼이아 등 운치 있고 키 큰 나무를 심으면 까치가 날아와 집을 지어 알을 낳고 새끼를 키울 것이며, 직박구리가 창밖에서 사랑의 노래를 부를 것이다.

거미를 활용한 명당 찾기

곤충을 애완동물로 키우는 사람들이 있다. 주로 사슴벌레, 장수풍뎅이 등 어렸을 때 숲에서 잡아가지고 놀던 곤충들로 멋진 외모를 가지고 있다. 단단한 등껍질을 지니고 있어 손으로 잡기도 쉽고 금방 죽지도 않아 여러모로 사람들에게 친숙한 곤충들이다. 타란튤라라는 꽤 무섭게 생긴 거미를 키우는 사람도 있다. 독이 있으나 생긴 모습과는 달리 성질이 순하고 관리를 잘하면 15년에서 25년까지 장수하여 애지중지하며 키우는 사람들도 꽤 많다고 한다.

우리나라를 비롯한 일본, 중국, 대만에 살고 있는 거미 중에 호랑거미와 무당거미가 있다. 언뜻 보면 노랑과 검정 색깔로 어우러진 외모가 서로 닮았지만 자세히 보면 무늬도 다르고 버티고 있는 자세도 다르며, 그들이 만든 거미줄 모양도 다르다.

거미는 집을 짓기 전에 대자연의 기운을 읽는다. 생명의 기운인 음양기가 지나가는 곳을 확인한 후 거미줄의 방향을 결정할 세로줄을 친다. 그 후 음양기 라인에 직각이 되게 방사형으로 거미줄을 친다. 거미줄이 완성되면 거미줄의 중앙에서 조화로운 기운인 음양기 방향으로 오고 가는 작은 곤충들이 걸리기를 기다린다. 그러므로 거미줄이 완성되면 명당 기운이 지나가는 라인을 확인하게 되는 것이다. 거미를 열 마리만 풀면 집 안으로 지나가는 명당 라인을 대부분 확인할 수 있다. 어떤 풍수사도 쉽게 알아내지 못하는 대단한 능력이다.

짓궂은 마음으로 조심스럽게 거미줄을 걷어보라. 거미는 하루 이틀은 사태를 관망하지만 이내 다시 땅 기운을 감지하고 거미줄을 치기 시작할 것이다. 같은 음양기 라인에 거미줄을 칠 수도 있고, 새로운 라인을 감지하여 새로운 방향으로 거미줄을 칠 수도 있다. 어떤 결과이든 거미는 좋은 기운이 있는 방향을 마주하고 있을 것이다.

예쁘장하게 생긴 거미가 탁월한 직관력으로 땅 기운을 읽고 거미줄을 치는 것은 경이로운 일이다. 1,000번 이상 반복하여 가로줄을 세로줄에 붙이는 집중력이나 먹이가 걸릴 때까지 조바심내지 않고 기다리는 인내심을 보는 것은 그 어떤 동물을 키우면서도 느낄 수 없는 값진 교훈이다. 우리에게 알려주는 명당은 그저 덤이다. 먹이가 오랫동안 거미줄에 걸리지 않아 거미가 배가 고프겠다고 생각되거든 가끔 풀벌레라도 한 마리 던져주면 그 고마움에 대한 보답이 될까?

제2절
신산업과 풍수

고인돌에 생명력을 부여하라

　인류 전체를 위해 보호되어야 할 뛰어난 보편적 가치가 있다고 인정하여 세계유산목록에 등재한 유산임에도 세인들의 관심을 받지 못하는 문화유산이 있다. 대표적인 것이 고인돌이다. 우리나라의 세계유산에는 1995년에 지정된 석굴암 불국사를 필두로 해인사 장경판전, 종묘 등 많은 문화유적들이 있으며, 국내는 물론, 문화유적에 관심이 많은 전 세계인들의 사랑을 받고 있다. 화순·고창·강화의 고인돌은 역사성이나 희귀성, 그리고 특수성 등의 측면에서 높이 평가되어 2000년 12월 유네스코UNESCO에 의해 세계유산으로 등재되었지만 20년이 지난 현재까지 인류문화유산으로서의 합당한 대우를 받지 못하고 있다고 해도 과언이 아니다.

　우리나라의 고인돌은 수도 많지만 종류도 다양하다. 전국적으로 분포하고 있는 점도 특이하다. 문화재청이나 관련 분야 학자들이 그동안 고인돌 연구에 심혈을 기울이고 관심을 보여왔지만 고인돌에 대해 밝혀진 것은 아직도 상식적인 수준에 머물러 있다. 우리나라 고인돌 수가 세계 고인돌 수의 절반 가까이 된다거나 고인돌의 무게가 세계 최대라는 등 불필요한 의미 부여를 하고, 설화나 전설에 기대어 명맥만 유지하고 있는 실정이다. 선사시대 유적인 만큼 기록으로 남아 있는 것도 없고, 유물 또한 많지 않으니 한계는 있을 수 있다.

각 지자체별로 매년 지역특산물과 연계하여 고인돌 관련 행사도 하면서 관광 상품화에 노력하고 있으나 그때뿐이다. 단발적인 행사에 의존한 관광산업이 지속될 리 만무하다. 어설픈 설화나 비현실적인 전설을 확인하기 위해 오는 관광객은 없다. 관광객이 보기에 고인돌은 그저 오래된 돌 구축물에 지나지 않는다. 관광객을 끌어들일 수 있는 느낌 있는 컨텐츠가 필요하다.

3,000여 년 전에 우리의 조상들은 한반도에 충만한 양기를 확인하고, 그 양기 위에 고인돌을 축조하였다. 양기는 신성한 기운이자, 풍요와 번영의 기운이다. 선사시대인들은 양기 위에 고인돌을 축조함으로써 후손의 풍요와 번영을 기원했다. 탁자식 고인돌은 양기가 흐르는 방향에 직각이 되게 설치하였으며, 시신의 심장이 양기 위에 위치하도록 하여 시신이 양기를 직접 받을 수 있도록 하였다. 기타 고인돌들도 고인돌을 관통하여 양기가 흐른다. 3,000여 년 전에 음택풍수의 핵심인 양기를 감지하고, 그 위에 시신을 매장하였다는 사실은 놀랍다. 아직 양기의 특성이 과학적으로 규명되지는 않았지만 수천 년을 이어온 풍수의 핵심 기운이자 신비한 기운이다.

한반도 전역에 분포하는 수많은 고인돌들은 우리 민족의 흥을 만들어내는 양기의 가장 확실한 증거이다. 당장 화순, 고창, 강화의 고인돌을 관통하는 양기를 확인하는 작업을 추진하고, 양기가 지나가는 고인돌 아래에 스마트 횡단보도처럼 양기를 상징하는 스마트

LED를 깔아보라. 일주일 단위로 강약을 반복하며 양의 기운이 발산되는 지구의 오묘함에 감탄하고, 양기 위에 되살아나는 고인돌의 신비를 보면서 양기를 충전하기 위해 관광객이 구름처럼 밀려오리라.

농업혁명, 생기농법

1

생기농법이란 무엇인가? 기존의 화학농법이나 유기농법이 농작물의 품질이나 수확량에 영향을 주는 필수 영양소를 공급하고, 병충해를 방지하기 위한 수단이나 방법을 인간의 관점에서 찾았다면 생기농법은 지구적 관점, 농작물의 관점에서 지구의 생명력을 활용하는 농법이다.

유기농법이란 자연 본래의 생산력을 중시하는 농사법이다. 화학비료나 농약을 거의 사용하지 않고 유기비료有機肥料를 쓰며, 생물학적인 방법으로 병충해를 방지한다. 우렁이를 논에 방사하여 벼농사를 짓거나 모내기 이후 벼이삭이 나오기 전까지 오리를 논에 방사하여 잡초를 제거하고, 오리의 배설물을 비료로 활용하는 농법 등이 그 예이다. 쿠바의 농업구조를 획기적으로 바꾸어 유기농법의 롤모델이 된 지렁이 농법도 있다. 지렁이는 땅속을 다니면서 공기와 빗물이 잘 통할 수 있도록 하며, 썩은 식물이나 동물 등 유기물 사체를 섭취하여 식물성장에 필수적인 영양소를 제공한다. 유기농법은 화학비료를 대량으로 사용하는 기존의 화학농법이 토양을 오염시키고 인체에 대한 악영향을 일으킨다는 비판에서 시작되었다. 유기농법으로 재배한 농산물이 웰빙 열풍을 타고 각광을 받고 있다. 과연 유기농법은 최선의 농법이며, 인류 최후의 농법일까?

　친환경 농법으로 이용되던 오리 농법이 조류인플루엔자AI의 유행으로 어려움을 겪었고, 잡초제거 목적으로 논에 방사했던 왕우렁이가 태풍이나 집중호우 시기에 논 밖으로 나가면서 왕성한 번식력과 식욕으로 생태계 파괴를 초래할지 모른다는 우려를 낳고 있다.

　산과 들의 수많은 초목들, 하천변에 무성하게 잘 자라는 이름 모를 풀들은 비료나 농약을 하지 않지만 무럭무럭 잘 자란다. 관리하지 않고 묵혀둔 논과 밭은 손을 대기 어려울 정도로 잡초들이 자란다. 도대체 관심도 두지 않는데 이렇게 잘 자라는 건 어떻게 된 일일까? 낙엽 썩은 퇴비와 하늘에서 내리는 눈, 비 이외에는 아무것도 주는 게 없는데, 흙과 식물 사이엔 우리가 모르는 그 무엇이 있는 것일까? 가끔 들판이나 야산을 돌아다니다 보면 어떤 곳에 억새가 무성하게 자라 있거나 쑥이나 토끼풀 등 특정 식물이 무성하게 자라 있는 것을 볼 때가 있다. 두엄을 쌓았던 자리일 수도 있고, 식물생장에 도움이 되는 뭔가가 있었던 자리일 수도 있다. 그런 특별한 장소가 아닌데도 주변의 것보다 크고 튼실하게 잘 자라는 곳이 있다. 뿐만 아니라 똑같은 조건과 정성으로 키우지만 유달리 식물이 잘 자라는 곳이 있다. 그곳은 생기농법이 활용코자 하는 기운인 음양기가 흐르는 곳이다. 음양기는 식물의 세포를 건강하게 하는 기운으로 동일한 조건에서 식물을 가장 건강하게 기워내는 기운이다.

2

인삼, 산양삼 그리고 산삼은 어떻게 다른가? 아마도 약성에 차이가 있을 것이고, 당연히 약효의 차이가 있을 것이다. 한국임업진흥원에서 발간한 「산양삼과 재배환경」이라는 책에 의하면, 인삼은 '농지에서 인위적인 토양 개량과 시설물 등을 이용하여 재배하는 삼'이라 기술되어 있다. 산양삼은 '종자를 산에다 직접 파종 또는 이식하여 인공시설을 하지 않고, 산에서 자연 상태 그대로 키우는 삼'이라 기술되어 있으며, 산삼은 '인위적 요소가 전혀 가미되지 않은 자연 상태에서 생육한 삼'이라고 쓰여 있다. 산양삼과 산삼의 차이점을 살펴보자. 산양삼은 사람이 심은 것이고, 산삼은 모삼 근처에 산삼씨가 떨어져 싹이 났거나 산새가 산삼씨를 먹고 배설하여 싹이 난 경우이다. 산양삼과 산삼의 약성 비교는 전문가들의 영역이니 논외로 하자. 산양삼과 산삼의 가격 차이는 상식적으로 이해가 되지 않는다. 사람이 심은 것과 자생하거나 산새에 의해 자란 것의 차이가 도대체 뭐란 말인가? 가격 차이를 가져오는 약성과 약효는 무엇에 기인한 것인가?

약성의 차이를 가져오는 것은 땅이다. 사람이 선택한 땅과 산새가 선택한 땅의 차이다. 사람은 마음 가는 대로 파종하지만 산새는 음양기 위에 산삼씨를 파종한다. 산새는 산삼씨를 먹고 음양기가 발산되는 곳 위의 나뭇가지에서 잠을 자고, 그곳에서 산삼씨를 배설한다. 음양기는 산삼씨의 발아조건이 되어 음양기 위에서 개갑되어 발아되고, 그곳에서 자라난다. 심마니들이 이구동성으로 이야기하는 것 중의 하나가 산삼을 발견하는 곳에는 새똥이 있다는 사실이다. 생기농법은 산삼을 심는 산새의 감각으로 음양기가 발산되는 땅에 농작물을 재배하는 것이다.

3

귤화위지라는 고사성어는 회남의 귤을 회북에 심으면 탱자가 된다는 뜻으로, 풍토에 따라 사물의 성질이 변함을 이르는 말이다. 그런데 풍토와는 다른, 풍토보다도 더 중요한 것이 있다. 지구에 거미줄처럼 뻗어 있는 땅의 기운이다. 음의 기운이 있는 라인이 있고, 양의 기운이 있는 라인이 있으며, 음양이 조화로운 라인도 있다. 음양기가 흐르는 라인에 식물을 심으면 빨리 자라고, 크게 자라며, 튼실하게 자란다.

음양기는 지구가 우리에게 준 특별한 선물이다. 이 음양기가 흐르는 라인을 찾아 농작물을 재배하는 농법이 생기농법이다. 지구 내부에서 발산되는 고갈되지 않는 생명의 에너지를 활용하는 것으로 미래농법인 수경재배Hydroponics나 공중재배Aeroponics와 같은 수직농업Vertical Farming에도 적용할 수 있는 농법이다.

일정한 거리를 두고 생명의 에너지가 발산되는 음양기 라인을 확인하고 그곳에 농작물을 재배하자. 채소는 크고 튼실하게 자라면서 유전자에 기억된 온갖 영양소가 충실하게 들어 있을 것이다. 과일은 과육이 단단하고 당도가 높을 것이며, 맛 또한 좋을 것이다. 약초는 종류별로 특유의 약성을 간직하게 될 것이다. 우주의 조화로운 기운이자 생명의 기운인 음양기는 모든 생명체를 건강하게 하고, 각 생명들이 갖고 있는 고유의 특성들을 극대화시키는 기운이기 때문이다. 음양기를 활용하는 생기농법이야말로 농업혁명이며, 미래 농업의 새로운 돌파구이다.

풍수, 건축에 가치를 더하다

집은 단지 추위를 피하고, 잠을 자는 공간만은 아니다. 가족의 건강과 행복한 삶을 보장해주는 중요한 장소이다. 방을 보면 그 사람을 알 수 있다고 한다. 집은 거주자의 몸과 마음에 큰 영향을 미치는 삶의 공간이다. 그런데 사람들은 진실로 중요한 것에는 관심이 없고, 보여지는 것에만 신경을 쓴다.

웰빙 열풍을 타고 풍수인테리어가 인기를 끌었던 적이 있다. 사이비 풍수가 풍수인테리어 인기에 편승하여 풍수의 본질을 왜곡하고 있다. 벽에 액자 하나 걸고, 가구의 방향을 조금 바꾸고는 마치 대단한 처방이라도 한 듯 의기양양해한다. 인테리어 소품을 액을 막는 부적처럼 설명하기도 한다. 인테리어 소품에 좋은 기운을 담을 수는 있다. 그렇지만 그 기운은 정적인 기운으로 소품 주변 1~2미터에 작은 영향을 미칠 뿐이며, 그것으로 방 안의 기운이 달라지지 않는다. 본인의 기분이 바뀌었을 뿐이다. 환경은 사람들의 심리에 영향을 준다. 그래서 집 안에 있는 소품 하나에도 마음이 흔들린다. 풍수인테리어는 그 틈을 파고드는 상술일 뿐 풍수의 본질과는 거리가 있다. 불안감을 해소하고 심리적인 안정감을 주는 효과는 있을 수 있으나 명당의 기운이 주는 편안함이나 안락함을 주지 못할 뿐 아니라 가장 소중한 건강도 챙겨주지 못한다.

한 유명한 이론풍수학자는 "단칸방에서도 명당을 찾을 수 있다." 면서 '풍수는 사람의 마음'이고, '명당은 마음속에 있다.'고 했다. 명당을 마음의 안식처 정도로 생각한 것 같다. 배산임수나 좌청룡 우백호에만 매달려 있으면 도시화로 산이 깎이고 물길이 변하는 상황에 난감할 수밖에 없다. 어떤 풍수전문가는 이제 개발 등으로 산이나 언덕이 없어졌으니 앞 건물, 옆 건물을 산이나 언덕으로 생각해야 하고, 도로를 물이라 생각해야 한단다. 풍수란 몸으로 느껴야 하는 것이지 머리로 이해하려 해서는 안 된다. 풍수의 본질인 땅의 기운은 한 치의 움직임도 없이 그대로인데, 땅 위의 형상이 바뀌었다고 난리다. 풍수의 안타까운 현실이다. 풍수는 사람의 마음이 아니고, 지구의 물리적 현상에 대한 인간의 경험철학이며, 수천 년의 세월 동안 도도히 이어져 온 대자연의 섭리이다.

명당의 객관적 조건을 배산임수와 좌청룡 우백호라고 말한다. 안락의자의 등받이에 몸을 기대고, 팔걸이에 양팔을 올리고 탁 트인 시야에 물이 잔잔하게 흘러가는 것을 바라보는 모양, 진정 편안함 그 자체이다. 배산임수와 좌청룡 우백호는 명당이 상징하는 편안함과 안락함을 설명하는 과정에서 적당하게 끌어다 붙인 것에 불과하다. 앞에 산이 막혀 있는 답답한 곳이나 등 뒤로 물이 흐르는 위태로운 곳에는 아무도 집을 지으려 하지 않을 것이고, 묘도 쓰지 않을 것이다. 실제로 존재하면서 영향을 끼치는 기운에 집중해야 한다. 집은 일상에 지친 몸과 마음에 휴식을 주고 내일을 위해 재충전하는 곳이다. 단순히 먹고 자는 곳 이상의 의미가 있다. 건물에 균열을 가져오고, 나뭇가지를 뒤틀리게 하며, 개와 고양이가 본능적으로 피하는 음기 위에 심신을 맡겨서는 안 된다. 우주의 조화로운 기운이자 몸을 구성하는 세포에게 최적의 환경을 제공하는 음양기 위에서 휴식하는 것만이 진정한 휴식이라 할 수 있다.

　건축가는 생명에 이로운 기운인 음양기를 선택할 수 있다. 건물을 설계할 때 무엇보다 먼저 대지 위의 기운을 정확히 측정해야 한다. 지구상에는 바둑판 모양의 기가 흐르는 라인들이 있고, 또 이 격자 모양에 대각선 방향으로도 기가 흐르는 라인이 존재한다. 일정한 간격으로 배치되어 있는 이 라인들에서 조화로운 기운인 음양기 라인과 인체에 해를 끼치는 음기 라인을 찾아야 한다. 훈련을 하면 이 라인들을 찾고 구분할 수 있다. 좋은 라인만 다 취하거나 나쁜 라인을 다 피할 수는 없다. 다만, 잠자리나 공부하는 곳, 휴식공간 등 비교적 장시간을 보내는 곳은 반드시 좋은 기운이 흐르는 곳이어야 하며, 해로운 기운은 무조건 피해야 한다.

　안방의 음양기가 흐르는 라인에 침대를 배치하고, 거실의 소파도 음양기 위에 배치하여야 하며, 아이들 방 책상도 음양기 위에 배치해야 한다. 냉장고나 정수기를 음양기 위에 놓고, 화장실 변기 또한 생리활성화 기운이 흐르는 음양기 위에 설치해야 한다. 음기는 생명에 해로운 기운이므로 음기가 흐르는 라인이 있거든 의식적으로 피해야 하며, 사용하지 않는 가구 등을 놓아 무의식중에 그 자리에 앉아 있지 않도록 하여야 한다.

　풍수를 정확히 이해하게 되면 미래 주택건설 시장의 새로운 화두는 단연 풍수가 될 것이다. 명당 라인을 잘 찾고, 그 라인을 여하히 효율적으로 설계하고, 시공하느냐가 주택건설사의 최고의 경쟁력이 될 것이다. 얄팍한 상술로 사람을 현혹하는 엉터리 풍수가 아닌 생명의 기운이 발산되는 음양기를 활용한 건축이야말로 건축의 가치를 극대화하는 길이며, 건축을 통하여 인류의 건강에 이바지하는 일이기도 하다.

음양 라인 위의 발아, 접목 그리고 삼목

　세상의 모든 연리지, 연리목은 음양 기운 위에서 생겨난다. 지구가 주는 선천적인 기운인 음양 기운은 생명을 서로 연결시키는 기운이다. 그러기에 같은 자리에 부대끼며 살고 있는 나무들을 연리지로 만든다.

　씨앗에는 한 식물체 전부의 에너지가 응집되어 있다. 씨앗은 다음 세대의 생명을 움 틔울 최적의 조건을 기다리고 있는 생명체이다. 그런데 발아가 어려운 씨앗들이 있다. 특정한 조건이 갖추어지지 않으면 발아를 하지 않는다. 음양기는 발아의 최적 조건이다. 음양기가 발아의 조건인 씨앗도 있다. 대부분의 씨앗은 생명의 기운인 음양기 위에서 발아가 잘 된다.

　농촌에서 종자개량을 목적으로 다양한 종의 수목에 대해 접목을 한다. 수종에 따라서는 접목의 생존확률이 낮은 것도 있다. 서로 다른 수종끼리도 연리지를 만들어내는 상생의 기운인 음양기 위에 묘목을 키워 접목을 하면 성공률이 훨씬 좋아진다. 접목보다는 번식이 용이한 삼목의 경우에도 음양기는 효과적이며, 삼목의 성공확률 또한 높아질 것임은 자명하다.

그동안 씨앗 발아율, 접목 생존율, 삼목 발근율 때문에 고민이 많았다면 생명의 기운이 솟아나는 음양 기운 위에서 시도해보기를 권한다. 놀라운 결과에 눈을 비비고 다시 볼 것이다. 음양기는 식물생장의 최적의 환경이기 때문이다.

장례문화의 신세계, 명당 수목장

장례는 사람이 생을 마감했을 때 치르는, 고인의 삶을 추억하고 기리는 중요한 의식이자 이승에서 고인을 보내는 예법이다. 장례는 국가별, 지역별은 물론, 종교별로도 차이가 있고, 시대에 따라서도 변화하여 왔다. 우리나라는 장례문화의 시원始原이라 할 수 있는 고인돌 유적이 있고, 유교적 장례문화의 백미라 할 수 있는 조선 왕릉 등 오랜 전통을 가진 장례문화를 계승해오고 있다. 오늘날에도 유교적 전통의 영향으로 장례식을 중요하게 생각하고, 생전에 고인에게 다하지 못했던 아쉬운 마음이 있는 경우, 장례식에 신경을 많이 쓰는 경향이 있다. 그러다 보니 지나치게 허례허식에 치우친 경우도 많다. 좁은 국토를 해마다 잠식해가는 묘지에 대한 고민은 국가적 관심사가 된 지 오래다. 국토는 그대로인데 매장이나 납골에 필요한 묘지 면적이 지속적으로 확대되니 산림 및 전답이 훼손되거나 부족해지는 문제가 발생할 수밖에 없다.

묘지부족 문제를 해결하고 국토를 효율적으로 활용하기 위해 등장한 것이 수목장이다. 자연장Natural Burials이라고도 부르는 수목장은 화장火葬한 유골을 나무 근처에 묻거나 뿌리는 자연 친화적이고 간편한 장례방식이다. 수목장은 산지나 평지를 깎아 다듬고 수목장용 나무를 별도로 심는다. 수목장용 나무를 영생목永生木이라고 하며, 주로 소나무, 잣나무, 참나무, 편백나무 등이 사용된다. 이에 반해 수목장림은 자연 상태의 숲을 그대로 활용하며, 간벌이나 잡목 제거 이외에는 숲에 거의 손을 대지 않는다. 그러므로 자연보호 측면에서는 수목장림이 바람직하다 하겠다. 수목장에는 유골 외에는 유품 등을 함께 묻을 수 없고, 봉분이나 비석·납골시설 등 별도의 조형시설 설치를 금지하며, 나무에 고인을 표시하는 작은 인식표만 매다는 형식을 취한다.

좁은 국토로 인해 심각한 묘지문제에 직면한 스위스가 가장 먼저 수목장을 도입하였으며, 독일, 영국, 뉴질랜드, 일본 등이 그 나라의 사회, 문화 환경에 맞춰 서로 다른 방식의 수목장을 운영하고 있다. 우리나라도 일반적인 매장埋葬이나 납골納骨 방식으로 인한 묘지부족 문제를 해결하기 위해 자연장의 방법 및 자연장지 조성 등을 내용으로 한 '장사 등에 관한 법률'을 개정, 2008년 5월부터 시행하고 있다. 양평과 보령 등의 국립 수목장림이 운영되고 있고, 시도별로 많은 공설 및 사설 수목장이 운영되고 있으며, 갈수록 증가할 것으로 보인다.

우리나라의 풍수는 음택풍수가 주를 이뤘다. 조선 후기에 빈번하게 발생한 산송山訟 문제도 그 당시 성행한 음택풍수와 관련이 깊다.

조상을 위하고 가문의 명예를 지킨다는 명분뿐만 아니라 조상을 좋은 데 모셔야 후손이 발복한다는 생각으로 명당을 선호하였다. 하지만 명당은 한정되어 있고, 그곳을 원하는 사람은 많다 보니 묘지와 관련하여 불미스러운 일들이 벌어지기도 했었다. 풍수사상의 영향을 받아 남의 산에 몰래 매장하는 암장暗葬, 암장 후 봉토를 하지 않고 평지인 것처럼 위장하는 평장平葬, 권세를 이용하여 땅주인의 의사와는 관계없이 강제로 점탈하는 늑장勒葬 등이 횡행했다. 조선 후기에 음택풍수로 인한 폐해가 심해져 사회적 문제로 대두되자 정약용 등 학자들 사이에 풍수지리학에 대한 비판이 일어나기도 했다. 하지만 오늘날까지도 명당에 대한 선호는 지속되고 있고, 재벌이나 사회 저명인사들이 오히려 명당을 선호하는 실정이다.

항간에 시신을 일반 매장하는 경우, 명당 발복이 되지만 화장을 한 경우는 명당이 무용지물이라는 얘기가 있다. 사후세계를 잘 알지 못하면서 시신을 화장하면 명당 발복이 안 된다고 섣부르게 이야기할 상황은 아니라고 본다. 명당과 발복에 관한 문제는 앞으로도 규명되고 풀어나가야 할 과제다. 우리의 정서는 부모나 가족을 명당에 모셨다는 것만으로도 마음의 위안을 얻을 수 있다. 이로 인해 후손에 좋은 일이 생긴다면 이것은 덤이다.

음택명당의 본질은 양기이다. 우회전 에너지의 특성을 가지는 양기의 속성은 풍요와 번창이다. 자연계에서 발생하는 많은 현상에 촉매적 기능을 하는 양기는 아직 규명되지 않은 부분이 있는 신비한 기운이다. 어쩌면 수천 년 동안 인간이 믿어온 것처럼 특별한 결과를 가져오는 특별한 기운인지도 모른다.

그렇다면 명당 수목장이 현실적으로 가능한 일인가? 물론 가능하다. 선사시대 족장의 무덤으로 인식되는 고인돌은 양기 위에 축조되어 있다. 풍수를 신뢰했던 조선 왕실은 왕릉에 정성을 기울였다. 음양과라는 과거시험을 통해 음양학 전문가를 발탁하여 양성하였고, 왕릉을 조성할 때 양기의 흐름을 확인하여 반드시 양기가 교차하는 곳에다 하였다. 고려나 조선의 권문세도가 또한 마찬가지 방식으로 묘지를 썼다. 명당 기운이 있는 묘에 배산임수나 좌청룡 우백호가 들어맞는다면 금상첨화이겠으나, 기운이 없는 곳의 좌청룡 우백호는 그냥 구두선일 뿐 아무 소용이 없다. 음택에 중요한 것은 양기이기 때문이다.

수목장의 경우, 수목장을 조성할 때 양기 라인이 지나가는 곳을 미리 확인하여 그 명당 라인에 고인돌처럼 수목을 심으면 된다. 드물기는 하겠지만 조선 왕릉처럼 양기가 교차되는 곳에 수목을 심어 수목장을 할 수도 있다.

수목장림의 경우, 음택명당 위에 자라는 나무를 직접 확인할 수 있으므로 더욱 확실하다. 한 줄기 명당 기운이 지나는 곳에 자라는 나무와 명당 기운이 교차하는 곳에 자라는 나무가 확실히 다르며, 육안으로 명확하게 구별이 가능하다. 가족을 수목장에 모시고자 한다면 그냥 겉모습만 화려한 수목장을 택할 것인가? 풍요와 번창의 상징인 양기가 흐르는 명당에 조성된 수목장이나 수목장림을 택하겠는가?

풍수를 적용한 조경

건설업체들이 아파트 단지를 짓거나 소비자들이 아파트 단지를 고를 때 가장 신경을 쓰는 부분이 무엇일까? 학군, 역세권과 같은 외부적 요인들을 제외했을 때 단연 전망과 조경이 좋은 아파트가 아닐까? 멋진 공원 안에 아파트가 있는 느낌, 저녁식사 후 가볍게 아파트 주변을 걷는 것만으로도 하루의 피로가 말끔하게 풀리는 그런 아파트라면 더 바랄 게 없을 것 같다. 집에 놀러 온 지인들과 창가에 앉아 단지 내 조경을 감상하면서 차 한 잔을 할 뿐인데 멋진 카페에 있는 듯 착각을 하게 하는 전원주택 같은 아파트라면 더욱 좋을 것이다.

소비자들의 요구 수준이 높아짐에 따라 아파트를 건설하는 건축업체들의 조경기술 또한 나날이 발전하여 한 폭의 그림 같은 멋진 조경을 가진 아파트들이 늘고 있다. 하지만 인위적으로 조성한 조경에는 한계가 있다. 향기가 없는 꽃에는 벌과 나비가 날아들지 않듯이 주변 사람들로부터 부러움을 받는 조경이라 하더라도 생태환경을 무시한 조경에는 새들도 찾지 않는다. 인위적 환경이 안고 있는 문제점이다.

동물이나 식물이 공통적으로 선호하는 환경이 있다. 우리는 그러한 환경을 찾을 수 있고 활용할 수도 있다. 단지 내 양기가 흐르는 라인에 나무를 심으면 여름에 나무마다 매미가 날아들어 정겨운 울음을 들려줄 것이다. 양기 라인이 아파트 창문을 지나갈 경우 방충망에 매미가 달라붙어 한 판 시끄럽게 울다 갈 것이다. 음양기가 흐르는 라인에 메타세쿼이아를 심으면 나무마다 까치가 둥지를 틀어 진풍경이 펼쳐질 것이다, 베란다 앞에 늘씬한 해송이라도 심어놓으면 아침식사를 마친 까치와 비둘기가 사이좋게 휴식을 취하고, 가끔씩 직박구리가 사랑의 노래를 들려줄 것이다. 아파트 주변 음양기가 흐르는 곳에 운동기구도 설치하고 그 옆에 벤치도 하나 설치해 놓으면 안성맞춤이겠다. 음양기가 흐르는 라인을 따라 조성한 명당 산책로를 걷다 보면 마음의 여유는 물론, 육체의 건강도 찾게 될 것이다.

동굴의 재발견

광명시 가학리에 있는 광명동굴은 폐광을 복합예술 문화공간으로 개발하여 성공을 거둔 케이스다. 1903년 시흥광산으로 설립되어 일제강점기 시절 강제징용과 수탈의 현장으로 아픈 과거도 가지고 있다. 1972년 홍수에 의한 환경오염과 보상문제로 더 이상 광산을 운영할 수가 없게 되자 설립 후 69년 만에 폐광하였다. 이후 오랫동안 새우젓갈 보관창고로 이용되었으나 폐광산으로부터 유출되는 오염수가 주변 토지를 오염시켜 사회적 물의를 일으키기도 하였다. 그러던 것을 광명시가 '휴·폐광산 활용방안 연구용역' 등을 통해 가능성을 확인한 후 폐광산을 개발하여 연간 백만 명의 관광객이 찾는 대표적인 역사·문화 관광명소로 탈바꿈시켰다.

금·은·동과 아연광을 채굴하였던 광명동굴은 이제 채굴을 중단

되었지만 채굴되지 않은 황금의 좋은 기운들이 이곳을 방문하는 관광객들에게 휴식을 주고, 생명의 기운을 주고 있다. 금·은·동이 있는 광맥은 음양이 조화를 이룬 생명에너지가 흐르고 있기 때문이다.

광명동굴 황금노두(좌)와 관광명소가 된 광명동굴(우)

몇 차례 광명동굴을 방문하여 황금노두와 부엉이바위에서 생명의 기운인 음양기를 감지하였지만 금·은·동을 채굴했던 동굴 내부의 기운은 직접 확인하지 못했다. 음력 1월 8일, 상현달이 뜨고, 땅 기운이 완연宛然한 날 광명동굴을 방문하였다. 설레는 마음으로 갱도에 들어섰다. 휴일이라 방문객이 많아 엘로드 검증을 하는 것이 조금 불편하였지만 서두르지 않고 관람객이 지나가는 틈틈이 갱도의 기운을 확인하였다. 입구에서부터 갱도 중앙으로 계속하여 음양기가 감지되었다. 갱도가 진행되다가 새로운 갱도가 발견되는 곳마다 새로운 음양기가 감지되었다.

갱도가 세 갈래로 갈라지는 곳도 있었는데, 그곳은 기운이 교차되는 곳으로 인체의 혈과 같은 곳이었다. 금맥이 지나가는 곳은 예외 없이 음양기가 감지되는 것으로 보아 금광을 개발하는 단계라면 갱도 안에서 얼마든지 새로운 금맥을 찾을 수 있을 것 같았다. 엘로드로 광맥을 찾는다는 말을 실감하면서 발걸음을 재촉하였다.

금맥이 세 갈래로 갈라지는 갱도(좌)와 불로장생 계단(우)

갱도의 중앙 1미터 내외에서만 음양기가 감지되고 가장자리에서는 음양기가 감지되지 않은 것으로 보아 광맥이 음양기가 흐르는 길이라는 것은 분명하다. 음양기가 흐르는 곳에 금광맥이 형성된 것인지, 음양기가 금광맥 일부에 흘러 금광맥 전체에 전이되었는지는 분명하지 않으나 금광맥에는 생명의 기운인 음양기가 흐르고 있다. 갱도 중앙의 음양기가 흐르는 길을 따라 스마트 엘이디Smart LED를 깔게 된다면 환상적일 것만 같다. 그 길은 황금로黃金路이며, 명당길이 아닌가? 금·은·동을 채굴했던 갱도는 인위적으로는 결코 만들 수 없는 생명의 기운이 용솟음치는 천혜의 명당길이다. 갱도 중간중간 갱도 연결용 계단을 신설하거나 관람 혹은 전시용 공간을 만든 경우에는 음양기가 감지되지 않았고, 순수 채굴용 갱도는 조회로운 기운이 흘렀다.

와인동굴 아이디어는 신선했지만 와인을 조화로운 기운이 흐르는 통로 중간에 진열을 하지 않고, 기운이 흐르지 않는 갱도 가장자리에 진열을 한 점은 다소 아쉽게 느껴졌다. 동굴 중간중간에 지하수가 흘러나오는 곳이 여러 곳 있었는데, 예외 없이 생명에 해로운 음기가 흐르고 있었다. 와인을 수맥이 흐르는 곳에 진열해 놓거나 수맥이 흐르는 곳에서 판매원이 판매를 하고 있었다. 안타까운 마음이 들었지만 마음을 불편하게 하고 싶지는 않았다.

'불로장생 계단'은 인상적이었다. 좋은 기운이 흐르는 곳에 계단을 만들어 '불로장생 계단'이라 명명하였으니 이 얼마나 멋지고 잘 어울리는 이름인가? 중간에 명당의 기운이 없는 곳으로 계단의 진로가 바뀌어서 아쉬웠지만, 땅의 기운을 알 수 없으니 어쩔 수 없는 노릇 아닌가?

전국에 있는 금·은·동을 생산했던 폐광을 힐링공간으로 재개발하여 관광자원화를 한다면 국민의 건강증진에도 큰 도움이 될 뿐만 아니라 광산지역의 경제 활성화에도 큰 도움이 될 것이다. 금·은·동뿐만 아니라 자수정 광산이나 옥광산 등도 갱도의 지기를 측정하여 명당의 기운이 흐른다면 힐링공간으로 개발할 필요가 있다.

광명동굴은 폐광의 관광자원화에 성공한 선도적 사례이다. 갱도에 흐르는 생명에 유익한 기운을 잘 활용하면 광명동굴은 향후 천혜의 조건을 가진 최고의 힐링공간으로 재탄생할 수도 있다. 뿐만 아니라 지역사회의 문제점을 해결하면서 지역경제를 활성화시키고, 뜻밖의 부수효과까지 거두게 된 탁월한 성공사례로 남게 될 것이다.

제3절
기타 풍수 활용

기념식수

1

　기념일이 없는 국가나 민족이 있을까? 뭔가를 기념한다는 것은 축하하거나 기릴 만한 일이 있다는 것을 의미하며, 그 기념일의 참된 의미를 되새기고 더 나은 미래를 다짐하는 계기도 된다. 기념의 일환으로 흔히 하는 것이 기념식수다. 개교기념, 준공기념, 견학기념, 정상회담 기념, 취임기념, 방문기념, 하다못해 홀인원 기념, 결혼 몇 주년 기념도 있다. 호랑이는 죽어서 가죽을 남기고, 사람은 죽어서 이름을 남긴다고 했던가? 그래서인지 우리는 기회만 생기면 기념식수를 한다. 기념식수를 하고 심은 나무를 애지중지하며 정성을 다하는 사람도 있지만 요식행위로 생각하고 신경을 쓰지 않는 경우도 많다. 그러다 보니 기념식수를 하고 몇 년 지나지 않아 기념으로 심은 나무가 볼품없게 되거나 고사하는 경우도 많다.

　한때 경남도청 정문 앞에 심은 '채무제로 기념나무'가 매스컴에 회자되었던 적이 있다. 경남지사로 선출된 홍 모 지사가 경상남도의 부채를 모두 갚고 2016년 6월 1일 기념식수로 사과나무를 심고 시는 "이 사과나무가 채무에 대한 경계가 되었으면 좋겠다."고 했다. 그러나 그 사과나무는 열매를 한 번도 맺지 못하고 고사 위기에 놓였다. 이에 경남도는 5개월 뒤 사과나무를 뽑아내고 그 자리에 살아서 천년, 죽어서 천년을 산다는 '주목'으로 바꿔 심었다. 하지만 그 나무도 고사 위기에 놓이자 2017년 4월 다른 주목으로 바꿔 심었다. 운명의 장난인지 그 나무 또한 살 기미를 보이지 않자 경남도는 차양막을 치고, 배수로를 새로 만들고, 영양제를 투여하는 등 온갖 조치를 취했으나 결국 죽고 말았다. 후대의 귀감으로 삼고자 심은 나무들이 줄줄이 고사하였으니 홍 지사의 난감함은 이루 말할 수 없었으리라.

국내에 장수하고 있는 나무들 중 천연기념물로 지정되거나 보호수로 지정되어 보호를 받는 나무들의 상당수는 역대 왕이나 유명한 선비 또는 유명한 스님들과 관련된 전설들을 가지고 있다. 많은 경우 기록이 남아 있지 않아 정확한 수령을 알 수는 없지만 특별한 사연을 담고 있는 경우가 많다.

확실한 것은 그 나무들이 자라고 있는 곳이 특별한 기운이 있는 장소라는 것이다. 마을 어귀의 느티나무, 권문세도가의 집 근처에 있는 회화나무, 사찰 근처의 향나무나 은행나무를 보면 그 나무들은 우연히 자라난 게 아니다. 회화나무의 경우, 집안에 과거급제자가 생기면 문밖에 회화나무를 심는 경우가 많았다고 한다. 그래서 회화나무를 선비나무라고도 했다. 생명의 명당인 음양기 위에 회화나무를 심고 회화나무처럼 선비의 기상을 잃지 말고 오래도록 건강하게 살면서 나라와 백성을 위해 열심히 일하라는 의미였으리라.

600년 이상 푸르름을 유지하고 있는 보은의 정이품송처럼 장수하는 기념식수를 꿈꾼다면 우주의 조화로운 기운이 흐르는 곳에 식목을 하여야 한다. 어느 관공서나 학교, 회사에도 그런 좋은 자리는 있다. 창조주의 섭리를 믿는다면 요행을 바라지 말고 지기地氣의 과학을 믿어야 한다.

2

'문화재제자리찾기'의 대표인 혜문스님에 의해 밝혀진 사실이 하나 있다. 국회의사당 현관 앞에 국회기념식수 1호로 심은 조지 H. W. 부시 전 대통령당시는 부통령 명의의 기념식수가 '가짜'라는 것이다. 그 나무는 1982년 '한-미 수교 100주년 기념'으로 심은 것인데, 한미 수교 100주년을 상징하여 100년생 주목을 심었다고 한다. 그런데 그 나무가 1년여 만에 말라 죽자 다시 같은 수종인 주목을 심었는데, 그 나무도 얼마 살지 못했다고 한다. 하는 수 없이 그 대체목으로 국회 경내에 심어져 있던 화백나무를 대신 심었다. 1982년 부시 부통령이 심을 때는 분명히 주목이었는데, 화백나무로 바뀐 것이다. 국회의사당 기념식수 1호가 감쪽같이 둔갑하여 아무 일 없었던 것처럼 서 있었던 것이다. 담당부처와 담당자의 당황스러움을 이해 못할 바는 아니지만 특별한 의미를 담고 있는 기념식수를 이렇듯 속이는 것은 옳지 못하다. 사실대로 설명하고 양해를 구하는 것이 더 좋지 않을까? 그리고 국가 간에도 의미 있고 중요한 일인데, 이런 일이 발생했다면 전문가들과 철저하게 검토하고 분석해서 재발방지 대책을 수립해 놓았어야 했다. 이런 일이 국회 앞에만 있었겠는가?

인간의 부주의 때문에 아까운 나무들이 죽고 있다. 나무를 옮겨 심는 시기도 중요하고, 심은 후 뿌리를 내릴 수 있도록 세심한 관리가 필요함은 물론이다. 그러나 그 무엇보다 중요한 건 나무가 자랄 환경이다. 사람이든 동물이든 환경에 영향을 받는다. 그동안 자라왔던 익숙한 환경이 아니라면 최적의 환경을 제공하여야 한다. 음양기는 생명에 최적의 환경이다. 나무 심을 곳의 기운을 확인하여 음양기가 흐르는 곳에 심는 것이 인간이 할 수 있는 최선의 방법이라 믿는다.

희귀나무의 대잇기

고궁이나 사찰 등에 가면 수백 년 된 나무들을 종종 볼 수 있다. 그 나무들 중에는 수령이 오래되고, 나무의 형태가 아름답거나 특이하여 보존할 가치가 있다고 생각되어 천연기념물로 지정된 것도 있다.

수년 전 국립산림과학원과 문화재청이 천연기념물로 지정된 나무들의 유전자원을 영구 보존하기 위해 DNA를 추출하거나 복제해 육성하는 사업을 추진한 적이 있다. 역사적·학술적 가치가 높은 희귀나무들이 태풍이나 낙뢰, 화재 등 자연재해나 기후변화로 손상되거나 죽을 것에 대비해 이들 나무들의 대를 잇기 위해 추진하는 사업이라고 밝혔다.

유전자원 보존대상 천연기념물 노거수는 서울 창덕궁의 회화나무, 향나무, 다래나무, 뽕나무를 제외하면 대부분 전국 각지에 있는 은행나무와 회화나무 및 느티나무로 수령이 400년 이상이면서 나무 높이와 줄기의 둘레가 적정 규모 이상인 나무들이다.

이들 나무들의 유전자원을 보존하는 것이 어떤 의미가 있을까? 건강하게 오래 살 수 있는 유전적 특성을 가진 유전자를 추출하거나 복제하여 제2, 제3의 우수한 수종을 얻고자 하는 것이리라. 그런데 이들 나무들은 특별히 다른 귀한 종자가 아니고 삼천리 방방곡곡에서 흔히 볼 수 있는 수종들이다. 이들 나무에서 특별한 유전적 형질을 발견하였는지 궁금하다. 몇 천 년도 아니고 불과 몇 백 년 사이에 우월한 유전적 특성이 나타날 수 있을까?

이들 나무들이 스스로 그 자리에서 싹을 틔웠든 누군가에 의해 심어졌든 좋은 기운을 받고 자란 덕분이다. 설령 몇 백 년 사이에 우수한 유전적 형질이 생겼다 하더라도 평범한 자리에 심게 되면 그냥 평범한 나무가 될 뿐이다.

동물들처럼 스스로 자리를 이동하지 못하는 수목은 땅 기운의 영향을 고스란히 받는다. 좌회전하는 음기 위에 심어진 나무는 굽어지고 뒤틀리며 힘들게 자랄 것이고, 우회전하는 양기 위에 심어진 나무는 많은 줄기와 가지를 가진 나무로 자랄 것이며, 우회전하는 에너지와 좌회전하는 에너지가 같이 흐르는 음양기 위에 심어진 나무는 크고 튼실하게 자라며 장수할 것이다. 장수하면서 기이한 형상을 가진 나무를 얻고 싶거든 음양기와 음기가 교차하는 곳에 심으면 된다.

과학이 세상의 모든 현상들을 다 밝혀낼 수는 없다. 따라서 과학은 완벽하고 유일한 해결책이라고 할 수도 없다. 추후 이런 희귀나무들의 유전자를 추출하거나 복제할 계획이 있다면 지기전문가로부터 땅의 기운에 따른 식물의 생장특성을 먼저 들어보는 것도 좋을 듯하다.

고인돌 판별법

청동기 시대의 대표적인 무덤양식인 고인돌은 한반도에 약 3만에서 4만 기 정도가 있으며, 이는 세계 모든 고인돌 수의 절반 가량에 해당된다고 한다. 한반도를 '고인돌의 나라'라고 하는 이유이다. 고인돌을 통하여 우리는 선사시대 문화상을 파악할 수 있고, 사회구조는 물론 당시 사람들의 정신세계를 엿볼 수도 있다. 그러한 점에서 고인돌은 선사시대 연구의 중요한 자료이며 보존가치가 매우 높다. 전남 화순과 전북 고창 및 인천 강화의 고인돌들이 전 인류를 위하여 보호받을 가치가 있는 탁월한 세계적 가치를 지닌 문화유산으로 평가되어 2000년 12월 유네스코에 의해 세계문화유산에 지정되었다.

고인돌에 특별한 표식이 없는 관계로 산야에 있는 자연석과 고인돌을 구분하는 것이 쉽지 않다. 탁자식 고인돌과 바둑판식 고인돌의 경우 비교적 쉽게 판별할 수 있으나 고임돌支石이 없이 지하에 있는 매장시설 위에 덮개돌上石만 올려놓은 개석식蓋石式 고인돌의 경우 판별이 어렵다. 그러다 보니 덮개돌 같지 않은 외형을 가진 고인돌은 외면당하고 고인돌 근처의 장방형이나 타원형 형태의 바위가 고인돌로 오인되어 고인돌 관리번호를 부여받고 고인돌 행세를 하고 있는 경우를 종종 보게 된다. 외형이 판단의 기준이 된 데 따른 착오이다.

고인돌을 판정하는 절대적 기준이 있다. 땅에 흐르는 우회전하는 양기의 존재 여부이다. 오랫동안 음택풍수의 요체로 인정해 온 풍요와 번영의 기운인 양기를 선사시대 조상들은 고인돌에 적용해왔다. 고인돌의 형태를 확실하게 알 수 있는 탁자식 고인돌은 예외 없이 양기 위에 위치와 방향까지 정확하게 조성되어 있다. 바둑판식 고인돌이나 굄돌 없이 바로 덮개돌을 얹은 형태의 고인돌들도 가로 혹은 세로 방향으로 반드시 양기가 지나간다. 강화 부근리 고인돌이나 점골 고인돌, 포천 금현리 고인돌, 용인 왕산리 고인돌 등 형태가 확실한 고인돌들은 정확하게 시신의 심장 위치로 양기가 지나가고 있다.

양기는 고인돌을 판별하는 확실한 기준이다. 고인돌이 아닌데도 고인돌군 근처에 있다 보니 관리번호를 부여받고 고인돌 행세를 하고 있는 고인돌은 고인돌의 지위를 박탈하는 것이 맞다. 한편 구릉이나 논밭의 귀퉁이에서 성가신 존재로 푸대접 받아온 진짜 고인돌이 그 지위를 인정받아야 함은 물론이다. 고인돌의 숫자가 많다는 것이 특별한 의미가 있다고 보지는 않는다. 이제라도 명확한 기준을 정하여 고인돌을 제대로 판별하는 작업을 해야 한다. 그것은 고인돌 왕국으로서 당연히 해야 하는 일이며, 후손에게도 부끄럽지 않은 일이다.

기념물과 풍수

  종로구 탑골공원에는 국보 제2호인 원각사지 10층 석탑이 있다. 조카인 단종을 폐위하고 왕이 된 세조는 오랜 기간 죄책감에 시달렸다. 흉흉한 민심을 달래고 죄책감에서 벗어나고자 고려조부터 내려온 흥복사라는 절터에 원각사를 신축하고 원각사지 10층 석탑을 축조하였다. 원각사 10층 석탑은 전체적인 형태나 세부구조, 부처나 보살상의 조각 등이 고려시대의 경천사 10층 석탑국보 제86호과 흡사하나 조선시대 석탑으로는 유례를 찾아볼 수 없는 뛰어난 조각솜씨를 보여주는 석탑으로 우리나라 석탑의 걸작품으로 평가받는다. 원각사는 조선의 숭유억불 정책 속에서도 중요한 사찰로 보호되었으며, 왕실의 중요한 불교행사가 이곳에서 치러졌다고 한다.

  2022년 3월 1일, 음력으론 1월 29일이었다. 미약해진 대지의 기운이 걱정은 되었지만 역사적인 날이기에 원각사를 찾았다. 언제나 그렇듯이 역사적 기념물 앞에 서면 경외감과 설레임이 교차한다. 기대를 저버리는 결과가 나오지 않을까 하는 두려움도 있다. 엘로드를 들고 마음을 가다듬은 후 기운을 모아 석탑을 좌에서 우로, 다시 우에서 좌로 돌았다. 원각사 10층 석탑은 정남북 방향으로 지나는 한 줄기의 양기가 탑의 중앙으로 흐르고 있었다. 탑과 탑 앞에 세운 누각, 그리고 정문이 조금 어긋나 있지만 남북 방향으로 흐르는 양기를 기준으로 하여 석탑을 세웠다.

  부처님의 사리를 모신 탑은 산 자의 공간이 아니고, 망자를 위한 공간이고 신성한 공간이다. 양기 위에 탑을 축조하였다는 사실을 확인한 것만으로도 큰 의미가 있다. 석탑과 석탑 앞의 누각, 그리고 정문까지 양기 라인을 따라 일직선으로 되었다면 더 바랄 게 없었을 것이다.

세상이 변하다 보니 옛날처럼 국가적 기념물을 세울 일은 별로 없는 것 같다. 다만 3·1독립운동, 6·25전쟁 등을 겪으면서 순국한 호국영령이나 전몰장병들을 위로하기 위한 기념탑을 건립하거나 불의의 대형사고로 숨진 영혼들을 위로하기 위한 기념탑이나 추모 공간 등은 오늘날에도 만들어지고 있다. 고대의 많은 유적이나 기념물들이 특별한 기운이 있는 곳에 세워졌다. 그래야 할 이유가 있었을 것이다. 일반인이 감지하지 못하고, 이해하지 못하는 일이라고 그냥 무시해도 될 일은 아니다. 그 이유를 더 깊이 연구해서 원인을 밝혀내고 현대에도 활용해야 한다.

신성한 기념물이 들어서 있는 엄숙한 공간에 파괴적 기운인 좌회전 음기가 흘러서는 안 될 것이다. 숭배대상에 대한 외경심을 불러일으키고, 선의의 유지를 받들게 하며, 다짐과 각오를 다지는 영혼과 영혼이 만나는 공간에는 신성한 기운이 흐르는 것이 마땅하다. 추모대상자의 유해가 안장된 곳이라면 그곳에 양기가 흐르는 게 맞고, 단지 위령탑만 있는 추모의 공간이라면 위령탑과 앞쪽 추모공간으로 양기가 흐르는 것이 맞다.

생태통로

시골에 있는 고향집은 밤나무 농장을 하는데, 해마다 수확철이 되면 멧돼지 때문에 애를 먹는다. 멧돼지를 퇴치할 방법을 찾아보려고 밤나무밭 주변을 조사하는데, 멧돼지들이 산에서 밤밭으로 들어오는 길이 있었다. 덤불 사이로 개구멍처럼 뚫려 있는 곳이 있었고, 그곳에서 산으로 통하는 길이 반들반들하였다. 경사가 45도쯤 되는 상당히 급한 비탈을 가로질러 나 있는 그 길을 통해 계속 드나들었다. 그 길에 나무로 단을 쌓아보았지만 살짝 돌아서 다시 침입하였다. 항상 다니던 길이 익숙해서인지 언제나 그 길로 밤밭을 드나들었다. 그곳 이외에도 몇 군데 길이 더 있었고, 그 길 또한 자주 드나들어 돼지 발자국들이 수없이 찍혀 있었다.

일산 EBS 방송국 뒷편 수변공원 쪽에 3,000평 규모의 호텔용 부지가 있다. 몇 년째 공사를 하지 않아 억새풀이 키 높이로 자라 있고 가끔씩 꿩들이 울기도 하였다. 근처에 사는 길고양이들도 자주 출몰하였다. 어느 날 수변공원을 산책하고 있는데, 빼곡히 난 억새풀 사이로 구멍이 뻥 뚫려 있고, 야생동물들이 다닐 만한 길이 나 있는 것을 발견하였다. 풀밭 안쪽에 길고양이 먹이통이 있는 것으로 보아 길고양이들이 드나드는 것으로 보였다. 바닥이 반들반들한 것을 보니 고양이들이 제법 자주 왕래하는 것 같았다. 혹시나 하는 마음에 엘로드로 기운을 확인해보았다. 조화로운 기운이자 상생의 기운인 음양기가 느껴졌다. 시간 간격을 두고 여러 번 확인했지만 확실히 음양기였다. 그렇다. 모든 동물들은 음양기를 선호한다. 음양기가 지나가는 곳을 통로로 이용하고, 음양기가 있는 곳에 배변활동을 한다. 동물들은 잠을 자는 공간뿐만 아니라 평소 다니는 길도 좋은 기운이 있는 곳을 이용하는 것이다.

문득 동물들의 원활한 이동을 위해 만들었다는 '생태통로'가 생각난다. 경제발전 과정에서 건설된 도로는 인간에게 물류를 용이하게 하고 이동의 편리성을 주었는데, 동물들에게는 서식환경을 좁히고 다른 곳과 통하지 못하게 차단하는 장벽이 되어버렸다. 이것을 해결하기 위해 야생동물이 안전하게 서식지나 산란처로 이동할 수 있도록 '생태통로Eco-Corridor'를 만들었다. 생태통로는 야생동물들이 자유롭게 이동하는 것을 돕고 그들의 서식지가 격리되거나 파괴되는 것을 막기 위한 것인데, 생태통로가 있음에도 야생동물들이 이를 이용하지 않는다면 쓸데없이 예산만 낭비하는 것이다.

생태통로

생태통로를 만들기 전에 야생동물의 이동습성 등을 더 연구할 필요가 있다. 자유롭게 이동할 수 있는 동물들은 아무 데나 다니지 않는다. 먹이활동을 할 때를 제외하고 휴식을 취하거나 이동할 때는 반드시 음양이 조화로운 기운이 흐르는 길을 이용한다. 숲과 숲을 연결했다고 생태통로가 제 역할을 다하는 것이 아니다. 인간의 의도대로 야생동물들이 생태통로를 편안하게 잘 이용할 수 있도록 하려면 생태통로 안에 음양 기운이 흐르는 라인이 반드시 있어야 한다. 생태통로에 음양기가 지나는 라인이 없다면 야생동물들은 주변 도로의 음양 라인이 지나는 곳을 이용할 것이고, 생태통로는 무용지물이 될 것이며, 생태통로는 또 하나의 전시행정이 될 뿐이다.

제3부

풍수기행

제1절
유적 및 묘

강화 고인돌

강화군 하점면 부근리 일대에는 청동기 시대의 대표적 유물인 고인돌들이 산재되어 있다. 강화 자연사박물관 앞에 있는 고인돌 공원에는 세계문화유산으로 등재된 우리나라 고인돌을 상징할 만한 거대한 탁자식 고인돌 1기가 우뚝 서 있는데, 커다란 2장의 굄돌 위에 너비가 550cm, 길이가 710cm인 커다란 장방형 덮개돌이 놓여 있다. 약간 기울어져 있지만 자연스럽고 조형미가 뛰어난 예술작품을 보는 것 같다. 풍파를 견디면서 저렇게 3,000년을 버텨왔다고 생각하니 경외감마저 든다. 고인돌을 축조했던 당시의 선사시대인들이 왜 들판 가운데 이 거대한 1기의 고인돌을 세웠을까? 고인돌이 서 있는 저 장소는 어떤 의미가 있는 것일까? 강화를 방문하여 고인돌 공원에 들를 때마다 그 의문이 떠나지 않았다.

강화 부근리 고인돌(좌) 및 점골 고인돌(우)

찬바람이 몰아치는 12월 중순 어느 날, 갑자기 강화 고인돌이 있는 곳의 땅 기운을 확인해보고 싶었다. 봄이나 여름에도 자주 방문하였지만 그저 사방을 돌며 사진만 찍었을 뿐 그때는 고인돌에 특별한 기운이 있을 거라고는 생각하지 않았었다. 매서운 북풍이 몰아쳐서인지 방문객이 없어서 주변의 눈치를 보지 않고 엘로드를 편하게 사용할 수 있었다. 차가운 손을 호호 불어가며 고인돌 주위를 몇 번이나 돌았을까? 어느 순간 특정 위치에서 엘로드의 미세한 움직임이 느껴지기 시작했다. 정신을 집중해서 계속 확인한 결과, 두 개의 굄돌을 가로지르는 기운이 확실하게 감지되었다. 기운이 느껴지는 위치는 굄돌의 앞부분에서 30% 지점이었으며, 시신의 심장 위치쯤 될 것 같았다. 기운의 방향은 북서에서 남동 방향이고, 고인돌은 이 기운에 직각 방향으로 북동에서 남서쪽 방향이며, 기운은 우회전하는 양기였다. 양기는 풍요와 번영의 기운이지 않은가? 선사시대 우리 조상들은 들판을 가로지르는 풍요와 번영의 기운 위에 고인돌을 축조한 것일까? 고인돌의 특정 위치에 양기가 지나가고 있다는 사실은 놀라웠으나 우연일지도 모른다는 생각이 불현듯 들었다.

　가까운 점골에도 탁자식 고인돌이 있으니 확인해볼 수 있겠다는 생각이 들어 점골로 차를 몰았다. 점골 고인돌도 부근리처럼 주변을 잘 조성해 놓았다. 주변이 너무 깔끔하여 혹시나 고인돌을 임의의 장소에 옮겨 놓은 것은 아닐까 하는 우려가 있었으나 고인돌 둘레를 몇 번 돌면서 땅 기운을 확인해보니 부근리 고인돌처럼 굄돌의 앞쪽을 양쪽으로 관통하여 양기가 흐르고 있었다. 기운의 방향은 동서 방향이고, 고인돌은 이 기운에 직각 방향으로 남북 방향이며, 기운은 부근리 고인돌과 같은 우회전하는 양기였다. 양기가 흐르는 곳에 고인돌을 축조한 것은 우연이 아니었으며, 특별한 의미가 있는 것 같다.

고인돌은 일반적으로 하천유역의 대지와 낮은 구릉에 많이 축조되었고, 넓은 평야지대보다는 산과 구릉이 가까운 약간 높은 평지와 해안지대 등지에 많으며, 하천유역에서는 주로 하천의 유로流路 방향과 일치하게 배치하였다고 알려져 있다. 실측결과 고인돌의 방향은 땅에 흐르는 양기의 방향과 관련이 있었다. 명당을 찾듯이 양기가 강하게 흐르는 곳을 찾아 그곳에 거대한 돌들을 끌어와서 고인돌을 세웠던 것이다. 죽은 자에 대한 숭배 그리고 공동체 구성원들의 풍요와 번영, 그것이 고인돌이 추구하는 목적이었다.

양수리 두물머리 고인돌

전통풍수에서 물이 합쳐지는 곳은 생기가 뭉치는 곳이라 하여 명당으로 본다. 그런 관점에서 보면 양수리의 두물머리는 북한강과 남한강이 합류하는 곳이니 두말할 필요 없이 명당이다. 두물머리 끝자락에는 유명한 400년이 넘은 느티나무가 있고, 그 앞에 고인돌 한 기가 마치 상석처럼 놓여 있다. 바로 옆 강 쪽으로 별자리가 표시되어 있는 고인돌이 한 기 더 있다. 풍수가들이 명당이라고 하는 곳인지라 설레는 마음으로 느티나무 앞에 있는 고인돌 아래로 흐르는 기운을 측정하여 보았으나 전혀 기운이 느껴지지 않았다. 별자리가 새겨져 있는 고인돌도 마찬가지로 어떠한 기운도 느껴지지 않았다. 고인돌은 진짜인 것 같은데 왜 양기가 감지되지 않을까? 나중에 인터넷을 검색해보니 팔당댐 수몰 때 보존 차원에서 옮겨왔다고 한다.

양수리 두물머리 고인돌

문화재, 특히 고인돌처럼 조성 의도나 목적을 명확하게 규명하지 못하고 있는 유적이나 유물은 함부로 이전하면 안 된다. 옮기는 순간 본래의 의미가 없어지고 나중에 규명할 기회마저 사라져버릴지도 모르기 때문이다. 고인돌은 위치와 방향이 중요한 의미를 갖는 거석유적이다. 고인돌은 지구의 우회전 에너지인 양기가 지나가는 곳에 설치된다. 불가피하게 이전을 하더라도 원래 있었던 곳의 위치와 방향을 기록하여 다른 고인돌과의 상관관계 등을 알 수 있도록 하여야 한다. 이전 설치한 고인돌을 보는 경우, 우리는 의미 없는 오래된 바윗돌을 보는 것이니 다름없다.

화순 운주사 와불

　운주사 입구에서 '영귀산운주사靈龜山雲住寺'라는 현판이 걸린 일주문을 지나 천천히 걷다 보면 여느 사찰과는 사뭇 다른 풍경들이 펼쳐진다. 대웅전 앞마당에나 있을 법한 석탑들이 지나는 길을 따라 도열해 있고, 오른쪽 산자락에는 초등학생이 제멋대로 그린 그림처럼 어설픈 모습의 석불들이 군데군데 자리하고 있다. 석불이라기보다는 이웃집 아저씨, 아주머니 같고 동네 아이들 같은 소박한 얼굴들이다. 『동국여지승람』엔 운주사의 좌우 산마루에 석불과 석탑이 각각 1,000개씩 있다고 기록되어 있으나 운주사 홈페이지에는 현재 80여 기의 석불, 21기의 석탑, 173기의 불재 및 탑재 관련 유물이 남아 있다고 되어 있다. 실제로 그만큼 많은 석탑과 석불들이 있었는지는 알 수 없으나 남아 있는 것만으로도 적지 않은 숫자이다.
　송광사의 말사인 운주사는 창건 과정이 베일에 가려져 있으며, 천불천탑의 조성 배경 또한 미스테리다. 천불천탑 관련하여 여러 전설이 있지만 그 중 가장 많이 알려진 것이 도선국사 관련 전설이다.
　도선국사는 하룻밤 안에 천불천탑을 세우면 새로운 세상이 온다고 믿었다. 그래서 천불천탑을 세우기로 결심하고 하늘에 도움을 청했다. 그러자 하늘에서 천여 명의 석공들이 내려와서 불상과 불탑을 만들기 시작했다. 그러나 날이 새면 석공들이 하늘로 올라가 버리므로 이 일은 첫닭이 울기 전까지 반드시 마쳐야 했다. 도선국사는 해가 뜨는 것을 늦추기 위해서 일봉암日封巖이라고 하는 바위에 해를 묶어두었다. 새벽녘까지 모든 일이 순조롭게 진행되어 천불천탑이 거의 다 조성되고, 이제 와불만 일으켜 세우면 되었다. 드디어 와불을 세우려는 순간 일에 실증이 난 장난꾸러기 동자승이 그만 닭 우는 소리를 내고 말았다. 그러자 와불을 세우려던 하늘나라 석공들이 일순간에 연장을 놓고 모두 하늘로 올라가 버렸다. 도선국사는 결국 와불을 세우지 못했고, 와불은 천년이 지나도록 그대로 누운 채로 있다. 운주사 입구 쪽엔 그때 석공들이 연장을 두고 떠났다는 납작한 연장바위가 있고, 운주사 뒷산엔 도선국사가 앉아 공사를 진두지휘했다는 의자처럼 파인 불사佛事 바위가 있다.

화순 운주사 와불과 석상들

전설에 의하면 새로운 세상이 열리기 위해서는 와불이 세워져야 한다. 그러나 와불은 애당초 세워질 운명은 아니었던 것 같다. 현재의 그 자리에 누워 있도록 계획되었으며, 앞으로도 영원히 누워 있을 것이다.

우리나라의 대부분의 사찰은 기암괴석이나 울창한 삼림 또는 뛰어난 경치를 배경으로 자리 잡고 있다. 운주사는 주변 산세나 풍경으로 보아 전혀 사찰이 들어설 입지는 아니다. 구름이 머무르는 사찰이란 이름과는 전혀 어울리지 않는 200미터 남짓한 평범한 산 아래 골짜기에 위치해 있는 데다 어느 한 곳 눈길을 끌 만한 풍광도 없다. 전통적인 사찰에서 풍기는 엄숙함도 없다. 석탑들은 여느 사찰의 석탑과 같은 정교함이나 세련미를 찾아볼 수 없으며, 석불 또한 하나같이 소박하고 서민적인 모습으로 이웃사촌들을 보는 듯하다. 사찰인 듯 아닌 듯, 때로는 조각공원에 들어온 듯한 착각을 일으킬 정도다. 이러한 파격이 의미하는 것이 뭘까?

운주사 대웅전 앞쪽 탑들이 세워져 있는 곳과 양쪽 산자락 일대는 보기 드물게 양기가 충만한 곳이다. 이곳은 남북 방향의 양기 라인과 동서 방향의 양기 라인들이 흐르고 있다. 특히 남으로 머리를 두르고 누워 있는 와불의 심장 부분을 동서와 남북으로 가로지르는 강한 양기가 교차하고 있다. 와불의 심장 부분에서 양기가 교차되게 조각하였다는 것은 와불의 현재 위치가 정위치라는 의미이다. 와불이 일어서면 안 되는 이유이기도 하다. 커다란 바위에 불상을 조각한다면 당연히 머리 부분이 위쪽으로 가도록 조각을 해야 한다. 그래야 조각하기도 편하고, 완성된 후 일으켜 세우기도 쉬울 것이다. 그런데 와불은 머리 부분이 비스듬히 산 아래를 향하고 있고, 일으켜 세우면 절의 반대쪽인 북쪽을 향하게 된다. 이러한 자연스럽지 않은 결과를 초래한 이유는 양기 때문이다.

양기는 음택명당의 필수요건으로 다산과 풍요의 상징이자 신성한 기운이다. 한반도를 고인돌 왕국으로 만든 그 양기가 이 운주사에 촘촘하게 흐르고 있으며, 운주사 전설의 핵심인 와불에서 화룡점정을 찍고 있다. 운주사 양쪽 산자락에 군데군데 자리하고 있는 탑과 석불들은 아무렇게나 세워진 것이 아니다. 모든 탑과 석불들이 양기가 흐르는 라인 위에 각기 자리를 잡고 있다. 특이한 것은 대웅전 앞쪽에 있는 운주사 9층 석탑보물 제796호과 석조불감보물 제797호 및 원형다층석탑보물 제798호 등은 양기가 교차하는 우물 정#자 라인 안쪽에 설치하여 이 보물들을 관람하는 사람들이 사방을 둘러보는 동안 양기 위에 노출되도록 되어 있다. 앞면만 볼 수 있는 석불들도 석불 앞뒤로 양기가 흐르므로 구경하는 내내 양기를 받을 수밖에 없다. 도대체 누가 이런 기막힌 계획을 세우고 실행했을까? 운주사 천불천탑엔 우리가 모르는 어떤 의도가 숨어 있는 것일까?

후손들의 풍요와 번영을 바랐던 선사시대 조상들이 양기 위에 고인돌을 축조하였다면 운주사를 세운 도선국사는 중생들의 풍요와 번영을 위해 양기 위에 천불천탑을 세운 것이다.

화순군청 문화관광과 문화재팀의 자료에 의하면 운주사의 설립과 관련하여 신뢰할 만한 문헌자료를 아직 발견하지 못했기 때문에 누가, 언제, 왜 이러한 유적을 이곳에 건립하게 되었는지 아직 모른다고 한다. 전남대학교 박물관에서 주관한 4차에 걸친 발굴조사의 결과도 전체적으로는 그 역사적 실체를 규명하기 어렵다는 쪽으로 결론이 모아졌다고 한다.

그런데, 운주사 관련 전설과 전설현장인 와불, 그리고 매년 초파일과 추석에 전설현장에 운집하여 축제를 즐긴 전설사회와의 상관관계를 분석한 나경수 전남대 명예교수는 "와불은 결코 불상佛像이 아니다. 그것은 민간신앙적인 생산신生産神이다. 그런 측면에서 불상답지 않은 불상, 불탑답지 않은 불탑들이 출현할 수 있었으며, 부부불佛, 가족불도 나올 수 있었다. 또 지역주민들이 벌이는 축제 역시 추수감사절인 추석을 기해 올리는 생산신을 위한 의례였던 것이다."며 와불전설을 풍요와 다산을 갈구하는 민중의 신앙전설로 설파하였다. "많은 연구가 이루어지고, 또 학술적 성과가 축적되면, 그때 가서 자신이 제기한 견해가 발견이냐, 아니면 발명이냐 하는 점을 평가받고 싶다."고도 했다. 지기地氣의 실체를 알 리 없는 분의 통찰력이 놀랍다. 대단한 발견이라고 말씀드리고 싶다.

운주사는 집적된 양기의 터전이고, 천불천탑은 각각 양기 라인 위에 조성된 풍요와 다산을 기원하는 상징물들이며, 와불은 풍요와 다산을 실현시켜 줄 생산신이 분명하다.

기울어진 팔공산 갓바위

입시철만 되면 항상 매스컴을 장식하는 기사가 있다. '갓바위로 향하는 모정'이다. 서울, 부산뿐만 아니라 전국 각지에서 버스를 대절해서 합격명당으로 알려진 팔공산 갓바위에 있는 부처님께 자식의 합격을 기원하려는 것이다.

우연찮게 대구에 갈 일이 생겼다. 용무보다 갓바위 볼 일로 마음이 들떴다. 서문시장에서 일을 보고 부랴부랴 동대구터미널로 갔다. 터미널에서 버스를 탔더니 갓바위 종점까지 1시간도 채 걸리지 않았다. 설레는 마음에 서둘러 길을 재촉했지만 갓바위로 가는 길이 생각보다 쉽지는 않았다. 7월 초 관암사 쪽에서 올라가는 길은

녹음이 짙고 습도가 높아 땀이 비 오듯 쏟아졌다. 강한 음기가 흐르는 곳에서 느껴지는 음산한 기운까지 맴돌았다. 1시간 정도 걸려 갓바위 정상에 다다랐다. 입시철도 아닌데 갓바위 앞에는 기도하는 사람들이 많았다.

좌측으로 기울어진 팔공산 갓바위

갓바위 부처님은 남동쪽 방향을 향해 있었는데, 대략 울산과 부산 중간쯤 될 것 같았다. 혹자는 21세기가 시작되던 당시 국립천문대와 새천년준비위원회가 '새 천 년의 해가 한반도에서 가장 먼저 떠오르는 곳'으로 지명한 간절곶을 바라보고 있다고도 한다.

세계 각지에 있는 거석유적이나 고대 기념물들의 방향은 특별한 의미를 갖는다고 한다. 동쪽을 향하고 있는 경우, 일반적으로 태양 숭배 사상과 관련이 있다. 매년 새해벽두에 일출을 보면서 새해소망을 비는 것 또한 태양숭배 전통의 흔적이라고 한다. 그런데 동쪽을 향하지 않는 경우도 많다. 그 방향에는 어떤 의미가 담겨 있는 것일까?

갓바위에 흐르는 기운을 확인해보니 북서쪽에서 남동쪽 방향으로 음양기가 흐르고 있고, 부처님 왼쪽, 선본사 내려가는 쪽으로 4~5m 간격으로 다섯 줄기 정도의 음양 기운이 흐른다. 갓바위 부처님은 그 조화로운 기운 위에 있으며, 태양이 뜨는 곳을 바라보고 있다. 음양이 조화를 이루면서 북서에서 남동 방향으로 뻗어 있는 이 기운이 갓바위에 흐르고 있는 기운의 실체이고, 이 기운이 기도발의 근원인 것 같다. 그런데 갓바위 부처님 옆으로 강한 좌회전 음기맥이 감지된다. 정상에서도 확연이 느껴지는 강한 좌회전 기운이다. 수많은 사람에게 희망을 주고, 기도발 명당으로 알려진 갓바위 부처가 왼쪽으로 기울어진 것이 지구의 좌회전 에너지인 음기로 인한 것은 아닌지 걱정스런 마음이다.

삼성산 삼막사(三幕寺) 원효굴

안양의 삼성산에 있는 삼막사는 677년문무왕 17 원효元曉 · 의상義湘 · 윤필潤筆 세 명의 대사大師가 막幕을 치고 수도하다가, 그 뒤 그곳에 절을 짓고 삼막사라 하였다 한다. 사찰 간행물에 의하면, 원효가 창건하고, 신라 말 도선道詵이 중건하여 관음사觀音寺라 개칭하였으며,

고려의 태조가 중수하여 삼막사라 하였다. 1348년충숙왕 4 나옹懶翁이 이 절에 머무르면서 수도하였고, 1394년태조 3에는 왕사 무학無學이 이 절에서 국운國運의 융성을 기원하였다고 한다. 풍수지리에 능통한 도승들이 이곳에 창건을 하고 수도를 한 것으로 보아 삼막사는 좋은 기운이 있는 사찰이라는 데는 의심의 여지가 없었다.

정작 삼막사를 가보고 싶었던 것은 삼귀자三龜字 때문이었다. 조선 후기에 종두법을 실시한 지석영의 형 지운영池雲英, 1852~1935이 인근 백련암지에 은거할 때 썼다고 하는 세 가지 거북귀자인데, 첫눈에 예사롭지 않은 기운이 느껴져서다. 하얀 눈이 소복이 쌓여 있는 한겨울에 삼막사를 찾았다. 지나가는 등산객에게 물어 가까스로 삼귀자를 찾았다. 상상했던 그 모습대로 내 눈앞에 삼귀자가 나타났다. 거북귀龜 자가 만들어지기 전의 상형문자로 생각되는 세 가지의 거북귀자는 글자 각각에도 기운이 서려 있는 듯 힘이 있고, 균형감각이 있으면서도 예술적인 감각이 느껴졌다. 볼수록 왠지 모를 경외감이 들었다.

삼귀자 앞에서 기운을 살펴보니 조화로운 음양 기운이 산 위쪽 원효굴 방향으로 뻗어 있다. 고승이 수도 정진하는 곳의 기운이 궁금하던 차였기에 원효굴로 향했다. 돌과 나무로 만들어진 계단이 눈 때문에 미끄러웠다. 쌓인 눈은 다 치웠지만 차가운 날씨에 얼어붙은 바닥은 미끄럽기만 했다. 조심조심 올라가다 보니 금새 원효굴이라는 현판이 붙은 전각이 나온다. 전각의 아래쪽은 양쪽이 돌기둥처럼 되어 있고, 그 안쪽에 동자승 느낌의 원효대사상이 있다. 이곳에서 원효대사가 수도를 하였다고 한다. 합장을 한 후 조심스럽게 기운을 체크해보니 원효상 바로 앞쪽으로 강한 음양 기운이 느껴진다. 기운의 방향이 삼귀자 쪽인 것으로 보아 삼귀자에서 원효굴로 이어지는 기운인 것 같다. 원효대사가 수도 정진을 한 곳은 음양이 조화로운 명당이었다. 대사도 중요한 일을 하는 기간, 몸을 맡길 곳은 좋은 기운이 있는 곳이어야 했을 것이다.

삼막사 원효굴과 삼귀자

설레임을 뒤로 하고 남녀근석이 있는 망월암 쪽으로 향했다. 남근석 여근석이 지척에 있는 것도 특이한 경우라 한다. 벼랑 위에 곧게 솟아 있는 남근석 같지 않은 남근석과 한눈에 봐도 여근처럼 보이는 바위가 눈에 들어온다. 이 남녀근석은 원효가 삼막사를 창건하기 전부터 토속신앙으로 숭배되어 왔고, 지금도 이곳을 찾는 사람들이 다양한 소원을 빈다고 한다. 풍요와 다산을 상징하는 남녀근석엔 어떤 기운이 있을까 궁금했는데, 특별한 기운은 없었다. 풍요와 다산을 상징하는 양기도, 조화로운 음양기도 없었다. 다소의 아쉬움은 남았지만, 만일에 자연적으로 생성된 남녀근석에서 양기나 음기가 감지되었다면 정령숭배 신앙과 관련하여 커다란 혼란에 직면하였을 것이다. 다행스럽게 그러한 일은 발생하지 않았다.

정약용 묘

조선 후기에 백성들의 풍수지리설에 대한 신봉이 도를 넘어 기복적 욕망을 추구하는 풍속이 만연해지고, 산송山訟이 사회적인 문제로까지 비화되자 다산은 『풍수집의』를 통해 풍수의 문제점을 신랄하게 비판하였다. 특히 동기감응에 근거한 기복적 욕망을 비판하면서 "풍수가 참으로 길흉화복과 연관된다면 왜 지사들이나 그 후손들이 부귀영화를 누리지 못하는가?"라는 뼈아픈 질문을 던지기도 했다. 『사암선생연보』에 의하면 다산은 자신의 사후에 "무덤을 쓸 때 지사地師에게 묻지 말고 집 뒷동산에 묻으라."고 유언을 하였고, 실제로 자신의 생가 뒷산에 묻혔다 한다. 자신이 쓴 『풍수집의』에서 설명한 대로 기복적이고 비합리적인 풍수가 아닌 합리적이고 윤리적인 방법에 따라 묘지 쓰는 것을 실천한 셈이다. 그런데 다산의 묘는 풍수지리에 딱 들어맞는 명당자리에 위치해 있다. 어찌된 일일까?

정약용 묘

다산이 사전에 자신의 묏자리를 직접 잡았는지, 유족이 다산의 유언에 따라 집 뒷동산에 묻었는지는 알 수 없다. 다산의 묘는 음택 명당의 요체인 양기가 교차하는 곳에 위치해 있으며, 양기가 지나가는 라인에 양쪽의 망주석이 정확하게 위치하고 있다. 다산 묘의 망주석은 여느 묘의 망주석과는 다르다. 일반적으로 망주석은 묘의 바로 앞 양쪽에 위치해 있다. 그런데 다산 묘의 망주석은 묘 앞쪽으로 10미터 가량 멀리 떨어져 양쪽에 세워져 있다. 양기 라인이 좁게 교차하기 때문에 묘 앞에 세울 경우 상석 바로 옆에 망주석을 세워야 한다. 그래서 망주석이 묘 양쪽으로 적당한 간격이 유지되도록 하려다 보니 묘 앞쪽 언덕에 흙을 높이 돋아 망주석을 세울 수밖에 없었다. 다산의 묘는 풍수지리에 근거하여 정확하게 조성한 묘이다. 다산이 자신의 신후지지身後之地를 잡았다면 풍수지리에 근거하여 정확하게 명당자리를 잡은 셈이고, 유족이 자리를 잡았다면 다산의 유언을 어기고 풍수지리를 적용한 셈이다.

오리(梧里)와 택당(澤堂)의 묘

　정약용이『풍수집의』에서 풍수설을 비판하는 대목에 다음과 같은 내용이 있다.

　"우리나라 선배들, 이를 테면 오리梧里 이원익이나 택당澤堂 이식 같은 분들도 모두 풍수를 준엄하게 물리쳤다. 오리의 선영은 금천

현지금의 광명에 있는데 가족장이다. 상喪이 나도 새로운 묏자리를 찾지 않았지만, 그 집안은 대대로 장수하면서 면면히 이어지고 있다. 택당의 자손들도 영달하고 숭고하여 지금까지도 쇠락하지 않았다."

　풍수를 단호히 거절하였다고 다산이 이처럼 높이 산 분들의 묘소 풍수가 궁금하였다. 현장을 방문하여 확인해본 결과, 광명에 있는 오리 이원익을 포함한 오리 선영들의 묘소는 풍수지리상 명당에 입지해 있었다. 각 묘소마다 양기가 정확하게 교차하고 있었고, 양기가 지나가는 길목에 균형을 맞춰 망주석과 문인석이 서 있었다.

　경기도 양평에 있는 택당의 묘 또한 명당에 입지해 있었다. 단릉인 택당 묘와 좌의정을 지낸 아들 이단하의 묘는 양기가 교차되는 위치에 정확하게 조성되어 있었고, 쌍릉으로 조성된 택당 부모 묘 또한 쌍릉의 중간에서 양기가 교차되고 있었다. 특이한 점은 택당 묘를 관통하여 우측 망주석을 지나는 양기가 택당 부모 묘의 중심을 가로질러 우측 망주석으로 이어지고, 택당 부모 묘의 좌측 망주석을 지나는 기운이 손자인 이단하 묘를 관통하여 좌측 망주석으로 이어지고 있었다. 3대의 묘가 양기로 절묘하게 연결되어 있다. 풍수지리의 요체인 양기를 이처럼 완벽하게 활용한 묘를 두고 다산은 어찌 풍수지리를 준엄하게 물리쳤다고 했을까?

　까치가 삶의 명당에 둥지를 지어 새끼를 치듯이 명당에 조상을 모시고자 하는 것은 대학자도 거역할 수 없는 순리이며, 후손으로서의 책무를 다하고자 했던 것으로 이해해야 할 것 같다.

오리 이원익 묘(좌)와 택당 이식 묘

신숭겸 장군묘

견훤이 신라를 공격하여 경애왕景哀王을 죽이고 백성들을 유린한다는 소식을 들은 왕건은 친히 군사 5천을 거느리고 출정한다. 대구의 팔공산에서 견훤의 후백제군과 치열하게 싸우던 왕건이 적군에게 포위되어 위급한 상황에 직면하게 되자 신숭겸은 자신이 왕건의 투구와 갑옷을 대신 입고 후백제군을 유인하였다. 그 사이에 왕건은 일반 군졸의 옷을 입고 간신히 도망칠 수 있었다. 신숭겸은 함께 유인작전에 나선 장수들과 함께 용감하게 싸우다가 김락 등 여러 명의 장수와 함께 장렬히 전사하였다. 훗날 참수된 신숭겸의 시신은 왼쪽 발밑에 북두칠성 모양의 사마귀가 있다는 것을 근거로 찾았지만 머리가 없었기에 왕건은 황금으로 머리를 만들어 같이 매장하였다.

춘천시 서면에 있는 신숭겸의 무덤은 원래 왕건이 미리 정해놓은 자신의 신후지지身後之地였는데, 신숭겸의 죽음을 애석하게 여겨 자신의 예비 묘를 양보하였다. 신숭겸의 무덤은 봉분이 3개인데, 황금으로 만들어진 머리가 도굴되지 않기 위함이라고 전한다. 신숭겸의 묘가 총 열 개라는 설도 있는데, 도굴을 피하기 위하여 구월산과 팔공산에 각 세 개의 가묘를 지었고, 두 개의 도굴방지용 가묘를 포함한 묘 3기가 있는 춘천에는 신숭겸의 몸이 묻혀 있고, 전남 곡성군 태안사에는 신숭겸의 머리가 묻혀 있다고 한다. 신숭겸의 머리와 관련하여 태안사에 전해오는 설화가 있다.

  신숭겸이 왕건을 살리고 장렬히 전사한 며칠 후 신숭겸의 애마가 신숭겸의 머리를 들고 와서 3일을 울다가 굶어 죽었다. 주지가 신숭겸의 머리와 말을 묻은 후 장군단이라 칭하고, 매년 3월 16일에 제사를 지냈는데, 제사를 지내지 않으면 호환이 일어나는 등 사찰에 좋지 않은 일들이 일어났다고 한다.

춘천에 있는 신숭겸 장군묘

많은 풍수가들이 춘천에 있는 신숭겸 장군묘는 풍수지리학적으로 열 손가락 안에 꼽히는 명당이라고 한다. 2020년 10월 어느 날 신숭겸 장군묘를 찾았다. 묘가 정말 천하의 명당인지, 도굴방지를 위해 봉분을 세 개 만들었다는데, 어느 것이 진짜인지 궁금하였기 때문이다. 때마침 그날이 음력 9월 9일로 시제를 모시기 위해 전국에 있는 평산신씨 후손들이 모여들었다. 시제가 진행되기 전에 서둘러 묘로 향했다. 묘 앞쪽의 경사가 꽤 급한 비탈인 데다 묘역이 넓어 한참을 올라가야 했다. 가쁜 숨을 몰아쉬며 묘소까지 올라보니 묘 주변의 풍광들이 형세풍수에서 이야기하는 명당의 조건들을 두루 갖추고 있는 듯하였다. 비탈진 산을 배경으로 계단식으로 두른 곡장 앞에 안정감 있게 자리한 묘, 좌우 울창한 소나무 숲이 안락의자와 같은 편안함을 주며, 앞쪽의 아담한 산과 저 멀리 지평선처럼 펼쳐진 산으로 인해 확 트인 시야, 그야말로 흠잡을 데 없는 묏자리였다. 그러나 정작 궁금했던 건 신숭겸 장군이 어느 묘에 안장되어 있을까 하는 것이었다. 상식적으로 묘 3기 중 바깥쪽에 좋은 기운을 두고 가운데를 가묘로 할 가능성은 없다. 그렇게 할 경우, 조성된 묘역이 균형을 잃을 뿐 아니라 혼유석이나 묘비를 가묘 앞에 세우는 것이 되기 때문이다. 마음을 집중하여 묘의 기운을 조심스럽게 확인해보았다. 예상대로 가운데 있는 묘에서 양기가 교차되었다. 도굴방지를 위해 가묘를 두었다는 건 신숭겸 장군의 충성심과 그에 대한 태조 왕건의 고마움을 극적으로 표현한 것으로 생각되며, 조화와 균형을 저버릴 수는 없었던 것 같다.

신숭겸 장군묘의 기운을 확인하고 돌아오는 마음이 다소 혼란스러웠다. 궁금증을 해소한 후련함은 있었지만 신화의 베일 속을 훔쳐본 뒤 사라진 신비감에 대한 아쉬움이 진하게 남았다.

제2절
장수목과 연리지

이천 반룡송(蟠龍松)

 이천시 백사면 도립리에는 천연기념물 제381호로 지정된 반룡송이라 불리는 특이한 소나무가 있다. 이천시 문화관광 사이트의 '이천 9경'에 보면 '신라 말기 승려 도선이 장차 난세를 구할 큰 인물이 태어날 것이라고 예언하면서 심은 소나무 중 하나'라고 한다. 수령이 500여 년이라고 하는 것을 볼 때 도선이 심었다는 말은 시기적으로 맞지 않고 조선 초기에 심어진 듯하다. 나무의 모습이 하늘에 오르기 전에 땅에 서리고 있는 용의 모습 같다 하여 반룡송蟠龍松이라 부른다. 나무의 높이가 4m 내외라고 하는데, 줄기가 뒤틀리며 위로는 거의 자라지 못한 상태이다. 원래는 지상 2m 정도에서 사방으로 뻗은 가지가 쭉쭉 늘어져 땅에 닿아 기이한 모습이었는데, 지금은 가지마다 받침대를 하여 옛날 모습하고는 많이 다르다고 한다. 가지들이 유난히 많은데 정상적인 모습으로 자란 가지는 하나도 없고 하나같이 기묘한 형상을 하고 있다. 마치 뱀이 똬리를 틀고 있는 듯한 모습도 있고, 몸부림치듯 비틀어진 모습도 있다.

음양기와 음기의 영향을 받고 있는 반룡송

아름다운 자태에서 풍겨지는 고고함이나 멋스러움보다는 초등학교 시절 사찰로 소풍 갔다가 사찰 입구에서 마주친 사천왕상을 보는 듯한 두려움이 느껴진다. 한편으론 원죄를 홀로 짊어진 구원자의 삶을 온몸으로 표현하고 있는 것 같아 안타까운 마음마저 든다. 그런데 이상하게도 가지마다 솔잎이 짙고 푸르다. 사지가 뒤틀리는 고통을 이겨내고 살아있음에 감사하면서 다가올 희망을 노래하듯 푸르름을 유지하고 있는 솔잎들이 걱정스런 마음에 위안을 준다.

풍수지리적 관점에서 살펴보자. 500년 넘게 장수하고 있고, 솔잎들이 푸르고 싱싱한 것은 땅의 좋은 기운을 받았다는 의미이고, 가지가 곧게 성장하지 못하고 꼬이고 뒤틀렸다 함은 나쁜 기운도 받고 있다는 의미이다. 땅의 기운을 확인하고 싶으나 나뭇가지 하나가 슬며시 다가와 목이라도 휘감을 듯한 분위기에 선뜻 나서기가 두렵다. 나무 주변을 천천히 돌면서 땅의 기운을 확인해보니 군데 군데 강한 음양기가 느껴진다. 반룡송을 장수하게 하고 푸르름을 주는 기운이다. 시계 방향으로 돌았다가 반시계 방향으로 돌기를 몇 차례 하다 보니 기운의 위치가 어느 정도 감이 온다. 정남북 방향과 정동서 방향으로 강한 음양기가 지나가고 있다. 속리산의 정이품송과 같은 방향이다. 그런데 북동-남서 방향의 음양기가 하나 더 있다. 그렇다면 줄기와 가지를 뒤틀리게 하는 기운은 어디에 있을까? 반드시 있을 것으로 예상되는 음기가 좀처럼 감지되지 않았다. 정신을 음기에 집중하고 신중하게 측정을 해보니 강한 음양 기운 때문에 느껴지지 않던 음기가 마침내 감지되었다. 12시 반에서 6시 반 방향, 그러니까 북북동-남남서 방향으로 한 줄기의 음기가 지나간다. 이 음기가 반룡송을 만들어낸 기운이다.

반룡송은 음양기와 음기가 교차하는 곳에 자라는 소나무가 가질 수 있는 전형적인 모습을 보여준다. 반룡송에서 5미터 정도 떨어져 있는 소나무도 반룡송과 유사한 모습을 하고 있다. 이 소나무 아래에는 동서 방향의 음양기와 남북 방향의 음기가 지나고 있다.

주변의 마을 사람들에게는 수백 년 동안 마을을 지켜주는 수호신이고, 바라는 소원 한 가지는 꼭 들어주는 살갑고 친근한 소나무이지만 자연의 섭리에 의해 남모르는 고통을 겪고 있는 생명이기도 하다. 명당의 기운을 받아 일만 년 이상 살아갈 용송龍松이라는 뜻의 만년송萬年松으로 불리기도 한다는 반룡송이 음기의 해로움을 잘 극복하면서 앞으로도 건강하게 장수하기를 기원해본다.

당진 시곡동 다박솔

다박솔은 다복솔의 사투리로 가지가 빈틈없이 많이 퍼져 소복하게 된 소나무를 말하며, 반송盤松이라고도 한다. 당진시 시곡동에는 수백 년 된 다박솔이 있는데, 웅장하면서도 수형이 복스럽고 아름답다. 한눈에 헤아리기 어려울 정도로 많은 가지를 가지고 있는 우리나라 대표적인 다박솔이다. 국가에 중요한 사건이 있을 때마다 가지가 하나씩 말라 죽어 이변異變을 사전에 게시하였다는 전설을 가지고 있다. 창령 성씨 종중에서 관리하고 있는 선산에 있는데, 수군절도사를 지낸 성준길成俊吉의 묘 우측 아래쪽에 위치하고 있다. 성준길 사망 후 그의 후손이 심었다고 전해지는 것으로 보아 수령은 400년 정도 된 것으로 추측된다.

당진 시곡동 다박솔

주 줄기가 없고 둥치 부위에서 여러 개의 줄기가 자라서 우산 모양으로 보이는 일반적인 다박솔은 줄기가 많다는 것 외에 별다른 특징이 없다. 그런데 다박솔이 양기 위에 자랄 때는 다박솔의 특징이 극명하게 드러난다. 당진 시곡동의 다박솔처럼 양기 위에서 자라는 경우, 양기 라인의 수에 비례하여 많은 가지를 가지면서 수형이 아름답고 크게 자란다. 일반 소나무의 경우에도 한 줄기의 양기 위에 자랄 때는 두 개의 쌍둥이 줄기가 생기며, 양기 라인이 두 개 이상 교차하는 곳에 자라게 되면 다박솔처럼 여러 개의 가지가 생긴다. 다만 다박솔처럼 우산 모양을 띠지 않고 줄기도 비교적 곧게 자란다.

다박솔을 심을 때는 땅의 기운을 잘 살펴서 심어야 한다. 양기가 정확하게 교차된 곳 위에 심으면 다박솔의 가지 크기가 균일하고 균형 잡히게 자란다. 양기 라인이 교차하는 곳 위에 정확하게 심지 않으면 기운의 세기가 가지마다 다르게 반영되어 가지의 크기가 제각기 다르게 자라게 된다. 양기가 교차하는 곳에 음기가 지나가는 경우, 음기에 의해 음기 방향으로 줄기가 뒤틀리거나 괴사하는 가지가 생기게 된다.

시곡동 다박솔은 세 줄기의 양기가 나무의 바로 옆 북서쪽 방향에서 교차하고, 한 줄기의 음기 라인이 동서 방향으로 나무의 중심을 지나가는 것으로 생각된다. 즉, 양기가 교차하는 곳에 정확하게 심어지지 않았고, 음기 라인 위에 심어졌다. 서쪽 방향의 가지는 고사되어 잘린 상태이고, 동쪽 방향의 가지는 고사가 진행 중이다. 국가에 중대사가 있을 때마다 가지가 하나씩 말라 죽었다는 이야기는 비슷한 시기에 음기 때문에 고사한 가지를 극적으로 표현한 것으로 보인다.

용문사 은행나무

우리나라에서 가장 큰 나무로 알려진 은행나무를 보기 위해 용문사를 향해 걸어 올라가는 길이었다. 양평 친환경농업박물관을 지나자마자 길 옆의 커다란 백합나무 한 그루가 눈에 들어왔다. 한 아름쯤 되는 커다란 줄기가 아래에서 꼭대기까지 균열이 가 있다. 마치 생살이 터진 것처럼 보인다. 지구의 좌회전 음기에 의해 피해를 입은 것임을 직감하고 엘로드로 방향 확인을 해보았다. 음기가 남북 방향으로 흐르고 있었다. 찢어진 쪽이 남쪽인 걸 보니 아마도 남쪽에서 북쪽으로 흐르는 음기에 의해 피해를 입은 듯하다. 하필이면 왜 음기 라인에서 자라고 있으며, 음기 라인에서 나오는 좌회전 에너지는 왜 생명에 고통을 주는 걸까? 이런저런 생각을 하며 한참을 걸어가다 보니 아름드리 소나무들이 여기저기 눈에 띈다. 크고 운치 있게 잘 자란 품새가 좋은 기운을 많이 받고 자란 것 같다. 이런 곳에서는 땅 기운을 확인해볼 필요조차 없다. 좋은 기운이 많은 곳에서 나타나는 일반적인 현상이기 때문이다. 용문사로 올라가는 길 좌우의 나무들이 다양한 땅 기운에 반응하여 제각기 다른 모습으로 관광객들을 반긴다. 음양기에 반응한 소나무 연리지, 양기에 반응한 전나무의 쌍둥이 줄기, 양기와 음양기가 어울어진 느티나무 연리지 등 다양하다.

용문사 가는 길목에서 마주친 다양한 기운들에 반응하는 나무들
(순서내로 음기, 음양기, 양기, 음양기+양기)

    땅 기운에 반응하는 나무들을 보며 기대감과 설레는 마음으로 얼마나 걸었을까? 왠지 모를 위압감에 고개를 들어보니 커다란 나무 하나가 거대한 성처럼 우뚝 서서 나를 내려다보고 있다. 말로만 듣던 우람한 자태를 지닌 용문사 은행나무다. 은행나무 보호울타리에 빼곡하게 매달아 놓은 소원성취 문구들이 이 나무가 예사 나무가 아님을 말해주는 것 같다. 소원을 들어주는 나무인가 보다 하고 생각하다가 무심결에 엘로드를 집어들었다. 어떤 기운을 받고 있기에

이토록 거대하게 자랐으며, 1,000년이 넘는 오랜 세월을 살고 있는 것일까? 또 무슨 신통한 힘을 지녔기에 수많은 사람들이 저토록 많은 기원을 하고 있는 것일까?

  은행나무 한 바퀴를 돌면서 조심스럽게 기운을 확인해보니 남북으로 곧게 뻗은 한 줄기 음양기 라인이 은행나무 정중앙으로 흐르고 있다. 대웅전으로 올라가는 계단 왼쪽 옆 자비무적慈悲無敵이 음각되어 있는 대리석 중앙을 통과해 대웅전 좌측으로 기운이 흐른다. 용문사를 올라오는 길목의 백합나무 줄기를 세로로 깊은 상처를 낸 그 음기와 같은 방향이다.

  나무 서쪽 방향 아랫부분에 있는 커다란 혹의 원인이 궁금하여 엘로드로 확인을 해보니 동서 방향으로 지나가는 음기가 감지된다. 살아있는 화석이라 불릴 정도로 지구상에 오래 생존해 온 은행나무의 강한 생명력 때문인지 좌회전 음기에 혹 하나를 달았을 뿐 크게 해를 입지는 않은 것 같다. 그런데 이렇게 장수하고 있는 나무가 고작 한 줄기 명당 라인 위에 있을 리가 없다는 생각이 들었다. 감지하지 못한 기운이 있을지 모른다고 생각하고 정신을 집중하여 확인해보니 북동에서 남서 방향으로 흐르는 또 하나의 음양기가 감지되었다.

  장수하는 나무들은 한결같이 음양기가 교차되고 있는 곳에 자라고 있다. 그런데 생명에 해를 끼치는 음기도 지나간다. 고통을 이겨내고 살아가는 삶이 진정 가치 있는 삶이라는 걸 자연은 보여주고 싶은 걸까?

용문사 은행나무(좌)와 음기로 인해 생긴 혹(우)

한 노인이 천식에 좋다면서 나무 아래 떨어진 은행을 줍고 있었다. 음양이 조화로운 기운 위에 살고 있는 은행나무에 맺힌 열매이니 약성은 물론 좋은 기운도 담고 있을 것이다.

조선 세종 때 이미 500살이 넘은 나이로 당상직첩정3품이란 품계를 받았고, 수많은 전란에도 피해를 입지 않고 꿋꿋하게 살고 있는 이 은행나무가 앞으로도 얼마나 더 오래 살 수 있을지 궁금해진다.

인천 장수동 은행나무

인천 장수동에는 800년 된 은행나무가 있다. 특이하게도 이 은행나무는 줄기가 시작되는 부분에서부터 줄기가 다섯 개로 고르게 갈라져 있고, 각 줄기마다 나뭇가지가 아주 많은 데다 가지가 수양버들처럼 축축 늘어져 여느 은행나무와는 다른 특징을 보이고 있다. 당진 시곡동에 있는 다박솔을 보는 것 같다. 이름을 다복행이라 하면 어울릴 것 같다. 오래된 나무이지만 고사하거나 썩은 가지가 없고, 생육 상태도 매우 양호하다. 수백 년 동안 마을의 수호신 역할을 하며, 주민들과 고락을 함께해 온 장수동의 은행나무는 민속적·생물학적 가치가 인정되어 천연기념물 제562호로 지정되어 보호받고 있다. 이 은행나무는 어떤 비밀을 간직하고 있을까?

세 줄기 양기 라인 위에 있는 장수동 은행나무

800년 이상이 되었다니 필시 이 나무 아래로 한 줄기 이상의 음양 기운을 띤 장수맥이 지나가고 있을 것이고, 줄기 시작 부분에서부터 줄기가 다섯 개로 갈라졌으니 양기맥이 세 개 이상 지나가겠구나 하는 선입견을 갖게 한다. 매미가 우렁차게 울어대는 2021년 7월 중순 지기가 오락가락하여 다소 불안하였지만 정신을 집중해 보리라 다짐하고 인천 장수동으로 향했다. 먼발치서 보아도 웅장한 자태가 예사롭지 않았다. 한 시간에 걸쳐 지기를 측정해보니 예상했던 대로 남북 방향으로 한 줄기의 음양 라인이 지나가고 있었고, 여러 갈래로 갈라진 줄기 사이사이로 세 개의 양기 라인이 지나가고 있었다. 양기 라인 두 개가 교차하는 경우는 종종 볼 수 있었지만 이렇게 세 줄기 라인이 교차하는 경우는 드물다. 이렇게 양기가 성하니 줄기가 이렇게 많이 생겨났고, 줄기마다 많은 가지들이 생겨난 것이다. 숫나무였기에 망정이지 암나무였다면 은행이 열릴 때마다 가지들이 숱한 고생을 하였으리라.

　10여 년 전만 하더라도 마을 사람들이 해마다 음력 7월과 10월에 제물을 차리고 풍년과 무사태평을 기원하는 행사를 가졌다고 한다. 다산과 풍요 및 번영의 특성을 가지고 있는 양기 위에 자라는 나무에 풍년과 무사태평을 기원하는 제를 지낸다는 것이 지극히 당연한 일처럼 여겨진다.

강화 장수 탱자나무

　시골에서 자란 사람들은 탱자나무에 대한 추억이 한두 가지는 있을 듯하다. 탱자나무 가시는 어렸을 적 냇가에서 잡은 다슬기를 삶아서 까먹는 데 최고의 도구였다. 삶은 다슬기 살에 탱자나무 가시를 콕 찍은 후 다슬기를 왼손으로 빙빙 돌리면 살이 쏙 빠져나왔다. 입맛 없을 땐 다슬기를 삶은 특유의 쌉쌀하면서도 깔끔한 장국과 탱탱한 다슬기 살이 최고였다.

지금도 시장을 지나다가 다슬기를 보면 그 탱자나무 가시가 생각나곤 한다. 탱자나무 가시에 찔려 아파했던 기억과 함께 생활에 유익한 친숙한 가시로 추억된다. 여름내 푸르던 탱자가 가을이 되면 노랗게 익었다. 탱자나무 가시에 찔려가며 잘 익은 탱자열매를 따서 장난감 공처럼 가지고 놀았다. 일주일 정도 만지작거리며 가지고 놀다 보면 약간 말랑말랑해지면서 탱자의 향긋한 냄새가 났고, 그 냄새가 좋아서 탱자를 책가방에 몇 개씩 가지고 다니곤 했었다.

탱자나무는 주로 울타리 용도로 쓰였고, 유실수나 관상용으로 재배되는 경우는 거의 없다. 농가에서 그리 대접받는 나무는 아닌 셈이다. 멋진 울타리용 철망 등이 생산되면서 탱자나무는 용도 폐기되는 경우가 많다. 이런 와중에 천연기념물로 지정되어 보호를 받고 있는 탱자나무가 있다.

강화군 화도면 사기리에 있는 탱자나무는 천연기념물 제79호로 수령이 400년쯤 된다. 탱자나무는 중국과 일본 그리고 우리나라에서 자라는데, 국내에서는 주로 영·호남 지방에 분포한다. 강화도는 고려 고종이 몽고의 침입 때 피해 있었던 곳이며, 조선 인조도 정묘호란1627 때 난을 피했던 장소이다. 그 뒤 이를 계기로 성을 쌓고, 성 바깥쪽에는 탱자나무를 심어서 적병이 쉽게 접근하지 못하도록 하였다고 한다. 이 탱자나무는 그때 심은 것이 살아남은 것으로 추측

된다. 한국민족문화대백과에 의하면 강화 사기리의 탱자나무는 우리 조상들이 외적의 침입에 대비하여 심은 국토방위의 유물로서 역사성을 지니고 있으며, 탱자나무가 자랄 수 있는 가장 북쪽 한계선인 강화도에 자리하고 있어 천연기념물로 지정하여 보호하고 있다고 한다. 주로 보아왔던 탱자나무는 크다고 해도 몇 십 년에 성인 종아리 정도 크기인데, 400년이나 살고 있는 탱자나무는 얼마나 크며, 어떤 환경일까 궁금하였다.

강화 사기리 탱자나무 전경(좌), 괴사한 줄기(중간) 및 열매(우)

초겨울 쌀쌀한 바람이 부는 주말, 탱자나무가 있는 강화도 사기리로 향했다. 승용차로 서울에서 강화까지 1시간 정도 달려 사기리에 도착하였다. 탱자나무는 차량이 많이 다니지 않는 한적한 도로변에 위치해 있고, 안내표지와 탱자나무 보호를 위해 울타리를 쳐 놓아 찾기도 쉬웠다. 겉으로 보기엔 시골에서 흔히 보던 그리 크지 않은 탱자나무였으나 나무 밑동을 보니 400년 연륜이 느껴졌다. 언뜻 보면 줄기의 원래 모양이나 크기가 가늠이 안 될 정도로 줄기가 괴사하였고, 줄기의 살아있는 부분들을 통해 물과 양분을 받아 생명을 유지하고 있는 것 같았다. 주민들 이야기로는 한여름에는 어린 나무 못지않게 푸르름을 유지하고, 가을에는 노란 탱자가 주렁주렁 열린다고 했다.

400년이나 장수하고 있는 이유가 궁금하여 엘로드를 꺼냈다. 탱자나무 보호울타리 밖을 한 바퀴 돌면서 기운을 측정해보니 4시에서 10시 방향, 그러니까 남동에서 북서 방향으로 음양기가 지나고 있었다. 좋은 기운이 지나는 것을 증거라도 하듯이 북서 방향 쪽으로 토끼풀이 줄을 지어 싱싱하게 자라고 있다. 고작 한 줄기의 음양기가 400년 장수목을 만들 수 있을까 하는 의심이 들어 반대 방향으로 돌면서 신중하게 확인을 해보니 1시에서 7시 방향, 즉 북동에서 남서 방향으로 또 한 줄기의 음양기가 감지되었다. 괴사한 줄기는 음기의 확실한 증거다. 음기에 집중하여 확인을 해보니 정동서 방향으로 음기가 지나가고 있다. 두 줄기의 음양기와 한 줄기의 음기가 사기리의 탱자나무를 만든 셈이다.

여느 장수목에서처럼 좋은 기운들이 교차하는 곳에 나쁜 기운이 한 줄기 지나간다. 결핍이 자기계발의 강력한 동력이 되듯이 음기의 고통이 삶에 대한 집착을 가져오고, 결과적으로 장수의 원동력이 되는가 보다.

강화도에는 사기리 외에도 갑곶리에 천연기념물 제78호로 지정된 탱자나무가 있고, 경상북도 포항시 보경사와 대구광역시 국우동에도 수령이 400여 년으로 추정되는 탱자나무가 있다. 이 나무들 또한 조화로운 음양기 위에 있을 것이다. 좋은 기운이 교차하는 곳에 있으면 건강 장수한다. 이것은 거스를 수 없는 자연의 섭리이다.

천자암 쌍향수

순천 송광사의 산내 암자인 천자암 뒤뜰에는 천연기념물 제88호로 지정된 향나무 한 쌍이 있다. 마치 쌍둥이처럼 사이좋게 서 있는데, 한눈에 보아도 예사롭지 않은 나무라는 것을 직감할 수 있다. 중간중간 괴사한 나무줄기가 용트림을 하듯 생동감 있게 꼬여 있다. 더구나 800여 년이 넘는 수령에도 불구하고 푸르름이 넘친다.

음양기, 음기 그리고 양기의 특성을 가지고 있는 천자암 쌍향수

이 두 그루의 향나무에는 창건자인 담당국사와 보조국사 관련 전설이 있다. 보조국사가 금나라 장종章宗 왕비의 불치병을 치료하여 준 것이 인연이 되어 왕자인 담당을 제자로 삼아 데리고 귀국한 뒤, 짚고 온 향나무 지팡이들을 암자의 뒤뜰에 꽂아둔 것이 자라났다고 한다. 천자암의 쌍향수는 곱향나무인데, 주로 중국과 백두산 지역에 자생하며, 남한에서는 유일하게 이곳에서만 볼 수 있다고 한다.

문화재청의 '아름답고 희귀한 나무'로도 선정된 이 향나무는 두 그루 모두 줄기가 부분적으로 괴사한 상태이고, 같은 방향으로 새끼를 꼬듯 우회전을 하며 자란다. 이 나무들에는 어떤 내력이 있기에 이런 기이하고도 신기한 모습으로 쌍둥이 같은 삶을 살고 있는 것일까?

이 쌍향수에는 특별한 비밀이 숨어 있다. 암자 뒤쪽의 나한전 옆에 심어져 있는 이 두 그루의 나무를 자세히 보면 나란히 심지 않고 앞뒤로 엇갈리게 심었다. 또 두 나무를 정상적인 거리를 두고 심지 않고 아주 가까이 심었다. 왜 그랬을까? 이 향나무를 심은 사람은 쌍향수가 심어진 곳에 흐르는 지기地氣를 정확하게 알고 있었던 것 같다. 현재 위치에 향나무를 심으면 땅 기운에 영향을 받아 향나무들이 장수할 것이고, 현재와 같은 모습으로 자랄 거라고 믿고 있었던 듯싶다.

쌍향수가 서 있는 곳의 지기地氣는 각 향나무의 앞뒤 방향인 동서 방향으로 1.5미터 간격으로 생명의 기운인 음양 기운이 지나고 있다. 가까운 두 줄기의 음양기 위에 심기 위하여 두 그루의 향나무를 가깝게 심을 수밖에 없었고, 이 기운을 받아 쌍향수는 천수를 누리고 있다. 암자의 좌우 방향인 남북 방향으로 좌회전하는 음기가 0.8 미터 간격으로 향나무들을 관통하여 지나가고 있는데, 이 음기 때문에 향나무들의 부분 괴사, 즉 줄기 찢어짐 현상이 생겼다. 북동-남서 방향으로는 우회전하는 한 줄기의 양기가 두 향나무를 관통하여 지나고 있다. 이 한 줄기 양기를 두 나무에 관통시키기 위해 향나무를 엇갈리게 심은 것이며, 이 양기 때문에 쌍향수는 우회전하면서 자란 것이다. 음양기와 음기, 양기 이 세 기운에 영향을 받아 쌍향수는 장수하고 있을 뿐만 아니라 부분 괴사된 채 우회전을 하면서 자라게 된 것이다. 보통은 좌회전하는 음기 위에 자란 나무가 줄기가 세로로 찢기면서 좌회전하며 자란다. 특이하게도 쌍향수는 우회전하는 양기에 쌍둥이 가지를 만들지 않고 극단적인 우회전 현상을 보였다.

   천자암을 3차례 방문할 때까지 쌍향수가 장수하는 이유와 부분 괴사가 일어난 이유는 알 수 있었지만 우회전하면서 자라는 이유를 도무지 알 수 없었다. 4번째 방문하여 양기를 확인하면서 비로소 우회전하는 양기가 그 원인임을 알게 되었다. 땅 기운에 반응하는 향나무만의 특성으로 생각된다. 기이한 아름다움을 가진 장수 향나무를 후대에 남기기 위한 고승의 치밀한 계획이 만들어낸 결과라고 생각하니 놀랍기만 하다.

(1) 연리지의 고향

태백산 전나무 연리지

　태백산 전나무 연리지를 보러 가는 길은 너무 멀었다. 더 늦기 전에 꼭 한 번 보리라 단단히 마음먹고 길을 나섰지만, 나무 하나를 보러 260여 km를 간다는 것이 생각처럼 쉬운 일은 아니었다. 아직 단풍 구경하기엔 조금 빠른 10월 초였지만 도로는 때 이른 가을 나들이 인파로 북적였다.

　오랜 시간의 운전 끝에 연리지가 있다는 곳에 도착하였지만 안내 표지가 보이지 않아 한참을 서성거렸다. 날은 어두워지는데 오가는 사람도 없고 슬슬 걱정이 되었다. 마침 인근에 식당이 있기에 들어가서 연리지 있는 곳을 물어보니 다행히 그리 멀지 않은 곳에 있다 한다. 서둘러 산길을 올라가는데, 낯익은 나비의자와 빨간 입술의자가 보인다. 그제야 제대로 왔구나 하는 안도의 한숨이 나왔다.

　그동안 수없이 와보고 싶었던 곳이 아니었던가? 자료사진에서는 합성사진처럼만 보였던 연리지를 눈앞에서 보고 있으나 실감이 나지 않았다. 어떻게 저렇게 자연스러운 연리지가 생겨났으며, 오랜 세월 저들은 연리지를 통하여 무슨 사연들을 주고받았을까?

　이런저런 생각들을 하다가 설레는 마음으로 나무 주위를 좌우로 돌면서 기운을 체크해보았다. 예상했던 대로 두 전나무 사이로 생명의 기운인 음양기가 지나가고 있었다. 두 전나무는 북서에서 남동 방향으로 서 있고, 음양기는 중앙을 가로질러 북동에서 남서 방향을 지나가고 있었다. 음양기는 도대체 얼마나 좋은 기운이기에 서로 다른 나무의 결을 이을 만큼 강한 끌림을 준 것일까?

음양기 위에 있는 전나무 연리지(좌)와 음기 라인의 부분 괴사(우)

경외스러운 마음으로 나무를 살펴보는데, 두 전나무의 밑동 쪽에 있는 커다란 상처가 눈에 띄었다. 순간 나쁜 기운이 두 나무를 관통하여 지나가고 있을 것 같다는 생각이 들어 엘로드로 확인해보니 두 나무를 가로질러 좌회전 음기가 흐른다. 서로 같은 고통을 안고 살아가기에 서로 의지하는 마음이 더 커져 더욱 큰 연리지를 만든 것은 아니었을까?

안타까운 마음을 뒤로 하고 산을 내려오는데, 양기와 음기가 교차한 커다란 전나무가 앞을 막는다. 양기를 받아 쌍둥이 가지가 생겼고, 음기를 받아 밑동에 큰 상처를 가지고 있다. 근처를 둘러보니 상처 입은 전나무들이 군데군데 보인다. 이들은 오랜 세월을 서로 아픔을 위로하며 살아내고 있는 것처럼 보였다. 땅의 기운들은 이처럼 분명하게 자기의 특성들을 드러내는데, 풍수들은 왜 지형만 보고 제멋대로 해석을 할까? 태백산을 떠나 서울로 돌아오는데, 해묵은 숙제를 해결한 듯한 후련함과 함께 자연이 준 고통을 숙명처럼 안고 살아가는 나무들을 그대로 두고 온 안타까움이 뒤섞여 마음이 복잡하다.

삼성산 상수리나무 연리지

　서울 시흥동의 삼성산 시민휴식공원을 지나 호압사로 올라가는 길목에 잘 알려진 상수리나무 연리목連理木이 있다. 서로 떨어져 자라다가 땅 위 1m 정도에서 X자로 완벽하게 합체가 되었다가 본래 모습으로 자라고 있다. 마치 로봇 태권브이가 기세등등하게 서 있는 듯한 모습의 연리목이다. 비바람에 의해 서로 부대끼면서 서로에게 상처를 남기지만 그 상처를 서로 감싸 안으면서 하나가 되고, 서로 양분을 주고받으면서 조화롭게 잘 살고 있는 모습이 신비스럽기만 하다. 어떤 연유로 이들은 상대방을 배척하지 않고 같이 사는 방법을 택했을까?

음양기 위의 상수리나무 연리지(좌)와 양기(중간) 음기(우) 위의 나무들

    연리목은 적자생존이라는 자연의 법칙을 거스르는 공생이자 공존의 증거이다. 이들은 좌회전하는 에너지와 우회전하는 에너지가 공존하는 음양기가 지나는 곳에 자라고 있다. 음양의 기운이 균형을 이루고 있는 조화로운 기운인 음양기는 모자람이 없는 기운이기에 자신의 풍요로운 삶을 위해 상대방을 배척할 필요가 없다. 그들은 자연에 순응하는 삶을 보여준다.

    연리지 바로 위쪽에는 양기 라인이 지나고 있으며, 그것을 증명이라도 하듯 큰 상수리나무가 양기 라인의 양쪽으로 쌍둥이 가지를 내어 자라고 있다. 연리목 아래쪽으로 5m쯤 떨어진 곳으로 음기 라인이 지나고 있는데, 음기 라인이 지나가는 곳에 있는 나무는 땅 바로 위에서부터 나무 꼭대기까지 줄기가 수직으로 갈라져 있다. 서로 다른 기운 위에 싹을 틔운 나무들이 기운에 따라 서로 다른 운명을 살고 있는 것처럼 보여 인간의 삶이나 별반 다를 게 없다는 생각이 든다.

한음골 연리지

나무위키의 한음편을 보면 다음과 같은 이야기가 나온다.

한음 이덕형은 광해군 즉위 후, 임해군의 처형을 반대하다가 광해군의 눈 밖에 났고, 이후 영창대군의 사사에 반대하다가 삭탈관직되었다. 고향집에서 실의에 빠져 지내다가 1613년 병으로 숨졌다. 이덕형의 죽음을 들은 이항복은 곧바로 이덕형의 사저로 찾아가 유가족들과 함께 곡을 하고 그의 시신을 염습해주고 돌아갔다고 한다.

야사에 따르면 영창대군의 처형을 반대할 때 이덕형은 이항복도 함께해주기를 원했지만 이항복은 거절했고, 삭탈관직된 이덕형은 실의에 빠져 지냈다. 이덕형은 사망한 후에도 눈을 감지 않고 있었는데, 이때 이항복이 찾아와 자신이 함께하지 못한 이유를 설명해주자 그제야 눈을 감았다고 한다. 그 이유인즉, "이제 곧 폐모론이 일어날 텐데, 그때 반대하다가 죽음을 맞이할 신하가 하나는 남아 있어야 하지 않겠나?"였다. 그 이후 이항복 역시 인목대비의 폐위를 반대하는 상소를 올렸다가 실각하고 함경도의 북청으로 유배를 떠났다가 사망했다. 한 시대를 풍미했던 명재상이자 명콤비였던 오성과 한음은 죽음마저도 극적이다.

한음 이덕형이 말년을 보낸 남양주 조안면 송촌리에는 특이한 모양의 연리지가 있다. 참나무와 느티나무 연리지인데, 남성스럽게 생긴 참나무가 마치 가냘픈 느티나무를 애무하듯 감싸고 있는 모습이다. 수종이 같은 나무의 경우에는 연리지가 자연스럽게 이루어지기도 하지만 수종이 서로 다른 나무끼리 이렇게 연리지를 형성하는 것은 특별한 경우이다. 여느 연리지에서나 확인되는 음양기가 느티나무와 참나무 사이를 관통하고 있다. 연리지 바로 옆에 있는 느티나무는 좌회전 음기가 지나가는 나무에서 관찰되는 부분 괴사현상이 보인다. 주변의 땅 기운을 확인해보니 연리지의 음양기와 같은 방향으로 좌회전 음기가 흐르고 있고, 음기가 지나는 나무마다 같은 방향으로 괴사가 일어나 나무들이 깊게 패여 있다. 주변의 수많은 음기를 피해 조화로운 음양기 위에서 연리지를 이루고 있는 이 참나무와 느티나무는 어쩌면 운이 좋은 나무들인 것 같다. 인간이 시기하지만 않는다면 아마도 이런 상태로 수백 년 해로할 것이다.

음양기 위에 있는 참나무·느티나무 연리지(사진 중앙)와 음기 위의 나무(사진 우측)

제3절
정자, 산 등

창덕궁의 정자들

　창덕궁에 있는 후원은 자연적인 지형에다 각종 수목을 심고, 필요한 곳에는 연못을 파고 그 연못과 어울리는 정자를 세워 전체적으로 아름답고 조화를 이루도록 하였다. 왕과 왕비들은 후원을 휴식처로 사용하면서 여가를 즐기고, 때때로 종친이나 신하들과 연회를 즐겼다. '신들의 정원'이라고 불리는 후원에서 특히 연못과 정자는 빼놓을 수 없는 중요한 부분이며, 건축이나 조경사적 측면뿐 아니라 풍수적인 측면에서도 귀중한 의미를 가진다.

　창덕궁의 모든 연못은 땅의 기운地氣을 확인하여 땅을 파고 그 기운의 흐름에 맞춰 정자를 건축하였다. 조화와 균형의 기운인 음양기陰陽氣가 연못의 가장자리 안쪽에 나란하게 흐르도록 하였으며, 그 위치에 석주를 세워 연못 위에서 휴식을 취하거나 연회를 즐기는 사람들이 조화로운 기운을 받을 수 있도록 하였다. 따라서 창덕궁에 있는 모든 정자들은 수중에 있는 두 개의 석주를 가로지르거나 연못 쪽으로 향한 두 개의 기둥을 가로질러 음양기가 흐른다.

부용정(좌)과 존덕정(우)

관람정(좌)과 승재정(우)

정자들을 건축할 때 주변 환경과의 조화를 추구하는 한편, 땅의 기운을 정확히 확인하여 지기의 흐름에 어긋나지 않게 설계한 것으로 보인다. 정자 자체의 아름다움뿐만 아니라 땅의 기운이 인간의 건강에 미치는 영향을 충분히 인지하고, 연못에서 향연을 즐기는 사람들의 건강까지 고려했다는 점에서 창덕궁의 정자들은 인간 친화적 정자문화의 백미라 할 만하다.

담양 소쇄원

　담양에 있는 소쇄원은 빼어난 풍광을 잘 활용하여 지어진 정원이다. 은둔생활을 하던 선비들이 지은 정자는 궁궐의 정자들과 어떻게 다를까 궁금하였다. 봄볕을 받아 복숭아꽃이 활짝 필 무렵 소쇄원을 방문하였다. 산속에 있는 아름다운 골짜기를 집 앞에 옮겨 놓은 것처럼 멋진 계곡 한쪽에 돌을 한 길이나 쌓아 올린 수수하게 생긴 정자가 있었다. 대봉대待鳳臺, 봉황을 기다리는 정자였다.

소쇄원 대봉대

　엘로드를 들고 기운을 측정해보았다. 창덕궁의 정자들처럼 계곡 쪽에 있는 두 기둥을 관통하는 기운이 있을 것으로 예상했는데, 기운이 잡히지 않았다. 조심스럽게 정자를 한 바퀴 돌면서 체크를 해보니 정자 앞의 댓돌을 가로질러 정중앙으로 계곡을 향해 기운이 지나고 있었다. 기대와는 다른 기의 흐름이라 고개를 갸우뚱하고 있는데, 정자 앞에 마치 정자가 계곡 쪽으로 넘어가지 않게 지지해 주는 것처럼 오래된 감나무 하나가 떡 버티고 있다. 이 정자 또한 선비들이 풍류를 즐기면서 대자연의 좋은 기운을 받을 수 있도록 지어진 정자임을 확신하게 되었다. 정자 앞의 자생 감나무는 조화로운 기운인 음양기가 지나간다는 확실한 증거이기 때문이다.

화순 영벽정 그리고 일산 호수공원 팔각정

경전선의 화순역과 능주역 사이를 흐르는 영벽강 한편에 영벽정이란 정자가 고즈넉이 서 있다. 계절 따라 변화하는 연주산의 경치가 영벽강에 투영되어 운치를 더하는 2층 팔작지붕에 기와를 얹은 누각형 정자이다. 건립연대는 확실하지 않으나 조선 초기의 학자이자 화가인 양팽손의 제영題詠이나 김종직의 시로 보아 조선 초기에 건립되었다고 추정한다.

정자는 지배계층인 사대부들이 경치를 구경하고 풍류를 즐기던 장소이다. 영벽정도 연주산과 영벽강이 어우러진 곳에 지어 사대부들이 풍류를 즐겼던 장소로 보인다. 영벽정 또한 조선 초기의 여느 정자와 같이 대자연의 조화로운 기운인 음양기가 있는 곳에 건축하였다. 특이한 점은 조선 초기 창덕궁의 후원에 세워진 정자들은 정자 앞쪽의 두 기둥으로 음양기가 지나도록 설계가 된 반면, 영벽정은 정자 정중앙에서 음양기가 교차되도록 지어졌다는 점이다. 후원의 정자들이 물놀이나 연꽃 구경 등 관람에 초점이 맞춰져 연못 앞쪽에 음양기가 지나가도록 했다면 영벽정은 넓은 대청과도 같은 정자 안에서 시문도 짓고, 가무도 즐길 수 있도록 정자 중앙에 음양기가 교차하도록 설계했다. 또 한 가지 흥미로운 것은 영벽 강변에 심어진 수백 년 된 왕버들 또한 조화로운 기운이 지나는 곳에 심어져 있으며, 개수와 중건을 거듭하고 있는 영벽정과 더불어 수백 년을 같이하고 있다는 점이다.

화순 영벽정(좌)과 일산 호수공원 팔각정(우)

가끔 일산 호수공원에 갈 때면 호수 가운데 멋들어지게 지어진 팔각정에 올라 주변 경관을 구경하곤 한다. 2층 정자임에도 조망할 것이 별로 없다는 아쉬움이 있지만 무엇보다도 아쉬운 건 대자연의 좋은 기운들을 살리지 못했다는 점이다.

선인들은 정자 하나도 허투루 짓지 않았다. 오래된 정자들은 자체가 멋진 경치 속에 주인공처럼 우뚝 서 있고, 앞에 전개되는 경치 또한 멋지며, 무엇보다도 좋은 기운이 있는 곳에 기운의 방향을 잘 살펴 정자를 지었다. 일석삼조인 셈이다.

백만이 넘는 고양시민이 근린공원처럼 애용하고, 매년 전국 각지에서 수십만 명이 찾아오는 호수공원에 정자 하나쯤은 운치 있게 지었어야 하지 않을까? 근처에 고양지역 사람들이 오랫동안 홍수방지 및 풍년을 기원했던 신성한 기운이 있는 곳이 있고, 연리지나무로도 유명한 회화나무 아래를 지나는 조화로운 기운도 있지 않은가? 그러한 기운들은 앞으로도 수백 수천 년 변함없이 신성하고 조화로운 기운을 발산할 것이다. 정자 하나를 짓더라도 긴 안목을 가지고 대자연의 기운까지 활용할 줄 알았던 우리 조상들의 지혜를 생각할 때 철학도 없고 근시안적인 현대의 조경문화가 아쉽기만 하다.

춘천 박사마을

보도에 의하면 춘천시 서면에 있는 박사마을은 1,600여 세대에 4,000명 가량 사는 마을인데, 지금까지 180명이 넘는 박사가 나왔다고 한다. 몇 집 건너 박사가 있으니 이 마을에서 '박사 자랑하면 팔불출'이라는 말이 나오는 것도 빈말이 아닐 것 같다. 상황이 이렇다 보니 세인들은 물론이고, 풍수지리를 하는 사람들도 이 마을에 관심이 많았다.

풍수지리 전문가들은 이 지역이 명당이라며 온갖 미사여구를 다 동원하여 이 마을을 찬양했다. 서면에서 춘천 시내 방향으로 보면 왼쪽 봉의산, 오른쪽 삼악산과 그 사이에 좌우로 길게 뻗은 대룡산 등 여러 산봉우리가 이어져 있는데, 이 산들을 문필봉文筆峯, 귀인봉 貴人峯 등으로 해석하여 박사들이 많이 배출하였다는 것이다. 십리 밖의 산봉우리 모양에 따라 인재가 나고 안 나고 한다는 것은 풍수 상의 지형 해석 방법이긴 하지만 조금 황당한 논리라는 생각이 든 다. 지리적 입지상 배를 타고 강을 건너 학교를 다녀야 했던 학생들 이 '매일 떠오르는 해를 보면서 등교를 했기 때문에 청운의 꿈을 키 울 수 있었던 것'이라고 낭만적으로 설명하는 사람도 있다. 또 다른 얘기는 부모들이 농작물이나 임산물을 팔아 자녀들을 가르쳤는데, 매일매일 고생하시는 부모님들을 보면서 학업의지를 다졌기 때문이 라고 한다. 부모들의 교육열이 지극했다는 이야기도 빠지지 않는다.

금산초등학교 뒤쪽에 서 있는 박사마을 선양탑을 보면 '자식들만 은 보다 살기 좋은 곳, 더 큰 꿈을 펼칠 수 있는 넓은 세상으로 내보 내기 위해 힘겨워도 더 많이 가르치고 또 배워야 했기에 어느 곳보 다도 교육열이 높았던 마을'이라고 되어 있다. 이 모든 것들이 일견 타당성이 있고 옳은 이야기일 수도 있다. 그러나 대한민국 어느 고 을이든 꿈이 없는 청년들이 있었겠으며, 교육열이 지극하지 않은 부모들이 있었겠는가?

순천 서면 박사마을 신양탑

박사마을 관련하여 주목해야 할 중요한 사실이 있다. 이 마을에 감도는 강한 음양기다. 서면을 들어서는데, 도로변에 널따란 배추밭이 있었다. 김장용으로 재배한 배추가 어찌나 잘 자랐는지 한 포기 한 포기가 한아름씩 될 것 같았다. 엘로드를 꺼내들고 기운을 측정해보니 깜짝 놀랄 정도로 강한 음양기가 사방에서 느껴지는 것이 아닌가? 음양기가 규칙적인 간격을 두고 이렇게 강력하게 느껴지는 곳을 본 적이 없었던 것 같다. 강가에 도착할 때까지 도처에서 느껴지는 조화로운 음양기에 엘로드를 거둘 수가 없었다. 그렇다. 춘천 박사마을은 건강과 지혜의 기운인 음양기가 어느 곳보다 강한 곳이다. 그래서 명당이고, 그래서 우수한 인재들이 많이 나오는 것이다. 사람뿐만이 아닐 것이다. 이 마을에서 자라는 모든 작물들 또한 건강하게 잘 자랄 것이며, 동물들 또한 마찬가지일 것이다.

쌍둥이 마을에서 태어나 자란 후 타지로 시집간 여성들의 쌍둥이 출산율이 높지 않았으나 타지에서 쌍둥이 마을로 시집온 사람들이 쌍둥이를 많이 낳았듯이 박사마을에서도 비슷한 결과를 유추해보는 것이 무리는 아닐 것이다. 땅의 기운이란 그 위에 사는 모든 생명들에 지대한 영향을 미치기 때문이다.

레고랜드로 시끌시끌했던 중도가 건너편 강 가운데 떠 있다. 최소한 3천 년이 넘은 고대 도시국가라고 해도 손색이 없는 선사유적이며, 고인돌도 100여 기가 나왔다고 했다. 어쩌면 중도와 서면은 맥이 닿아 있을지도 모른다. 선사시대인들이 3,000년 전에 중도에 터를 잡은 이유가 분명 있을 것이다. 아마도 생명의 기운인 음양기가 두루 펼쳐진 곳에 부족들이 움집을 지어 살았고, 신성한 기운인 양기가 흐르는 곳에는 돌아가신 조상을 모시고 고인돌을 세웠음에 분명하다.

천장산

천장산은 서울특별시 동대문구 회기동과 성북구 석관동에 걸쳐 있는 해발 140m의 조그만 산이다. 천장天藏은 천장지비天藏地秘의 줄임말로 '하늘이 감추고 땅이 비밀로 한다.'는 풍수지리상의 명당 터를 의미한다. 조선 제20대 경종과 두 번째 왕비인 선의왕후의 능인 의릉이 이곳에 있다. 동원상하릉으로 조성되어 있는 경종의 능과 선의왕후능은 각각 능의 중심에서 교차하여 능 앞 양쪽에 서 있는 망주석으로 지나가는 양기 라인이 있다. 경종의 능 뒤 1시 방향으로 100m쯤 가면 160년 된 향나무 한 그루가 있다. 백여 년 풍상을 겪은 듯한 이 향나무는 음양기맥 2개가 교차한 명당에 당당히 자리 잡고 있다. 한쪽 가지는 죽어서 천 년 간다는 주목나무 고목처럼 말라 비틀어졌지만 당당하게 자태를 뽐내고 있고, 나머지 한쪽도 실낱같은 생명이 붙어 있는 줄기가 수많은 열매를 맺으며 푸르름을 뽐내고 있다. 천장산을 오르는 인근에 사는 아낙네들이 거친 숨을 몰아쉬며 향나무 쪽으로 오면 향나무 주변에서 놀던 까치와 직박구리들이 명당 아지트를 뺏길까봐 날카로운 경계의 목소리를 낸다. 지구의 조화로운 기운인 음양기가 교차하는 곳에 있는 이 향나무는 필시 이 기운을 감지한 누군가가 심어놓은 것 같다.

서울 성북구 석관동에 있는 의릉과 천장산

천장산에는 오래전에 조성한 산책길이 있어 누구나 쉽게 오를 수 있다. 나지막한 산이다 보니 산세라고 할 만한 것도 없고, 특별히 눈에 띄는 풍광도 없다. 오르다 보면 가끔씩 등산객들의 발길에 닳은 노년기 화강암 바위들이 눈에 띌 뿐이다. 이 산의 기운이 심상치 않음을 감지한 누군가에 의해 명당임을 암시하는 이름은 지어졌지만 그뿐이다. 어느 누구도 그걸 의식하며 산을 오르는 것 같지는 않다. 부족한 운동을 몰아서 하는지 땀을 뻘뻘 흘리며 허겁지겁 올랐다가 쏜살같이 내려간다. 산책길을 오르면서 엘로드로 확인을 해보니 100보가 멀다 하고 산책길을 가로질러 음양기가 흐른다. 작지만 기운이 넘치는 산이다. 조화로운 기운이 흐르는 곳에 벤치라도 하나 만들어 놓으면 좋을 것 같다. 명당의 좋은 기운을 누리고 살면서도 그 기운을 느끼지도 감사함도 모르는 사람들에게 명당의 좋은 기운이 무슨 의미가 있을까마는 천장산이라는 특별한 이름을 가진 산에 좋은 기운을 받을 수 있는 제대로 된 휴식공간 하나 없고, 땅의 기운을 고려하지 않고 조성한 산책로가 조금은 아쉽다.

관악산

조선을 개국한 태조가 한양에 도읍을 정하고 궁궐을 지을 때 강한 불 기운을 가진 관악산의 화기를 누르기 위해 경복궁 앞에 불을 막는다는 상상의 동물인 해태상을 만들어 세웠다고 한다. 또한 숭례문을 경복궁 정문인 광화문과 관악산을 잇는 일직선상에 위치하게 해서 관악산이 덜 보이게 하고, 숭례문 현판을 세로로 세워 맞불을 놓음으로써 화환火患을 막고자 했다. 풍수지리 비보였다고는 하지만 관악산의 불 기운이 어떠했기에 온 조정이 그렇게 염려를 하였을까 궁금하였다. 땅 기운이 왕성한 10월의 어느 휴일 아침, 설레는 마음으로 등산복을 챙겨 입고 관악산으로 향했다. 과천 향교 입구를 들어서는데 직박구리가 고운 목소리로 재잘거린다. 직박구리는 땅 기운이 왕성한 날 좋은 기운이 있는 곳에서 항상 마주치는 새인지라 왠지 좋은 일이 있을 것만 같다.

계곡을 따라 한참을 올라가다 보니 길가에 대피소가 있다. 사람이 많이 다니는 산이다 보니 등산객의 안전을 위해 지어놓은 것 같다. 유심히 보니 대피소 위로 뻗쳐 있는 나뭇가지 위에 까치집이 있다. 대피소 안으로 들어가서 기운을 측정해보니 음양 기운이 느껴진다. 조화로운 기운이 있는 곳에 대피소가 지어져 있다. 위급한 상황이나 도움이 필요한 상황에 대피소로 들어왔는데, 심신이 편안해지는 기운이 있는 곳이니 대피소로서 최적의 장소다.

계곡 옆으로 난 길을 따라 한참을 올라가는데 엘로드에 미세하게 느껴지는 기운이 있어 기운이 흐르는 방향을 보니 건너편에 암벽등반을 하는 사람들이 보인다. 조심스럽게 암벽 있는 곳으로 가서 암벽 아래를 몇 번 왔다 갔다 하며 조심스럽게 기운을 측정해보았다. 암벽의 한가운데쯤으로 지나가는 음양기가 느껴진다. 특별히 바위와 결이 다른 맥이 보이지는 않았으며, 바위 중간쯤 수직으로 그 기운이 느껴진다. 음양기가 흐르는 곳에서 암벽을 타는 사람은 자신은 모르겠지만 명당의 기운을 받으면서 바위를 오르고 있다. 아마도 평소보다 몸이 가볍고, 컨디션도 좋을 뿐 아니라 기분도 좋을 것이다. 뭔가 좋은 일이 생길 것 같은 기대감에 콧노래가 절로 날지도 모른다.

다시 발길을 재촉하여 한참을 올라가다 보니 약수터가 있다. 옆을 보니 '불기 2528년 마하반야바라밀'이라고 새겨진 대리석 현판이 눈에 띈다. 호기심에 엘로드를 들어 확인을 해보니 좋은 기운이 느껴진다. 약수터 옆에 이런 기운이 있는 걸 어찌 알고 음양 기운이 지나가는 곳에 저걸 설치해 놓았을까? 신기하다는 생각을 하면서 골짜기를 오르고 있는데, 엘로드가 명당 반응을 한다. 관악산엔 좋은 기운이 많구나 하고 기운이 느껴지는 쪽을 보니 누군가가 돌탑을 쌓아 놓았다. 관악산에는 도사들이 사는가 보다. 좋은 기운이 있는 곳엔 어김없이 그들만의 표식이 있다.

지기를 느끼는 또 다른 사람들이 있음을 흥미롭게 생각하며 비탈길을 천천히 오르다 보니 어느덧 연주암에 도착하였다. 연주암 뒤쪽으로 돌아가니 맞은편에 연주대가 보인다. 오늘은 필히 연주대의 기운을 확인하고 정상의 기운도 느껴보리라 마음먹고 잠시 휴식을 취하기 위해 마음에 드는 자리를 찾았는데, 돌 위에 하얀 새똥이 있다. 아마도 이렇게나 높은 산꼭대기까지 올라오는 새는 까마귀일 텐데, 까마귀가 조화로운 기운 위에서 나보다 먼저 휴식을 취했나 보다.

한참을 쉬고 나니 몸이 가뿐하다. 가벼운 발걸음으로 관악산 정상까지 단숨에 오른 뒤 다시 연주대 쪽으로 내려갔다. 암자 옆의 바위에는 등산객들이 바위에 동전을 붙이기 위해 애를 쓰고 있었다. 동전을 바위 옆면에 붙이고 소원을 빌면 소원이 이루어진다 하여 이곳을 방문하는 사람들이 하는 연례행사다. 동전을 붙이려는 바위를 체크해보니 음양의 기운이 한 줄기 흐르고 있고, 기운의 방향이 관악산 정상 쪽을 향해 있다. 좋은 기운 위에서 동전을 붙이려고 머무르는 동안 좋은 기운을 듬뿍 받으면서 간절한 마음으로 소원을 빌었을 터이니 소원이 이루어질 만도 하다.

관악산 정상(좌)과 연주대(우)

다시 관악산 정상으로 올라가서 기운을 측정해보니 관악산 정상이라고 새겨진 표지석 바로 뒤쪽으로 음양 기운이 흐른다. 산 곳곳에 명당의 기운이 서려 있고, 정상의 너른 바위에도 명당의 기운이 가득하다. 관악산엔 서울을 화마(火魔)에 휩싸이게 할 불 기운이 아닌, 삶에 지친 몸과 마음을 치유하고 내일을 위한 에너지를 재충전해주는 생명의 기운이 넘치고 있었다.

2022년도 달의 위상 변화에 따른 지구 기운의 변화

범례		
음양기의 혼동	±	±±±±
양기의 혼동	+	×±±±
음기의 혼동	−	−−×−
기가 미약함을	×	×−−−

	2022년 음력 1월	음력 2월	음력 3월	기의 변환과정	음력 4월	음력 5월	음력 6월	음력 7월	음력 8월	음력 9월	음력 10월	음력 11월	음력 12월
정상적인 기의 흐름	12/27~1/4	1/27~2/4	2/27~3/4	3/27~4/4	4/27~5/4	5/27~6/4	6/27~7/4	7/27~8/4	8/27~9/4	9/27~10/4	10/27~11/4	11/27~12/4
음27~음4	XXXXXX	+XXXXX	XXXXXX	XXXXXXx	XXXXXX	XXXXXX	XXXXXXX	XXXXXX	XXXXXX	XXXXXX	±±XXXXX	±XXXXX
	XXXXXX	±XXXXX	XXXXXX	XXXXXXX	XXXXXX	XXXXXX	XXXXXX	XXXXXX	XXXXXX	XXXXXX	++XXXXX	++XXXXX
	+XXXXX	+XXXXX	XXXXXX	XXXXXXX	XXXXXX	XXXXXX	XXXXXX	XXXXXX	XXXXXX	XXXXXX	−−XXXXX	−XXXXX
	−XXXXX	−XXXXX	XXXXXX	XXXXXX−	XXXXXX	XXXXXX	XXXXXX	XXXXXX	XXXXXX	XXXXXX		
음5~음11	1/5~1/11	2/5~2/11 (입춘)	3/5~3/11	4/5~4/11	5/5~5/11	6/5~6/11	7/5~7/11	8/5~8/11	9/5~9/11	10/5~10/11	11/5~11/11	12/5~12/11
	X±±±±±X	+++++±X	X+++++	±±±±±±	XX±±±±±	XXXXXX	±±±±±±	X±±±±±X	±±±±±±	XX±±±±±	XXX±±±±	XX×±±±±
	X+++++xX	+++++±X	X+++++	++++++	XX×++++	XXXXXX	++++++	XX++++×x	++++++	XX×++++	XXX++++	XX×+++++
	X−−−−−xX	−−−−−×X	X−+++++	−−−−−−	XX×−−−−	XXXXXX	−−−−−−	XX−−−−	−−−−−−	XX×−−−−	XXX−−−−	XX−−−−−
음12~음18	1/12~1/18	2/12~2/18	3/12~3/18	4/12~4/18	5/12~5/18	6/12~6/18	7/12~7/18	8/12~8/18	9/12~9/18	10/12~10/18	11/12~11/18	12/12~12/18
	XXXXXX	XXXXXX	XXXXXX	XXXXXX	±±±±××X	XXXXXX	XXXXXX	±±±±±±	XXXXXX	±±XXXXX	±±XXXXX	±±XXXXX
	XXXXXX	XXXXXX	XXXXXX	XXXXXX	++++×xX	XXXXXX	XXXXXX	++++++	XXXXXX	++XXXXX	++XXXXX	++×XXXX
	XXXXXX	XXXXXX	XXXXXX	XXXXXX	−−−−×xX	XXXXXX	XXXXXX	−−−−−−	XXXXXX	−−XXXXX	−−xXXXX	−xXXXXX
음19~음26	1/19~1/26	2/19~2/26	3/19~3/26	4/19~4/26	5/19~5/26 중	6/19~6/26	7/19~7/26	8/19~8/26	9/19~9/26	10/19~10/26	11/19~11/26	12/19~12/26
	±±±±±±X	±±±±±±x	±±x±±±±	±±±±±±	XXXXXXx	±±±±±±	±±±±±±	±±±±±±x	±±±±±±	±±±±±±	±±±±±±	±±±±±±
	X+++++	++++++X	++x++++	++++++	XXXXXX	++++++	++++++	++++++x	++++++	XXXXXX	++++++	++++++
	X−−−−−	−−−−−−	−−x−−−−	++++++	XXXXXX−	++++++	++++++	++++++	++++++	XXXXXX	++++++	X−−−−−

* 2022년 3월(음력 2월)을 전후하여 양기가 왕성해졌고, 이 후 2~3개월간의 변화과정을 거쳐 7월 중순부터 기 운행이 정상적으로 돌아가고 있음

상현달과 하현달을 전후한 7일간은 기가 정상적으로 작동한다. 음기 라인에서는 음기가, 양기 라인에서는 양기가 감지된다. 그러나 사항(음)을 전후한 7일간을 조하루의 보름을 전후한 7일간은 지구의 기운이 미약해지거나 거의 느껴지지 않는다. 음양기가 각각 감지된다.
음양기가 변하는 시기에는 기의 변동이 심해지며, 때때로 각각의 심해지역, 음기나 양기 같은 동일한 기운으로 바뀌기도 한다.